Doping

Europäische Hochschulschriften
Publications Universitaires Européennes
European University Studies

Reihe II
Rechtswissenschaft

Série II Series II
Droit
Law

Bd./Vol. 3540

PETER LANG
Frankfurt am Main · Berlin · Bern · Bruxelles · New York · Oxford · Wien

Klaus Markowetz

Doping

Haftungs- und strafrechtliche Verantwortlichkeit

PETER LANG
Europäischer Verlag der Wissenschaften

Bibliografische Information Der Deutschen Bibliothek
Die Deutsche Bibliothek verzeichnet diese Publikation in der Deutschen Nationalbibliografie; detaillierte bibliografische Daten sind im Internet über <http://dnb.ddb.de> abrufbar.

Zugl.: Salzburg, Univ., Diss., 2000

ISSN 0531-7312
ISBN 3-631-50093-9

www.peterlang.de

Vorwort

Die vorliegende Arbeit wurde im Wintersemester 1999/2000 an der rechtswissenschaftlichen Fakultät der Paris-Lodron Universität Salzburg als Dissertation eingereicht und in der Folge approbiert.

Zu Dank verpflichtet bin ich dafür in erster Linie meinem Doktorvater, Herrn o.Univ.-Prof. DDr. *Michael J. Rainer* für die umsichtige Betreuung während der Anfertigung der Dissertation sowie für die Erstellung des Erstgutachtens. Frau a.Univ.-Prof. DDr. *Maria Eder-Rieder* danke ich für die rasche Durchführung der zweiten Begutachtung.

Mein Dank gilt auch in besonderer Weise meiner akademischen Lehrerin, Frau o.Univ.-Prof. Dr. *Marianne Roth*, LL.M. (Harvard), die mir den für die Aktualisierung der Arbeit notwendigen Freiraum gewährte und mich bei der Veröffentlichung unterstützte.

Weiters danke ich den verantwortlichen Damen und Herren des *Evers/Marcic-Fonds* sowie der *Stiftungs- und Förderungsgesellschaft* der Paris-Lodron Universität Salzburg für die Gewährung einer finanziellen Unterstützung hinsichtlich der Druckkosten.

Schließlich gilt mein Dank vor allem meinen Eltern für die mir bisher entgegengebrachte Unterstützung. Besonders bedanken möchte ich mich bei meiner Mutter für das mühevolle Korrekturlesen der Arbeit.

Salzburg, August 2002 Klaus Markowetz

Inhaltsverzeichnis

Abkürzungsverzeichnis

aaO	am angegebenen Ort
ABGB	Allgemeines bürgerliches Gesetzbuch
Abs	Absatz
AcP	Archiv für civilistische Praxis
ADC	(Olympic Movement) Anti-Doping-Code
aF	alte Fassung
AG	Amtsgericht
AMG	Arzneimittelgesetz
Anm	Anmerkung
ANSchG	Arbeitnehmerschutzgesetz
AnwBl	Anwaltsblatt
AnwZ	Anwaltszeitung
Arb	Sammlung von arbeitsrechtlichen Entscheidungen der Gerichte und Einigungsämter
Art	Artikel
ASVG	Allgemeines Sozialversicherungsgesetz
AT	Allgemeiner Teil
Bd	Band
BGB	(deutsches) Bürgerliches Gesetzbuch
BGBl.	Bundesgesetzblatt
BGH	Bundesgerichtshof
BGHSt	Entscheidungen des BGH in Strafsachen
BGHZ	Entscheidungen des BGH in Zivilsachen
BT	Besonderer Teil
B-VG	Bundes-Verfassungsgesetz
ders., dies.	derselbe, dieselbe(n)
Diss	Dissertation
DLV	Deutscher Leichtathletikverband
DRdA	Das Recht der Arbeit
dStGB	deutsches Strafgesetzbuch
dZPO	deutsche Zivilprozessordnung
E	Entscheidung
EBRV	Erläuternde Bemerkungen zur Regierungsvorlage
EFSlg	Ehe- und familienrechtliche Entscheidungen

EGE	Europäische Gruppe für Ethik
EGMR	Europäischer Gerichtshof für Menschenrechte
EGV	Vertrag zur Gründung der Europäischen Gemeinschaften
EMRK	Europäische Menschenrechtskonvention
etc.	et cetera
EU	Europäische Union
EuGH	Europäischer Gerichtshof
EuGRZ	Europäische Grundrechte Zeitschrift
EvBl	Evidenzblatt der Rechtsmittelentscheidungen
EWG	Europäische Wirtschaftsgemeinschaft
f., ff.	folgende bzw. fortfolgende
FIBA	Internationaler Basketballverband
FIFA	Internationaler Fußballverband
FIS	Internationaler Skiverband
FN	Fußnote
FS	Festschrift
GlUNF	Sammlung von zivilrechtlichen Entscheidungen des kk Obersten Gerichtshofes, Neue Folge
GP	Gesetzgebungsperiode
hL	herrschende Lehre
hM	herrschende Meinung
Hrsg.	Herausgeber
idF	in der Fassung
idR	in der Regel
idS	in diesem Sinn
idZ	in diesem Zusammenhang
IOC	Internationales Olympisches Komitee
IPR	Internationales Privatrecht
iSd	im Sinn des
iSv	im Sinn von
JABl	Amtsblatt der österreichischen Justizverwaltung
JBl	Juristische Blätter
JGG	Jugendgerichtsgesetz
JRP	Journal für Rechtspolitik
Jud	Judikatur
JuS	Juristische Schulung
JUS	JUS-EXTRA, Beilage zur Wiener Zeitung
JZ	Juristenzeitung
KFG	Kraftfahrgesetz
Komm	Kommentar

KSchG	Konsumentenschutzgesetz
leg cit	legis citatae
Lit	Literatur
LK	Leipziger Kommentar
LMG	Lebensmittelgesetz
LSK	ÖJZ-Leitsatzkartei
m	mit
MC	Medical-Code
MdR	Monatsschrift für Deutsches Recht
MedR	Zeitschrift für Medizinrecht
MietSlg	Mietrechtliche Entscheidungen
mN	mit Nachweisen
MR	Medien und Recht
MünchKomm	Münchener Kommentar zum Bürgerlichen Gesetzbuch
mwN	mit weiteren Nachweisen
Nachbem	Nachbemerkungen
nF	neue Fassung
NJW	Neue Juristische Wochenschrift
NOK	Nationales Olympisches Komitee
NZ	Österreichische Notariatszeitung
OC	Olympic-Charter
OGH	Oberster Gerichtshof
OLG	Oberlandesgericht
OMADC	Olympic Movement Anti-Doping-Code
ÖBl	Österreichische Blätter für gewerblichen Rechtsschutz und Urheberrecht
ÖJZ	Österreichische Juristenzeitung
ÖRZ	Österreichische Richterzeitung
RdM	Recht der Medizin
RdW	Recht der Wirtschaft
RGZ	Entscheidungen des (deutschen) Reichsgerichtes in Zivilsachen
RL	Richtlinie
Rsp	Rechtsprechung
Rz	Randzahl
s	siehe
s a	siehe auch
SK	Systematischer Kommentar
SMG	Suchtmittelgesetz
SpuRt	Zeitschrift für Sport und Recht

SSt	Entscheidungen des österreichischen Obersten Gerichtshofes in Strafsachen und Disziplinarangelegenheiten
StG	Strafgesetz
StGB	Strafgesetzbuch
StGG	Staatsgrundgesetz über die allgemeinen Rechte der Staatsbürger
StHG	Staatshaftungsgesetz der DDR
StPdG	Strafrechtliche Probleme der Gegenwart
stRsp	ständige Rechtsprechung
StVO	Straßenverkehrsordnung
SZ	Entscheidungen des österreichischen Obersten Gerichtshofes in Zivilsachen
ua	unter anderem
uU	unter Umständen
uva	und viele andere
UWG	Gesetz gegen den unlauteren Wettbewerb
va	vor allem
VersR	Zeitschrift für Versicherungsrecht
VfSlg	Sammlung der Erkenntnisse und Beschlüsse des Verfassungsgerichtshofes
vgl	vergleiche
VO	Verordnung
Vorbem	Vorbemerkungen
WADA	World Anti-Doping Agency
WK	Wiener Kommentar
Z	Ziffer
ZAS	Zeitschrift für Arbeits- und Sozialrecht
zB	zum Beispiel
ZBl	Zentralblatt für die juristische Praxis
ZGB	Zivilgesetzbuch der DDR
ZRP	Zeitschrift für Rechtspolitik
ZSR	Zeitschrift für Schweizerisches Recht
ZVR	Zeitschrift für Verkehrsrecht

Einleitung

Von 8. bis 24. Februar 2002 fanden die XIX. Olympischen Winterspiele, diesmal in Salt Lake City (USA), statt. In diesen zwei Wochen traten erneut – wie schon zur Zeit der Antike – die besten Athleten der Welt gegeneinander an. Großartige Leistungen wurden erbracht, etliche Rekorde gebrochen und Zuseher aus aller Welt strömten nach Salt Lake City, um sich dieses Spektakel nicht entgehen zu lassen.[1]

Im alten Griechenland stand tatsächlich noch das Kräftemessen der jungen Männer im Vordergrund. Auch im 21. Jhdt. werden die Olympischen Spiele zweifellos noch immer wegen der außergewöhnlichen Leistungen der Wettkämpfer besucht. Es kann aber nicht übersehen werden, dass sich rund um die Olympischen Spiele – wie auch um andere sportliche Großveranstaltungen – eine gigantische Maschinerie von Geld und Macht angesammelt hat.[2] Angefangen von den Übertragungsrechten der Spiele,[3] über das olympische Emblem,[4]

---

1 So wurden während des vom Organisationskomitee der Olympischen Winterspiele veranstalteten Ticket-Verkaufs über das Internet zwei Eintrittskarten für nicht weniger als 11.100 Dollar (umgerechnet € 13.090,--) verkauft. Es handelte sich dabei um zwei Plätze in der ersten Reihe für die Eiskunstlaufkür der Herren. Für den gleichen Wettbewerb der Damen sind drei Tickets ebenfalls für einen Liebhaberpreis von 10.100 Dollar (€ 11.846,--) abgesetzt worden. Der übliche Preis für eine Karte betrug 375 Dollar, also € 442,--, vgl Salzburger Nachrichten vom 2. Juni 2002 (Bereich Sport).

2 Zu einem der prominentesten Kritiker des IOC in diesem Zusammenhang vgl insgesamt *Jennings*, Das Olympia-Kartell. Zum Problem der Kommerzialisierung des internationalen Sportgeschehens vgl *Pilz*, Dopingsünder – Die Avantgarde eines neuen sportlichen Identitätstyps, 51 ff, in: *Bette* (Hrsg.), Doping im Leistungssport. Für die Beziehung zwischen Sport einerseits und Massenmedien andererseits vgl *Kidane* (Hrsg.), International Olympic Committee: The Olympic Movement and the Mass Media.

3 Alle für die Übertragung der Olympischen Spiele nötigen Vorkehrungen werden gem Regel 59 Abs 2 Olympic-Charter (das ist die Satzung des IOC) vom Executive-Board des Internationalen Olympischen Komitees getroffen und vom jeweiligen Organisationskomitee umgesetzt. Gem Abs 3 leg cit hat dieser Ausschuss auch die Kompetenz alle möglichen Konflikte (Vergabe/Nichtvergabe von notwendigen Identitätskarten) betreffend Massenmedien bei den Olympischen Spielen zu lösen.

4 Vgl dazu *Schroeder*, Symbolik der olympischen Bewegung, 113 ff.

bis hin zum jeweiligen Maskottchen, wird alles zu Geld gemacht.[5] Selbstverständlich versuchen auch Athleten, was als durchaus legitim angesehen werden kann, durch den Sport, den sie ausüben und oftmals zu ihrem Beruf machen, möglichst viel Geld zu verdienen. Einen Großteil seiner Einnahmen lukriert ein Sportler aus Werbeverträgen mit großen, meist weltweit tätigen, Unternehmen. Dabei verpflichtet sich zB jemand nur mit Schuhen einer bestimmten Marke zu laufen. Dass die Firmen solche Verträge nur mit den leistungsstärksten Athleten abschließen – selbstverständlich wollen auch die Unternehmen bestmögliche Werbung betreiben – liegt wohl auf der Hand. Mit anderen Worten heißt das, dass ein Athlet das wirklich große Geld nur machen kann, wenn er an der Weltspitze seiner Sportart steht.

Um nun zu den Spitzenvertretern einer Sportart zu gehören, muss man geeignete physische und psychische Voraussetzungen mitbringen, etwas Glück haben und vor allem trainieren. Vielen Athleten reicht aber das bloße Training nicht aus. Sie wollen möglichst schnell nachhaltig Muskelfaser aufbauen. Ein Weg, der deshalb von vielen Sportlern eingeschlagen wird, ist die Einnahme von natürlichen oder synthetischen Mitteln, um auf diese Weise die Leistungsfähigkeit künstlich zu erhöhen; kurz gesagt, es wird gedopt.

Das Hauptanliegen dieser Arbeit ist es, auf der einen Seite aufzuzeigen, welche schadenersatzrechtlichen Ansprüche[6] aus der Einnahme von Dopingmitteln, sei es durch den Athleten selbst bzw. einen seiner Trainer, Ärzte, Betreuer usw., resultieren können, auf der anderen Seite sollen die in Frage kommenden strafrechtlichen Delikte[7] erläutert werden. Sowohl im Rahmen der Darstellung der zivilrechtlichen Ansprüche, als auch im Rahmen der Erläuterung der entsprechenden Delikte des StGB soll weiter geprüft werden, ob eine Einwilligung des Athleten in die Verabreichung von Dopingmitteln rechtlich wirksam ist, und auf diese Art und Weise zivilrechtliche Ansprüche gemindert bzw. gänzlich ausgeschlossen werden bzw. strafrechtliche Delikte gerechtfertigt sein können.

Neben der Darstellung der zivilrechtlichen Ansprüche sowie der strafrechtlichen Delikte sollen, gleichsam als Einstieg in die Materie des Dopings allgemeine Informationen, unter anderem darüber geboten werden, was Doping über-

---

5 Ob das mit den Ursprüngen der Olympischen Spiele noch vereinbar scheint, ist eine philosophische Frage und wird im Rahmen dieser Arbeit nicht näher untersucht.

6 Besonders eingehend untersucht wird die Frage, ob die Verabreichung von Dopingmitteln als Körperverletzung iSd § 1325 ABGB qualifiziert werden kann.

7 Im Rahmen dieses Abschnitts soll vorwiegend geprüft werden, ob die Delikte gegen Leib und Leben (§§ 75 ff StGB) durch die Anwendung von Dopingpraktiken verwirklicht sein können. Weiters soll die Frage beantwortet werden, ob ein eigenständiges Anti-Doping-Gesetz (wie zB in Frankreich oder Belgien), ein Gesetz also, das die Einnahme von Dopingmitteln strafrechtlich sanktioniert, sinnvoll in die österreichische Rechtsordnung integriert werden kann bzw. soll.

haupt ist, welche Definitionsversuche es gibt, und warum der Dopingmissbrauch bekämpft werden soll.[8] So beginnt schon die erste Schwierigkeit beim Versuch sich des Themas „Dopingverfolgung" einigermaßen erfolgreich zu nähern damit, wie Doping überhaupt zu definieren ist.[9] Es wäre ein Irrtum, davon auszugehen, dass es nur eine Definition des Dopings gibt; im Gegenteil, es bestehen mehrere nebeneinander. So ist die Definition von Doping durch manche internationale Sportverbände eine andere als beispielsweise jene des Europarates.[10] Die Unterschiede in den einzelnen Definitionen dürften sich ganz einfach daraus ergeben, dass verschiedene Organisationen zu verschiedenen Zeiten versucht haben, Doping zu definieren und dabei jeweils von ihren eigenen Vorstellungen ausgegangen sind. Gerade durch die Unterschiede der einzelnen Definitionsversuche ist es besonders schwierig, Doping einheitlich und effizient zu verfolgen. Deshalb geht man heute dazu über, es nicht bei einer bloßen Definition des Dopings zu belassen, sondern erstellt eine Liste mit all jenen Mitteln, deren Zuführen dem Körper, auf welche Weise auch immer, als Dopingverstoß anzusehen ist. Dass diese Listen aufgrund der ständig neu auf den Markt kommenden Präparate laufend aktualisiert werden müssen, versteht sich von selbst.[11, 12]

Nicht dargestellt werden soll auf welche Art und Weise Dopingmissbräuche von den nationalen und internationalen Verbänden verfolgt bzw. welche Strafen ausgesprochen werden. Kurz gesagt, ist davon auszugehen, dass sowohl das Internationale Olympische Komitee[13] als auch die internationalen Sportverbände

8 Gerechtfertigt erscheint dies dem Verfasser vor allem deshalb, da das Thema Doping in der österreichischen Literatur noch kaum behandelt wurde und es keinen Sinn macht, zB aufzuzeigen, welche zivilrechtlichen Ansprüche aus der Einnahme von Dopingmitteln resultieren können, gleichzeitig aber nicht beschrieben wird, was unter dem Begriff des Dopings zu verstehen ist.

9 Wie schwierig es ist, eine exakte Definition des Dopings zu geben, stellen auch *Donike/Rauth*, Dopingkontrollen, 1, fest, wo sie vorschlagen, Doping als „Leistungssteigerung mit unerlaubten Mitteln" zu definieren und dabei selbst feststellen, dass sowohl die Begriffe „Leistungssteigerung" als auch „unerlaubte Mittel" selbst definitionsbedürftig sind.

10 Die einzelnen Definitionsversuche der unterschiedlichen Organisationen sollen ebenfalls dargestellt und auf ihre Bedeutung für die Praxis untersucht werden, siehe dazu unten 34 ff.

11 Vgl dazu *Donike/Kaiser*, Dopingkontrollen, 21 f.

12 Ein relativ neues Präparat ist Bromantan, das bei den Olympischen Spielen 1996 in Atlanta (USA) bei russischen Sportlern nachgewiesen wurde und die Wettkampfleitung mehrfach beschäftigte, dazu *Mestwerdt*, Doping – Sittenwidrigkeit und staatliches Sanktionsbedürfnis, 20 und *Netzle*, Wie hält es das Internationale Sportschiedsgericht mit dem Doping?, 214 ff, in: *Vieweg* (Hrsg.), Doping – Realität und Recht.

13 Vgl zum IOC *Baare-Schmidt*, Der Status des Internationalen Olympischen Komitees im Völkerrecht und *Vedder*, The International Olympic Committee: An Advan-

(FIFA etc.) in ihren Statuten eigene Anti-Doping-Regelungen besitzen, die allesamt Doping für unsportlich und verboten erklären und die Einnahme von Dopingmitteln durch entsprechende Sanktionen[14] bestrafen. Die Dopingverfolgung auf internationaler Ebene gestaltete sich bisher meist schwierig, da die Sanktionen der einzelnen Verbände sowie des IOC teilweise erheblich voneinander abwichen bzw. noch immer abweichen.

Auch um dieses Problem zu entschärfen veranstaltete das Internationale Olympische Komitee eine Konferenz, die vom 2. - 4. Februar 1999 in Lausanne (Schweiz) stattfand und den verheißungsvollen Titel trug: „World Conference on Doping in Sport". Weiterer Grund für die Abhaltung dieser Konferenz war wohl der Umstand, dass man nun auch seitens des IOC erkannt hat, dass Doping dem Sport insgesamt, wie auch der Gesundheit der einzelnen Athleten äußerst abträglich ist. Aber auch vor allem wegen der Vorkommnisse der Tour de France 1998 dürfte die Konferenz in Lausanne veranstaltet worden sein.

Hauptziel der Konferenz war es, Mittel und Wege zu suchen, um den Missbrauch von Dopingmitteln zu verhindern oder wenigstens einzuschränken. Eines kann gleich festgehalten werden, nämlich, dass die Schlusserklärung dieser Konferenz durchaus als Meilenstein in der internationalen Dopingverfolgung bezeichnet werden kann. So wurde nun ua etwa die von vielen geforderte Internationale Anti-Doping-Behörde errichtet, sowie das Internationale Sportschiedsgericht als letzte Instanz bezüglich der Entscheidung von Sachverhalten mit Dopingbezug vorgesehen.[15, 16]

Die Dopingfälle, die auf internationaler Ebene wohl das größte Aufsehen in der Öffentlichkeit erregt haben, waren der Eklat um den kanadischen 100-Meter-Sprinter *Ben Johnson* bei den Olympischen Spielen 1988 in Seoul,[17] sowie der Dopingskandal, der sich um die Tour de France (1998) rankte. Nach einer zwei-

---

ced Non-Governmental Organization and the International Law, 233 ff, in: German Yearbook of International Law, vol. 27 (1984).

14 Als Sanktionen wurden bisher zumeist Disqualifikationen bzw. zeitlich befristete sowie lebenslange Sperren von der Teilnahme an bestimmten Wettkämpfen verhängt, vgl zB Kapitel IX IOC-Medical-Code, der bis zum 31.12.1999 in Geltung stand und mit 01.01.2000 vom Olympic Movement Anti-Doping-Code abgelöst worden ist.

15 Einigen konnten sich die Konferenzteilnehmer auch auf neue Sanktionsformen. So ist ab 1. Jänner 2000 die Einnahme von Dopingmitteln auch durch die Verhängung von Geldstrafen bedroht, vgl Kapitel II, Art 3 Olympic-Movement Anti Doping-Code, der uU empfindliche Geldstrafen in Höhe von bis zu US$ 1.000.000,-- vorsieht.

16 Siehe zu den Ergebnissen dieser Konferenz auch General Policy: News from the EU, EOC Liaison Office at the EU, Monthly Report February 1999, 4.

17 Siehe dazu Der Spiegel 11/1989 vom 13. 3. 1989, 239 ff.

jährigen Sperre für nationale und internationale Wettkämpfe kehrte *Ben Johnson* für kurze Zeit wieder in die Leichtathletikszene zurück. Obwohl *Johnson* nicht mehr an seine Leistungen im gedopten Zustand anknüpfen konnte, nahm er bei sportlichen Großveranstaltungen Spitzengagen ein. Einige seiner Sponsoren zahlten ihm sogar mehr Werbegelder als vor dem Dopingskandal.[18]

Im deutschsprachigen Raum dürften vor allem die Dopingvorwürfe gegen die Leichtathletin *Kathrin Krabbe*[19] das Bewusstsein der Bevölkerung und der Sportverbände um die Aktualität des Dopingproblems sensibilisiert haben.

In der jüngsten Vergangenheit gab es auch mehrere Todesfälle zu beklagen. Es waren dies zB die amerikanische Weltklasseathletin *Florence Griffith-Joyner*, die überraschend im Alter von 38 Jahren verstarb. *Joyner* selbst behauptete, sie habe niemals gedopt, um ihre Leistungsfähigkeit zu erhöhen und es gab keinerlei positive Testergebnisse. Obwohl man offiziell als Todesursache einen einfachen Herzfehler, eine natürliche Todesursache also diagnostizierte, hat ihr Tod der Spekulation bezüglich Drogenmissbrauch im Sport Tür und Tor geöffnet. Im Jahre 1998 starb der Deutsche Meister im Kugelstoßen *Ralf Reichenbach* im Alter von 47 Jahren den „typischen Drogentod“;[20] der 47jährige hatte das schwache Herz eines 80jährigen und erlag einem Herzinfarkt.[21, 22]

Auch die Ende Februar diesen Jahres zu Ende gegangenen Olympischen Winterspiele in Salt Lake City sind nicht von Dopingmissbräuchen einzelner Athleten verschont geblieben. So musste der Brite *Alain Baxter* seine olympische Slalom-Bronzemedaille wegen Dopings zurückgeben. Bei dem Schotten *Baxter* waren in der A- und B-Probe Spuren der verbotenen Substanz Methamphetamine festgestellt worden. *Baxter* wurde nachträglich von den Olympischen Winterspielen in Salt Lake City ausgeschlossen und aus allen Ergebnislisten gestrichen. Disqualifiziert wurde auch der weißrussische Eishockeyspieler *Wassili Panko*; dem 32jährigen Athleten wurde Nandrolon-Missbrauch nachgewiesen.[23]

---

18 Süddeutsche Zeitung Nr. 269 vom 23.11.1990.

19 *Kathrin Krabbe* wurde vom Vorwurf des Dopingmissbrauchs durch den Rechtsausschuss des DLV am 5.4.1992 freigesprochen, abgedruckt in NJW 1992, 2588 ff m Anm *Vieweg*; siehe auch die Folgeentscheidung desselben Gremiums vom 26.3.1993, abgedruckt bei *Reschke* (Hrsg.), Handbuch des Sportrechts, Band 1, 1986, Abschnitt 12/24/13; vgl weiter LG München I, SpuRt 1995, 161 ff; OLG München, SpuRt 1996, 133 ff und *Pfister*, Das „Krabbe“-Urteil – Urteilsanmerkung 1. Teil: Deutsche Sportverbände als Niederlassungen der internationalen Verbände i.S.v. § 21 ZPO?, SpuRt 1995, 201 ff sowie *ders*, Das „Krabbe“-Urteil – Urteilsanmerkung 2. Teil: Kollisions- und materiellrechtliche Probleme, SpuRt 1995, 250 ff.

20 *Körner*, Betäubungsmittelgesetz, Arzneimittelgesetz, AMG Anhang D II Rz 145.

21 *Körner*, aaO.

22 Ein weiterer Todesfall (*Andreas Münzer*, Bodybuilder) ereignete sich 1996 in der Bundesrepublik Deutschland, vgl dazu Der Spiegel 17/96 vom 22. 4. 1996, 21 f.

23 Siehe Salzburger Nachrichten vom 21.März 2002 (Bereich Sport).

Der wohl größte Dopingskandal der diesjährigen Olympischen Spiele geht auf das Konto des für Spanien startenden Langläufers *Johann Mühlegg*. Dieser wurde, ebenso wie die Russinnen *Larissa Lasutina* und *Olga Danilowa*, positiv auf die Einnahme des Blutdopingmittels Darbepoetin alpha (NESP) getestet. *Mühlegg* und *Lasutina* wurden ihre Goldmedaillen über 50 bzw. 30 km Langlauf aberkannt, alle drei wurden von den Winterspielen ausgeschlossen.[24] Auch österreichische Teilnehmer blieben von der Dopingproblematik nicht verschont. So kam der Österreichische Ski-Verband (ÖSV) nach dem Fund von Geräten zur Bluttransfusion in einem während der Olympischen Spiele von seinem Langlauf-Team genutzten Haus immer mehr in die Zwickmühle. Es ging vor allem um die Frage, ob die von *Walter Mayer* (Nordischer ÖSV-Direktor für Langlauf und Biathlon) praktizierte ultraviolette Bestrahlung des Blutes und ultraviolette Aktivierung des Eigenblutes vom IOC als Blutdoping angesehen werden muss.[25] Das Exekutivkomitee des IOC hat am 26. Mai 2002 in Kuala Lumpur gegen *Mayer* entschieden und die Vorgangsweise *Mayers* als Blutdoping gewertet. *Mayer* wurde vom IOC von den Olympischen Spielen 2006 und 2010 ausgeschlossen. Die Langläufer *Marc Mayer* (der Sohn *Walter Mayers*) und *Achim Walcher* wurden nachträglich hinsichtlich ihrer Platzierungen bei den Spielen in Salt Lake City disqualifiziert, jedoch nicht gesperrt.[26]

Der diesjährige Giro d'Italia hatte ebenfalls bereits mit massiven Dopingproblemen zu kämpfen. So titelten die Salzburger Nachrichten „Giro versinkt im Doping-Sumpf – Der italienische Vorjahressieger *Gilberto Simoni* wurde positiv auf Kokain getestet".[27] *Simoni* gewann am Donnerstag, den 23. Mai 2002 zwar noch die Bergetappe, wurde jedoch bereits am darauffolgenden Freitag vor dem Start der 12. Etappe von seiner Mannschaft aus dem Rennen genommen.[28] Disqualifiziert wurde hingegen bereits *Stefano Garzelli* wegen nachgewiesenen Dopings. Auch in der B-Probe des Athleten wurden bei der Kontrolle im Labor in Lausanne Spuren des Gicht-Mittels Probenecid nachgewiesen, mit dessen Hilfe Dopingmittel maskiert werden können.[29]

In den letzten beiden Abschnitten dieser Arbeit soll einerseits ein, vor allem rechtsvergleichender Überblick über die deutsche Lehre und Rsp bezüglich des Themas Doping geboten werden, andererseits wird die Dopingverfolgung durch

24 Salzburger Nachrichten vom 25. Februar 2002 (Bereich Sport).
25 Oberösterreichische Nachrichten vom 5. April 2002, 29.
26 Vgl Salzburger Nachrichten vom 27. Mai 2002 (Bereich Sport).
27 Vgl Salzburger Nachrichten vom 23. Mai 2002 (Bereich Sport).
28 Auf Druck der Renndirektion verließ auch *Roberto Sgambelluri* aus dem Pantani-Team Mercatone Uno den Giro. Der ehemalige Telekom-Profi war des Blutdopings überführt worden, vgl Salzburger Nachrichten vom 25. Mai 2002 (Bereich Sport).
29 Salzburger Nachrichten vom 22. Mai 2002 (Bereich Sport).

die Europäischen Gemeinschaften dargestellt. Hinsichtlich der Darstellung des deutschen Rechts (es wird ebenfalls das Haftungs- und Strafrecht erläutert) ist gleich vorweg zu sagen, dass es vorwiegend das Anliegen des Bearbeiters ist, auf Unterschiede der deutschen zur österreichischen Rechtslage hinzuweisen.

In Bezug auf die Erläuterung der Dopingverfolgung durch die Europäischen Gemeinschaften ist festzuhalten, dass in Grundzügen aufgezeigt werden soll, was das Europarecht hinsichtlich der Dopingbekämpfung zu leisten imstande ist. Es wird vor allem aufgezeigt, welche rechtlichen Schritte die zuständigen Organe bereits unternommen haben bzw. auf welcher Verbindlichkeitsstufe diese für die Mitgliedstaaten angesiedelt sind. Konkret wird zB erläutert, ob es im europäischen Bereich Verordnungen oder Richtlinien zur Dopingbekämpfung gibt, die für die Mitgliedstaaten unmittelbar oder zumindest mittelbar verbindlich sind, oder ob bislang für die Mitglieder nur unverbindliche Rechtsakte (Empfehlungen etc.) gesetzt worden sind.

1. Abschnitt: Allgemeine Informationen zur Dopingproblematik

I. Geschichte des Dopings

Der Ursprung des Wortes „Doping" ist heute nicht eindeutig geklärt.[30] „Dope" bezeichnete im 19. Jhdt. eine Mischung aus starkem Schnaps und Alkaloiden.[31] Der Begriff Doping wird seit nunmehr 100 Jahren verwendet, um bestimmte Formen der Steigerung der Leistungsfähigkeit auf sportlichem Gebiet zu erfassen.[32] Trotz dieser bereits langen faktischen Existenz des Dopings ist dessen Problematik erst in den letzten 25 Jahren wirklich evident geworden.

II. Warum wird gedopt?[33]

1. Doping zur Leistungssteigerung

Wie in der Einleitung, oben 22, bereits hingewiesen, liegt der Hauptgrund der Einnahme von Mitteln zur künstlichen Leistungssteigerung vor allem darin,

---

30 Nach *Vieweg*, Grundinformationen zur Dopingproblematik, 21, in: *Vieweg* (Hrsg.), Doping – Realität und Recht, leitet sich das Wort „Doping" aus der Burensprache ab.

31 Vgl *Donike*, Stichwort Doping, in: *Eberspächer* (Hrsg.), Handlexikon Sportwissenschaft; *Gutheil*, Doping, 8 sowie *Hollmann*, Zum Doping aus sportmedizinischer Sicht, 38 f, in: *Vieweg* (Hrsg.), Doping – Realität und Recht; weiter *Zuck*, Doping, NJW 1999, 832 und *Hagn*, Die rechtliche Beurteilung des Dopings, ÖJZ 1993, 402. Siehe zur Geschichte des Dopings auch *C. Prokop*, Die Grenzen der Dopingverbote, 21 ff.

32 Das Wort Doping hat sich im allgemeinen Sprachraum durchgesetzt, dazu *Wolf*, Zur Frage des Dopings – Die Problematik einer medikamentösen Leistungssteigerung im Sport, 5. Auch in anderen Lebensbereichen – abgesehen vom Gebiet des Sports – wird Doping als Standardbezeichnung für jede Art von Stimulierung verwendet, vgl dazu *C. Prokop*, Einführung in die Sportmedizin, 115; *Wolf*, aaO und *Lünsch*, Doping im Sport, 12, 57.

33 Vgl zu den Gründen des Dopings generell den Bericht der unabhängigen Dopingkommission aus dem Jahr 1991, eingesetzt vom Deutschen Sportbund und dem Deutschen Nationalen Olympischen Komitee, 4. Kapitel, abgedruckt in *Bette* (Hrsg.), Doping im Leistungssport, 204 ff; diese Kommission, der ua Juristen und Mediziner angehörten, hatte die Aufgabe aufgrund der Erfahrungen aus der Vergangenheit Handlungskonzepte zur Bekämpfung des Dopings in der Zukunft zu entwickeln. Zur Frage, warum das Doping gerade in den letzten zwei Jahrzehnten so häufig zu Tage tritt, vgl aus soziologischer Sicht *Digl*, Doping als Verbandsproblem, 134 ff, in: *Bette* (Hrsg.), Doping im Leistungssport.

schneller auf ein bestimmtes sportliches Niveau zu gelangen. Es wird somit versucht die physische und psychische Leistungsfähigkeit schneller als auf natürlichem Wege zu steigern.[34] Innerhalb dieses Punktes sind folgende Unterpunkte zu erörtern:

1.1. Doping zur Erhöhung der Ausdauer

Vor allem in den klassischen Ausdauersportarten wie Radsport, Laufen, Fußball, Schwimmen, Langlauf uä wird Doping vorwiegend betrieben, um die physische Belastbarkeit in Bezug auf die Ausdauer eines Athleten zu erhöhen.[35]

Was den Radsport betrifft, hat die Tour de France 1998 eindrucksvoll bewiesen, was *Ariens*[36] und *Schönholzer*[37] schon vor vielen Jahren betont haben, nämlich, dass Dopingpraktiken im Radrennsport sehr weit verbreitet sind. Als Dopingmittel wurde und wird häufig EPO[38] verwendet. Dass Doping bei Radprofis beinahe eine Rolle spielen „muss", kann man auch erahnen, wenn man sich die Durchschnittsgeschwindigkeiten der heute gefahrenen Etappen etwas genauer ansieht.[39]

1.2. Doping zur Steigerung der Kraft

Kraft ist vor allem bei Sportarten wie Gewichtheben, Hammerwerfen, Kugelstoßen uä von Bedeutung. Besonders bei Gewichthebern wird der Dopingvorwurf von Zeit zu Zeit immer wieder laut. Nach Meinung von manchen Fachleuten seien einige der zur Zeit gültigen Rekorde in den erwähnten Disziplinen ohne die Einnahme von Dopingsubstanzen nicht möglich gewesen.

---

34 Zu den möglichen Langzeitwirkungen des Dopings bezogen auf Muskelgewebe vgl *Brüggemann*, Mögliche Langzeiteffekte des Dopings aus biomechanischer Sicht, 67 ff, in: *Vieweg* (Hrsg.), Doping – Realität und Recht.

35 So auch *Donike*, Doping oder das Pharmakon im Sport, 225, in: *Hollmann* (Hrsg.), Zentrale Themen der Sportmedizin.

36 General and pharmacological aspects of Doping, 47, in: Proceedings of an International Seminar organized at the Universities of Ghent and Brussels.

37 Aspects psychologiques du doping, 86, in: Proceedings of an International Seminar organized at the Universities of Ghent and Brussels.

38 Vgl zu dieser Dopingsubstanz unten 42 f.

39 So beträgt die Durchschnittsgeschwindigkeit der gesamten Tour de France (Gesamtstrecke im Durchschnitt ca. 3 500 km, 21 400 Höhenmeter) knapp 40 km/h. *Rolf Gölz* meinte, dass die Durchschnittsgeschwindigkeit niedriger sein müsste, wenn die Fahrer „sauber" wären, vgl dazu Sport unter der Lupe, Fernsehdokumentation des Südwestrundfunks vom 1. Juli 1999.

1.3. Doping zur Erhöhung der Konzentrationsfähigkeit

Eine effektive Steigerung der Gesamtleistungsfähigkeit eines Wettkämpfers ist nicht immer dadurch garantiert, dass er seine Ausdauerleistungsfähigkeit bzw. Kraftreserven erhöht. In einigen Sportarten (Schießen) ist es für einen Athleten wichtiger, dass er seine „innere Ruhe“ findet und entspannt in den Wettbewerb geht. In diesem Bereich kommen daher meist Substanzen (zB Alkohol[40]) zum Einsatz, die auf Körper und Geist beruhigend wirken. Die Einnahme eines Dopingmittels soll in diesem Fall keine aufputschende, sondern eine sedierende Wirkung auf den Athleten haben.

2. Doping als Massenphänomen

Ein weiterer Grund für die Einnahme von Dopingmitteln, der auch von aktiven Sportlern immer wieder betont wird,[41] ist darin zu sehen, dass jeder, der im professionellen Sport tätig ist, dopt. Doping wird somit von vielen Wettkämpfern als selbstverständlich angesehen und es gibt keinen Grund auf leistungssteigernde Mittel zu verzichten. Es entsteht eine Art Gruppendynamik bzw. Gruppenzwang.

3. Doping als Mittel zur finanziellen Besserstellung

Eine weitere Motivation zu Dopingmitteln zu greifen, die mit den bereits genannten eng zusammenhängt, ist schlicht und ergreifend die finanzielle Besserstellung eines Athleten, wenn er regelmäßig auf den ersten Plätzen seiner Sportart landet. Neben den Preisgeldern, die nur bei relativ wenigen Sportarten wirklich hoch sind, sind es vor allem die Werbeverträge, die die Einnahmequellen in astronomische Höhen schnellen lassen.

4. Doping aufgrund mangelnder Aufklärung

Schließlich dürften viele der Medikamente von den Wettkämpfern auch deswegen eingenommen werden, da ihnen in vielen Fällen die oftmals sehr schädli-

---

40 Siehe zum Alkohol als Dopingsubstanz unten, 45 f.

41 So erklärte der früher im Radsport aktiv gewesene *Erwen Menthéour*, dass die Einnahme von Dopingmitteln im Radprofisport als völlig normal angesehen wird, vgl dazu Doping: Lügen und Gewinnen, Fernsehdokumentation der ARD vom 1. Juli 1999.

chen Folgen nicht bekannt sind, oder von den betreuenden Ärzten, medizinischem Personal uä bewusst verschwiegen bzw. heruntergespielt werden.

III. Warum sollte der Dopingmissbrauch bekämpft werden?

Die Verhinderung von Dopingmissbräuchen sollte nach Meinung des Verfassers aus verschiedenen Gründen ein oberstes Ziel des IOC und der Internationalen Sportverbände sein. Die wichtigsten seien überblicksartig dargestellt:

1. Dopingbekämpfung zum Schutz der Gesundheit der Athleten

Primär ist der Schutz der Gesundheit der Wettkämpfer massiv bedroht. Dazu muss man lediglich einige der zahlreichen Nebenwirkungen der heute verfügbaren Dopingmittel näher betrachten.[42] Vor allem auf die Abhängigkeitsproblematik, die auch bei Dopingsubstanzen auftreten kann, ist in diesem Zusammenhang hinzuweisen. Trotz der möglichen massiven gesundheitlichen Beeinträchtigungen, werden Dopingmittel auch von jungen Athleten häufig eingesetzt.

2. Dopingbekämpfung für einen „sauberen" Sport

Die Dopingproblematik hat aber nicht nur für die Athleten selbst schädigende Wirkungen, sie schadet auch dem Sport insgesamt.

Die Einnahme verbotener Substanzen lässt sich nicht mit dem Olympischen Gedanken des Fair-Play in Einklang bringen, da keine gleichen Voraussetzungen zwischen den einzelnen Athleten (mehr) bestehen. Einerseits deshalb, weil gedopte Athleten künstlich ihre Leistung steigern, andererseits, weil finanziell besser gestellte Wettkämpfer leichteren Zugang zu Dopingmitteln haben, als solche, denen der nötige finanzielle Hintergrund fehlt.[43]

---

42 So hat zB das heute als „Wundermittel" angesehene EPO zahlreiche Nebenwirkungen, von denen eine für den menschlichen Körper am schädlichsten wohl das Zähflüssigwerden des Blutes ist, vgl dazu das Interview mit *Villinger* (Olympia-Arzt), in: Doping: Lügen und Gewinnen, Fernsehdokumentation der ARD vom 1. Juli 1999.

43 So betrugen die Ausgaben für Dopingmittel einiger Fahrer der Tour de France 1998 rund DM 30.000,-- pro Jahr, vgl zu dieser Zahl Doping: Lügen und Gewinnen, Fernsehdokumentation der ARD vom 1. Juli 1999.

Auch die Sponsoren, ohne deren finanzielle Unterstützungen heutzutage kaum derart gigantische Sportveranstaltungen stattfinden könnten, sind mehr und mehr darauf bedacht, nur solche Sportler unter Vertrag zu nehmen, von denen sie annehmen können, dass sie die Wettkämpfe ungedopt absolvieren.

3. Dopingbekämpfung zum Schutz der Gesellschaft

Auch die Gesellschaft selbst ist von den Gefahren der Dopingproblematik bedroht. Dies vor allem aufgrund der Vorbildfunktion, die der Sport schon seit jeher hatte. Bei Jugendlichen, die „ihre“ Stars unter dem Einfluss von verbotenen Substanzen gewinnen sehen, dürfte die Hemmschwelle, selbst derartige Mittel einzunehmen, als deutlich herabgesetzt anzusehen sein, als bei jenen, deren Vorbilder „clean“ sind. Steigt die Zahl der Personen, die auf diese Weise den Dopingmitteln verfallen stark an, so schadet dies der Gesellschaft zB in Form von explodierenden Kosten für das Gesundheitswesen.

4. Dopingbekämpfung zur Verhinderung von Drogenmissbrauch

Doping sollte auch deswegen bekämpft werden, weil es teilweise als Form legalisierten Drogenmissbrauchs angesehen werden muss. Doping und Drogenmissbrauch im herkömmlichen Sinn (zB Spritzen von Heroin etc.) haben mehr Schnittpunkte als es auf den ersten Blick den Eindruck erweckt und es kann daher auch durchaus schwierig sein, eine exakte (rechtliche) Abgrenzung zwischen beiden Missbrauchsformen zu finden.[44]

Zum einen beinhalten auch Dopingmittel Substanzen, die in Drogen vorhanden sind. Zum anderen lassen sich sowohl durch die Einnahme von Dopingmitteln als auch von Drogen ieS ähnliche Effekte erzielen. Beispielsweise kann ein Athlet, der seinen Körper dopt, wie ein Drogenabhängiger, Gefühle der Zufriedenheit, Unabhängigkeit und unbändiger Kraft erleben.

Außerdem haben beide Erscheinungsformen Ähnlichkeiten was den Bereich der Beschaffung der Substanzen betrifft.[45] Beide werden mehr oder weniger ille-

44 Zur Vergleichbarkeit von Drogen und Dopingmitteln vgl *Zittlau*, Suchtreport 5/1992, 41; vgl zum heutigen Dopingmittelmarkt *ders.*, Suchtreport 6/1993, 11.

45 Auf die Beschaffungskriminalität weist auch *Wagner*, Wie können die Doping-Zwickmühlen überwunden werden?, 102 mwN, in: *Bette* (Hrsg.), Doping im Leistungssport, hin.

gal in den Verkehr gebracht. Auch aus diesem Grund sollte daher versucht werden, dem Doping so rasch wie möglich Einhalt zu gebieten.[46]

IV. Definition des Dopings

1. Vorbemerkung

Wer glaubt, dass es nur eine Definition von Doping gibt, irrt. Viele Institutionen haben sich mehr oder weniger erfolgreich um möglichst exakte Definitionen bemüht. Grundsätzlich sind zwei verschiedene Alternativen bei der Dopingdefinition zu unterscheiden. Einerseits kann versucht werden, eine allgemein gültige Formel zu finden, die sozusagen auf jeden erdenklichen Fall „passt", somit abstrakt gehalten ist. Andererseits geht man heute oft dazu über, Listen mit verbotenen Substanzen und Methoden zu erstellen und die Einnahme von Mitteln bzw. Anwendung von Methoden, die sich auf derartigen Listen finden, als Dopingmissbrauch zu sanktionieren.

Die erste Variante hat den Vorteil, dass sie aufgrund ihrer abstrakt gehaltenen Formulierung im Bestfall immer als ausreichend angesehen werden kann, wobei es allerdings sehr schwierig ist, eine derart abstrakte Formel zu finden, die alle möglichen Dopingfälle umfasst, gleichzeitig aber nicht zu allgemein gehalten ist und somit Termini der eigentlichen Definition nochmals definiert werden müssen.[47]

Die zweite Variante hat den nach Ansicht des Verfassers entscheidenden Vorteil, dass sie für alle im „Sportzirkus" tätigen eine Klarheit schafft, die die erste Variante nicht auf sich vereinigen kann. Was auf der entsprechenden Liste steht ist eben verboten, was nicht, ist erlaubt. Auch diese Variante hat aber einen nicht übersehbaren Nachteil. Neu auf den Markt kommende Substanzen und Methoden müssen erst den entsprechenden Listen hinzugefügt werden, um als verboten zu gelten.[48] Dass dies, allein schon deshalb, weil es eine gewisse Zeit in

---

46 Im wesentlichen dieselben Gründe für eine Anti-Doping-Politik finden sich auch bei *Hollmann*, Zum Doping aus sportmedizinischer Sicht, 47, in: *Vieweg* (Hrsg.), Doping – Realität und Recht.

47 Vgl zu diesem Problem *Wagner*, Eine einfache Möglichkeit zur anreizgesteuerten Dopingbekämpfung, 393, in: *Vieweg* (Hrsg.), Doping – Realität und Recht sowie die Definition von Doping durch den Europarat sogleich.

48 Deshalb ist es auch nicht verwunderlich, dass ständig versucht wird, immer neue Substanzen und Methoden zu entwickeln und herzustellen, die möglichst lange nicht auf die Verbotslisten kommen, so auch *Wagner*, Eine einfache Möglichkeit zur anreizgesteuerten Dopingbekämpfung, 393, in: *Vieweg* (Hrsg.), Doping – Realität und Recht und *ders*, Wie können die Doping-Zwickmühlen überwunden werden?, 109 ff, in: *Bette* (Hrsg.), Doping im Leistungssport.

Anspruch nimmt bis die entsprechenden Gremien entscheiden, einige Zeit dauern kann, liegt auf der Hand.

Im Folgenden sollen die wichtigsten Definitionsversuche dargestellt werden:

2. Dopingdefinition durch den Europarat

Eine vom Europarat gebildete Kommission, die sich mit der Dopingproblematik beschäftigen sollte, definierte Doping im Jahre 1963 wie folgt:

> „Doping ist die Verabreichung oder der Gebrauch körperfremder Substanzen in jeder Form und physiologischer Substanzen in abnormaler Form oder auf abnormalem Weg an gesunde Personen mit dem einzigen Ziel der künstlichen und unfairen Steigerung der Leistung für den Wettkampf. Außerdem müssen psychologische Maßnahmen zur Leistungssteigerung des Sportlers als Doping angesehen werden."

Diese Definition wurde zunächst Grundlage der international stattfindenden Anti-Doping-Kongresse. Im November 1963 beschloss die Kommission des Europarates folgenden Zusatz:[49]

> „Wird eine notwendige Behandlung mit Mitteln durchgeführt, die auf Grund ihrer Natur oder Dosis die körperliche Leistung über das normale Niveau zu heben imstande sind, so gilt dies als Doping und schließt die Wettkampffähigkeit aus."

Im Rahmen dieses Definitionsversuchs wird der oben erwähnte Nachteil der abstrakten Definitionsvariante mehr als deutlich; man unternahm den Versuch, in der Definition möglichst alle Aspekte des Dopings zu erfassen; praktisch gesehen ist sie dadurch nicht zu gebrauchen.[50]

Innerhalb dieser Definition sind folgende Ausdrücke undefiniert: körperfremd, abnormale Form, abnormaler Weg, gesund, künstliche und unfaire Leistungssteigerung.

Bei einer derart ungenauen Definition des Dopings kann nicht nachvollziehbar geklärt werden, ob ein Athlet nun gedopt hat oder nicht. Darüber hinaus ist das Abstellen auf körperfremde Substanzen nicht mehr zeitgerecht. Heute findet Doping in erheblichem Ausmaß durch das Verwenden von körpereigenen Hormonen statt.[51]

---

49 *C. Prokop*, Die Grenzen der Dopingverbote, 76.

50 Auch *Hagn*, Die rechtliche Beurteilung des Dopings, ÖJZ 1993, 403 spricht davon, dass dieser Versuch einer Dopingdefinition kaum praktikabel ist.

51 *C. Prokop*, Die Grenzen der Dopingverbote, 76.

3. Dopingdefinition durch das ÖADC

Das österreichische Anti-Doping-Komitee (ÖADC[52]) legt seiner Dopingdefinition jene der Anti-Doping-Konvention des Europarates (dazu sogleich 4.) zugrunde. In seinen Anti-Dopingbestimmungen verpflichtet das ÖADC die Mitglieder der Österreichischen Bundes-Sportorganisation (BSO), das sind vor allem die österreichischen Dachverbände der jeweiligen Sportart, ihre Anti-Dopingbestimmungen den als Mindeststandard definierten Regelungen des ÖADC, falls nötig, anzupassen.[53]

4. Dopingdefinition nach der Anti-Doping-Konvention des Europarates[54]

Gem Art 2 Abs 1 lit a dieser Konvention versteht man unter dem Begriff Doping die Verabreichung oder die Anwendung pharmakologischer Dopingwirkstoffe oder Dopingmethoden an bzw. durch Sportler und Sportlerinnen.

Gleich vorweg kann gesagt werden, dass dieser Definitionsversuch jenem des IOC Medical-Code, der bis zum 31.12.1999 in Geltung stand (dazu sogleich 5.) sehr ähnelt. Wie auch das IOC, beschlossen die Vertragspartner beim Abschluss der Konvention ihrer Dopingdefinition eine Liste mit den verbotenen Substanzen und Methoden zugrunde zu legen.

Bezüglich der verbotenen Methoden und Substanzen verweist Art 2 Abs 2 lit b auf jene, die von den betreffenden internationalen Sportorganisationen verboten wurden und somit in den entsprechenden Verbotslisten eingetragen sind.[55]

---

52 Dazu *Hasslacher*, Sanktionen und Dopingverfahren in Österreich, 112, in: *Fritzweiler* (Hrsg.), Doping – Sanktionen, Beweise, Ansprüche.

53 Zu den einzelnen Anti-Dopingbestimmungen des ÖADC vgl die von derselben Organisation herausgegebene Anti-Doping-Broschüre (Stand Dezember 2001).

54 Diese Konvention wurde auch von Österreich unterzeichnet und ratifiziert, vgl BGBl. 451/1991.

55 Tatsächlich finden sich im Anhang der Anti-Doping-Konvention im wesentlichen jene Substanzen und Methoden, die auch vom IOC als verboten qualifiziert werden. Die Beobachtende Begleitgruppe des Europarates hat die Aufgabe, die Liste entsprechend den neuen Substanzen und Methoden aktualisiert zu halten; so hatte die Beobachtende Begleitgruppe die aktuelle Liste mit Wirksamkeit vom 1. September 2001 angenommen.

5. Dopingdefinition durch das Internationale Olympische Komitee[56]

Grundlage für die bisherige Definition des Dopings durch das IOC war bis zum 1. Jänner 2000 der vom IOC auf Grundlage der Regel 48 der Olympischen-Charta[57] verabschiedete Medical-Code; Kapitell II des Medical-Code definierte Doping wie folgt:

„Doping consists of:
1. the administration of substances belonging to prohibited classes of pharmacological agents, and/or
2. the use of various prohibited methods."

Doping ist somit die Verwendung von Substanzen aus den verbotenen Wirkstoffgruppen und die Anwendung verbotener Methoden.[58] Daran anschließend wurden die verbotenen Wirkstoffe und Methoden aufgeführt. Auf diese Art und Weise definierte das IOC den Begriff des Dopings nicht abstrakt, sondern bestimmte Doping lediglich als Summe von verbotenen Wirkstoffen und Methoden.[59] Mit Wirkung vom 1.1.2000 wurde der IOC-Medical-Code durch den Olympic Movement Anti-Doping-Code (ADC)[60] abgelöst. Im Gegensatz zur bisherigen Definition (Doping ist die Verwendung von Substanzen aus den verbotenen Wirkstoffgruppen und die Anwendung verbotener Methoden) ging das IOC bei der Neuregelung der Anti-Doping-Bestimmungen einen anderen Weg. Doping wird nunmehr abstrakt *und* konkret definiert. In Kapitel II Art 2 ADC heißt es:

„Doping is:
1. the use of an expedient (substance or method) which is potentially harmful to athletes' health and/or capable of enhancing their performance, or
2. the presence in the athlete's body of a Prohibited Substance or evidence of the use thereof or evidence of the use of a Prohibited Method."

Als Doping gilt also

---

56 Im Rahmen der Dopingdefinition durch das IOC soll auf die verbotenen Dopingsubstanzen und -methoden näher eingegangen werden.

57 Im Internet abrufbar unter http://multimedia.olympic.org/pdf/en_report_122.pdf.

58 Diese Übersetzung ist heute gebräuchlich, vgl *Donike/Rauth*, Dopingkontrollen, 4 f und *Kurz/Mester*, Doping im Sport, 1 f.

59 *C. Prokop*, Die Grenzen der Dopingverbote, 81 f.

60 Abrufbar im Internet unter http://multimedia.olympic.org/pdf/en_report_21.pdf; abgedruckt in deutscher Sprache beispielsweise in *Röhricht/Vieweg* (Hrsg.), Doping-Forum – Aktuelle rechtliche und medizinische Aspekte, 157 ff.

1. Die Verwendung eines Hilfsmittels (Wirkstoff oder Methode), das potentiell schädlich für die Gesundheit des Sportlers/der Sportlerin und/oder leistungssteigernd wirken kann,[61] oder
2. Die Existenz eines verbotenen Wirkstoffs im Körper eines Sportlers/einer Sportlerin oder der Nachweis seiner Verwendung bzw. der Nachweis des Einsatzes einer verbotenen Methode.[62]

I. Verbotene Wirkstoffgruppen
- A. Stimulantien
- B. Narkotika
- C. Anabole Wirkstoffe
- D. Diuretika
- E. Peptidhormone, Mimetika und Anlagen

II. Verbotene Methoden
- A. Blutdoping
- B. Anwendung künstlicher Sauerstoffträger und Plasmaexpander
- C. Pharmakologische, chemische und physikalische Manipulation

III. Wirkstoffgruppen, zugelassen nur mit gewissen Einschränkungen
- A. Alkohol
- B. Kannabinoide
- C. Lokalanästhetika
- D. Kortikosteroide
- E. Beta-Blocker

Im Appendix A des Anti-Doping-Code werden anschließend die verbotenen Wirkstoffe und Methoden einzeln aufgelistet. Änderungen dieser Liste werden vom Executive-Board des IOC auf Empfehlung des Council der Internationalen Anti-Doping-Agentur (WADA)[63] im Bedarfsfalle durchgeführt.[64]

---

61 Kritisch zu dieser abstrakten Definitionsweise *Haas/Prokop C.*, Aktuelle Entwicklungen in der Dopingbekämpfung, SpuRt 2000, 6; *Steiner*, Doping aus verfassungsrechtlicher Sicht, 132, in: *Röhricht/Vieweg* (Hrsg.), Doping-Forum – Aktuelle rechtliche und medizinische Aspekte; aA *Welten*, Die unabhängige Antidoping-Agentur des IOK, SpuRt 1999, 257 f.

62 Übersetzung nach *C. Prokop*, Die Grenzen der Dopingverbote, 82.

63 World Anti-Doping Agency; die Errichtung dieser Internationalen Anti-Doping-Agentur ist als eines der wichtigsten Ergebnisse der Konferenz von Lausanne (oben 24) zu werten. Ziel dieser Behörde ist es, den Kampf gegen Doping zu fördern bzw. weltweit zu koordinieren. Mehr über diese weltweit operierende Behörde gibt es im

Im Folgenden soll ein kurzer Überblick über die verbotenen Substanzen bzw. Methoden gewährt werden.

5.1. Verbotene Substanzen[65]

5.1.1. Stimulantien

Die Gruppe der Stimulantien stellt gewissermaßen das klassische Dopingmittel dar. In diese Wirkstoffgruppe fallen unter anderem Koffein, Kokain, Amphetaminil, Ephedrin, Strychnin sowie verwandte Verbindungen.

Stimulantien werden kurz vor dem Wettkampf eingesetzt, um während des Wettbewerbs einen wirksamen Effekt zu erzielen. Dadurch, dass sie unmittelbar vor dem Wettbewerb von den Athleten eingenommen werden, befinden sich im Urin eines gedopten Wettkämpfers hohe Konzentrationen dieser Wirkstoffgruppe, die nach dem heutigen Stand der Analytik sehr gut nachgewiesen werden können.

Stimulantien haben in ihrer Wirkungsweise vor allem den Effekt, dass sie die Aufmerksamkeit erhöhen, die Ermüdung hinauszögern und die Leistungsbereitschaft eines Athleten steigern können.[66]

Ephedrin, das zu den sympathomimetischen Arminen zählt, kann in hohen Dosen auch stimulierend auf die Psyche wirken und den Kreislauf anregen. Als unerwünschte Nebeneffekte treten häufig hoher Blutdruck, Kopfschmerzen und unregelmäßiger bzw. erhöhter Puls auf.

5.1.2. Narkotika

Die Substanzen dieser Wirkstoffklasse, die aus Morphin bestehen, wirken vorwiegend – auch bei sehr starken Schmerzen – schmerzstillend. Neben dieser Funktion können viele dieser Substanzen enorme Nebenwirkungen aufweisen, vor allem Probleme mit der Atmung sind zu beobachten. Weiters kann die Anwendung von Narkotika zu physischer und psychischer Abhängigkeit führen.

Internet unter http://www.wada-ama.org/asiakas/003/wada_english.nsf/Home?OpenPag; vgl weiter *Haas/Prokop C.*, Aktuelle Entwicklungen in der Dopingbekämpfung, SpuRt 2000, 6 ff.

64 Kapitel I Art 4 ADC.

65 Beispiele zu den einzelnen verbotenen Wirkstoffgruppen können im Internet unter http://multimedia.olympic. org/pdf/en_report_22.pdf abgerufen werden (Stand: 1. September 2001).

66 Zu den Wirkungen vgl im Detail *Williams*, Rekorde durch Doping?, 89 f.

5.1.3. Anabole Wirkstoffe

Die Substanzklasse der Anabolika (Klasse C) beinhaltet die androgen anabolen Steroide (AAS) und die Beta-2-Agonisten.[67, 68]

a) Androgen anabole Steroide (AAS)

Die Wirkstoffgruppe der androgen anabolen Steroide umfasst chemische Verbindungen, die von der Wirksamkeit mit dem männlichen Keimdrüsenhormon Testosteron[69] vergleichbar sind. Mit Hilfe dieser Substanzen wird vor allem versucht, die Muskelkraft eines Athleten auf künstliche Weise zu erhöhen. Die Nebenwirkungen dieser Stoffe sind heute allgemein bekannt. Durch ihre Einnahme kann es ua zu Leberschäden kommen und die Zusammensetzung der Blutfette kann nachteilig beeinflusst werden. Bei männlichen Wettkämpfern kann ihr Gebrauch zu einer Reduzierung des Hodenvolumens führen bzw. die Samenproduktion verringert werden. Bei Frauen kann ihre Anwendung zu einer Vermännlichung (Virilisierung) führen.

b) Beta-2-Agonisten

Die systematische Verabreichung von Beta-2-Agonisten hat einen aus der Tierzucht bekannten, stark anabolen Effekt. Anders als der Nachweis von Stimulantien, die, wie erwähnt, kurz vor dem Wettkampf eingesetzt werden, können Beta-2-Agonisten, wie auch die anabolen androgenen Steroide in ausreichender Zeit vor dem Wettkampf eingenommen werden; es handelt sich deshalb um reine Trainingsdopingmittel.[70]

---

67 Anabolika wurden vom IOC 1974 auf die Dopingliste gesetzt.

68 Zu den anabolen Steroiden vgl *Williams*, Rekorde durch Doping?, 101 ff.

69 Testosteron wurde vom IOC erst 1984 verboten, nachdem *Manfred Donike* die entsprechende Methode (bei Einnahme von körperfremdem Testosteron verändert sich das Verhältnis von Testosteron zu Epitestosteron) entwickelt hat, um diese Substanz im Urin nachweisen zu können, dazu *Donike/Bärwald/Klostermann/Schänzer/ Zimmermann*, 293, in: *Heck/Wollmann/Liesen/Rost* (Hrsg.), Sport: Leistung und Gesundheit. Zu einer neueren Methode (Kohlenstoff-$^{13}C/^{12}C$-Isotopenmassenspektrometrie) vgl *Horning/Geyer/Machanik/Schänzer/Hilkert/Oeßelmann*, 201, in: *Schänzer/Geiyer/Gotzmann/Mareck-Engelke* (Hrsg.), Proceedings of the 13th Cologne Workshop in Dope Analysis.

70 Deshalb forderte ua der Deutsche Sportbund früh das Verbot von Anabolika im Training.

5.1.4. Diuretika

Diuretika[71] sind vorwiegend dadurch charakterisiert, dass sie die Ausscheidungen von Urin steigern. Vor allem in der Medizin, zB zur Ausscheidung von Flüssigkeiten im Gewebe, können Medikamente mit diesen Inhaltsstoffen sinnvoll eingesetzt werden.

Als Dopingmittel werden Diuretika, die seit 1986 auf der Verbotsliste des IOC stehen, vorwiegend aus zwei Gründen eingesetzt:

Einerseits kann durch die gezielte Einnahme dieser Substanz – kombiniert mit ausreichendem Wassertrinken nach einem Wettkampf – vermehrter Harnfluss produziert werden; dadurch wiederum werden verbotene Wirkstoffe ebenfalls aus dem Körper ausgeschieden und können, da sie dann im Körper nur noch in stark verminderter Konzentration vorhanden sind, nicht mehr so effektiv nachgewiesen werden. Diuretika werden also in diesem Anwendungsfall nicht zur direkten Leistungssteigerung verwendet, sondern dienen vielmehr dem Verfälschen der Urinproben.

Andererseits kann mit Hilfe dieses Stoffes in kurzer Zeit relativ viel Gewicht verloren werden. Dies ist beispielsweise im Boxsport, in dem vor jedem Kampf das Gewicht eines Athleten exakt bestimmt wird, von Bedeutung. So kann der Gewichtsverlust bei einem 72,5 kg schweren Wettkämpfer immerhin 2 kg pro Tag betragen.[72]

5.1.5. Peptidhormone, Mimetika und Anlagen

Wirkstoffklasse „E“ wird von den Peptidhormonen, Mimetika samt Anlagen gebildet, wobei folgende Untergruppen unterschieden werden müssen.

a) Choriongonadotrophin (HCG)

Nach heutigen wissenschaftlichen Erkenntnissen ist bekannt, dass der Einsatz von Choriongonadotrophin und Anlagen zu einer erhöhten Produktion von endogenen androgenen Steroiden führt. Choriongonadotrophin kann somit von seiner Wirkung mit Testosteron verglichen werden; sie besteht in einer schnelleren und besseren Regeneration nach hoher Belastung; verboten ist diese Wirkstoffgruppe nur bei männlichen Sportlern.

---

71 Diese Stoffe sind allgemein besser bekannt als Wassertabletten.

72 Vgl zu diesem Beispiel näher *Williams*, Rekorde durch Doping?, 100.

b) Hypophysäre und synthetische Gonadotrophine (LH)

Es handelt sich bei diesen Wirkstoffgruppen um nicht geschlechtsspezifische Proteohormone (Glykoproteine), die in Zellen des Hypophysenvorderlappens gebildet werden, das Wachstum der männlichen und weiblichen Keimdrüsen fördern sowie endokrine Funktionen anregen und steuern. Derartige Wirkstoffgruppen sind ebenfalls nur bei Männern nicht erlaubt.

c) Corticotrophin = Adrenocorticotrophes Hormon (ACTH)

Corticotrophin ist im Sport vorwiegend deshalb als Dopingmittel missbraucht worden, um den Blutspiegel von endogenen Kortikosteroiden zu erhöhen und den damit verbundenen euphorischen Effekt auszunutzen. Die Einnahme von ACTH wird heute als äquivalent zu einer oralen oder intravenösen Gabe von Kortikosteroiden betrachtet.[73]

d) Wachstumshormon = Somatotrophin (HGC)

Der Missbrauch von Somatotrophin wird vor allem aufgrund seiner nachteiligen Nebenwirkungen als gefährlich angesehen. Als Nebenwirkungen sind allergische Reaktionen, diabetogene Wirkungen und Akromegalie, darunter versteht man eine selektive Größenzunahme von Nase, Ohren, Kinn, Händen, Füßen uä nach Abschluss des Wachstumsalters, zu nennen.

e) Insulin ähnlicher Wachstumsfaktor (IGF-1)

Dabei handelt es sich ebenfalls um ein Wachstumshormon ua mit den soeben erwähnten Nebenwirkungen.[74]

f) Erythropoietin (EPO)

Auch für jemanden, der sich mit Doping noch nicht näher befasst hat, dürfte EPO ein Begriff sein. Von so manchem wird es als wahres „Wundermittel" bezeichnet. EPO ist seit Anfang der achtziger Jahre auf dem Markt und wird vor allem bei Patienten mit renaler Anämie, d.h., bei Menschen, die aufgrund einer Fehlfunktion der Nieren an Blutarmut leiden, eingesetzt. Dies deshalb, weil von

---

73 Zu den Gluco-Kortikosteroiden vgl unten 47.

74 Für weitere Informationen vgl *Körner*, Betäubungsmittelgesetz, Arzneimittelgesetz, AMG Anhang D II Rz 130.

den Nieren zu wenig EPO, das seinerseits für die Synthese von roten Blutkörperchen verantwortlich ist, gebildet wird. Die roten Blutkörperchen nun sind es, die im Körper für den reibungslosen Sauerstofftransport benötigt werden. Durch eine gezielte Erhöhung der Anzahl der roten Blutkörperchen mit Hilfe von EPO kommt es zu einer verbesserten Sauerstoffversorgung der Muskeln, was diese leistungsfähiger werden lässt. Vorwiegend im Ausdauerbereich (zB Radsport) wird EPO von vielen Athleten weltweit missbraucht.

g) Insulin

Die Verwendung von Insulin ist nur erlaubt, um Athleten zu behandeln, die an insulin-abhängigem Diabetes leiden, wobei der schriftliche Nachweis über diese Krankheit durch einen Endokrinologen oder Teamarzt zu erfolgen hat.[75]

5.2. Verbotene Methoden

Wie in der Abbildung, oben 38, ersichtlich, umfassen die verbotenen Methoden das Blutdoping, die Anwendung künstlicher Sauerstoffträger und Plasmaexpander bzw. pharmakologische, chemische und physikalische Manipulation.

5.2.1. Blutdoping

Unter Blutdoping versteht man die Verabreichung von Vollblut oder von Zubereitungen, die rote Blutkörperchen enthalten, wenn keine medizinische Indikation für eine solche Behandlung vorliegt.[76] Das Ziel dieser Prozedur ist, ähnlich wie bei der Zuführung von EPO, die Erhöhung der Sauerstofftransportkapazität des Blutes.[77]

Blutdoping kann auf verschiedene Weise durchgeführt werden. Einerseits gibt es das Verfahren der homologen (Fremdbluttransfusion), andererseits jenes der autologen Transfusion (Eigenbluttransfusion). Bei beiden Varianten wird dem Wettkämpfer zunächst ein Teil seines eigenen Blutes entnommen, wobei er wie gewohnt weiter trainiert. Bei der homologen Transfusion wird dann Blut einer anderen Person, deren Blut mit jenem des Athleten übereinstimmt, übertragen. Bei der autologen Transfusion wird das vorher dem Athleten abgenommene, in der Zwischenzeit speziell behandelte Blut, diesem wieder zugeführt.[78]

---

75 Siehe Appendix A I. lit. E. Z 7. OMADC.

76 *Donike/Rauth*, Dopingkontrollen, 17.

77 Vgl *Williams*, Rekorde durch Doping?, 119.

78 Dabei werden die roten Blutkörperchen des entnommenen Blutes isoliert und eingefroren und nach ca. zwei Monaten dem Körper wieder zugeführt. Während dieser

Durch beide Möglichkeiten des Blutdopings wird im Körper des Athleten die Anzahl der roten Blutkörperchen erhöht. In der erstgenannten Variante eben um die Zahl der Blutkörperchen des Spenderblutes, in der zweiten Variante um die Zahl der im speziell behandelten Eigenblut vermehrt vorhandenen bzw. der im eigenen Körper vermehrt gebildeten Blutkörperchen.[79]

Vom Effekt her kann Blutdoping mit dem Training in großer Höhe, in der der Sauerstoffgehalt generell niedriger ist, verglichen werden.[80] Bei einem Aufenthalt in großer Höhe reagiert der Körper ebenfalls mit einer vermehrten Produktion von roten Blutkörperchen, die auch noch Wochen nach Beendigung des Trainings nachweisbar ist.

Für die Athleten ist das Blutdoping mit erheblichen Risiken verbunden. Bei der Eigenbluttransfusion kann es zu Blutgerinnungen innerhalb des Gefäßsystems kommen, die Thrombosen und Embolien bewirken können. Die Verabreichung von Spenderblut kann zu allergischen Reaktionen bzw. zu Infektionen (Hepatitis, AIDS) führen.[81]

5.2.2. Anwendung künstlicher Sauerstoffträger und Plasmaexpander

Die Anwendung derartiger Methoden, die ebenfalls dem effektiveren Sauerstofftransport innerhalb des Blutkreislaufes dienen soll,[82] ist erst mit dem Inkrafttreten des Olympic Movement Anti-Doping-Code explizit verboten worden. Der vorher in Geltung stehende Medical-Code sah kein ausdrückliches Verbot derartiger Methoden vor, sondern verbot generell nur das Blutdoping.

5.2.3. Pharmakologische, chemische und physikalische Manipulation

Neben Mitteln zur direkten Leistungssteigerung verbietet der Anti-Doping-Code auch den Einsatz von Substanzen und Methoden, die geeignet sind, die Unversehrtheit und Rechtsgültigkeit von Urinproben zu beeinflussen. Beispielsweise nennt der ADC die Katheterisierung, den Urinaustausch, das Verdünnen von

---

zwei Monate produziert der Körper zugleich mehr rote Blutkörperchen um den durch die Blutabnahme hervorgerufenen Verlust an Blutkörperchen auszugleichen.

79 Versuche haben gezeigt, dass durch die Technik des Blutdopings die Leistungsfähigkeit des Körpers um 10 – 20 % gesteigert werden kann, vgl im einzelnen *Schneider-Grohe*, Doping, 102 und *Williams*, Rekorde durch Doping?, 121 ff.

80 Vgl *Ekblom*, Blutwechsel steigert die Leistung, 43, in: *Acker* (Hrsg.), Rekorde aus der Retorte.

81 Zu den Risiken des Blutdopings vgl *Donike/Rauth*, Dopingkontrollen, 17 und *Williams*, Rekorde durch Doping?, 125.

82 *Körner*, Betäubungsmittelgesetz, Arzneimittelgesetz, AMG Anhang D II Rz 134.

Urin, das Unterdrücken der renalen Elimination, zB durch Probenecid und verwandte Substanzen bzw. die Applikation von Epitestosteron und Bromantan.[83]

Das Ziel eines gedopten Athleten kann, neben der Leistungssteigerung, auch die möglichst effiziente Verhinderung der Aufdeckung seines Missbrauchs sein. In den letzten Jahren sind immer wieder Beispiele bekannt geworden, dass bei Dopingkontrollen Urinproben manipuliert worden sind. So wird beispielsweise versucht, nach dem Wettkampf den eigenen Urin mittels Katheter durch Fremdurin (eigenen „unbelasteten" Urin oder Urin anderer Personen) zu ersetzen bzw. Urin aus kleinen mitgeführten Fläschchen zur Dopinganalyse zu geben. Weiters wird die Einnahme von Substanzen, die die Nierenexkretion hemmen, praktiziert.[84]

Ein Beispiel für eine verbotene physikalische Manipulation zur direkten Leistungssteigerung, das in diesem Zusammenhang immer wieder genannt wird, ist die Luftinsufflation des Darms bei Schwimmern. Bei dieser Methode wird in den Darm eines Schwimmathleten bis zu maximal 1,8 l Pressluft gepumpt. Dadurch soll vor allem eine verbesserte Schwimmeigenschaft (ähnlich einem Luftkissen) erreicht werden.[85]

5.3. Eingeschränkt erlaubte Substanzen

Schließlich ist noch die Gruppe III. der Wirkstoffgruppen, die nur mit gewissen Einschränkungen zugelassen sind, zu erläutern:

5.3.1. Alkohol

Der Anti-Doping-Code führt bezüglich Alkohol lediglich aus, dass dann, wenn es die Vorschriften der zuständigen Stellen vorsehen, Tests zum Nachweis von Ethanol durchgeführt werden.[86] Damit kann festgehalten werden, dass die Einnahme von Alkohol nicht grundsätzlich verboten ist.[87] Alkohol wird vorwiegend eingenommen, um Ängste bzw. Hemmschwellen abzubauen und die Nerven (zB

83 Art I (Definitionen), Kapitel I ADC.
84 Vgl *Dirix*, Dopingklassen und Kontrollmöglichkeiten, 539, in: Olympia Buch der Sportmedizin.
85 Vgl dazu im Detail *Schneider-Grohe*, Doping, 103 f.
86 Appendix A III. lit. A. OMADC.
87 So auch *Gutheil*, Doping, 30.

im Schießsport) zu beruhigen.[88] Auch bei Alkohol ist die Gefahr einer Abhängigkeit des Wettkämpfers bei regelmäßiger Verwendung nicht zu verkennen.[89]

Generell muss jedoch betont werden, dass die Einnahme von Alkohol als Dopingmittel heutzutage wohl eher selten anzutreffen sein wird und somit im Bereich der Dopingproblematik ein vergleichsweise geringes Problem darstellt.

5.3.2. Kannabinoide

Das vielleicht bekannteste Beispiel der Kannabinoide ist Marihuana.[90] Dieses findet sich in getrockneten Blättern, Stengeln und Blüten des Indischen Hanfs (Cannabis sativa), die wegen ihrer halluzinogenen und entspannenden Wirkung geraucht oder gekaut werden. Der psychoaktive Bestandteil von Marihuana, die Droge Tetrahydrocannabinol (THC), ist in den Triebspitzen der Pflanze konzentriert vorhanden.[91] Auch diese Droge wird, wie der Alkohol, vorwiegend aufgrund ihrer beruhigenden Wirkung dem Körper eines Athleten zugeführt.

Ansonsten wird auf die Ausführungen zum Dopingmittel Alkohol verwiesen, die im wesentlichen auch für die Kannabinoide gelten.

5.3.3. Lokalanästhetika

Unter Anästhetika versteht man Substanzen, die es ermöglichen ausgewählte (lokale) Bereiche des menschlichen Körpers zu betäuben.

Injektionen von Lokalanästhetika sind lediglich unter den folgenden Voraussetzungen, die kumulativ vorhanden sein müssen, zulässig:[92]

- Für eine Lokalanästhesie dürfen nur bestimmte Substanzen verwendet werden. Unter ihnen finden sich beispielsweise Bupivcain, Lidocain, Mepicain, Procain etc., Kokain darf jedoch nicht verwendet werden. Gefäßverengende Substanzen (zB Adrenalin) dürfen nur in Verbindung mit Lokalanästhesie verwendet werden.

---

88 Zu den Auswirkungen auf die Leistung aufgrund der sedierenden Wirkungen des Alkohols vgl *Faber*, Doping als unlauterer Wettbewerb und Spielbetrug, 34 und *Acker*, Im Soge der Chemie 9, in: *Acker* (Hrsg.), Rekorde aus der Retorte.

89 Zu weiteren Nebenwirkungen des Alkohols vgl *Peterson/Renström*, Verletzungen im Sport, 37.

90 Nach der Definition des IOC ist die Anwendung von Cannabisprodukten, wie Marihuana und Haschisch für die Olympischen Spiele verboten, vgl *Schänzer*, Dopinganalytik und Grenzwertproblematik, 20, in: *Röhricht/Vieweg* (Hrsg.), Doping-Forum – Aktuelle rechtliche und medizinische Aspekte.

91 Zu Marihuana vgl *Microsoft*©Encarta®-Enzyklopädie, Stichwort: „Marihuana“.

92 Appendix A III. lit. C. OMADC.

- Lokalanästhetika dürfen lediglich in bestimmter Form (lokal bzw. intra-artikulär) injiziert werden.
- Weiters muss eine ärztliche Indikation (zB aufgrund einer detaillierten Diagnose) vorliegen. Ist die medizinische Indikation gegeben, kann es aufgrund der Vorschriften einer zuständigen Stelle notwendig sein, über die Verabreichung von Lokalanästhetika zu informieren.

5.3.4. Gluco-Kortikosteroide

Diese sowohl natürlich vorkommende als auch synthetisch erzeugte Substanz wird im Sport hauptsächlich zur Hemmung von Entzündungen bzw. zur Linderung von Schmerzen verwendet. Vor allem bei Verletzungen, Zerrungen und Gelenksentzündungen kommen Kortikosteroide, die übrigens auch im menschlichen Körper vorkommen, zur Anwendung. Durch die externe Zuführung von weiteren Kortikosteroiden wird die Konzentration der körpereigenen Kortikosteroiden beeinflusst, was eine stimulierende Wirkung, bis hin zur Euphorie des Athleten, hervorrufen kann. Darüber hinaus wird den Kortikosteroiden nachgesagt, ihre Verabreichung setze vermehrt Glucose frei, die dann in der Leber als Glycogen gespeichert wird.[93] Dies ist auch der Grund dafür, dass auf diese Substanz ua bei Ausdauersportarten zurückgegriffen wird.[94]

5.3.5. Beta-Blocker

Bei der Einnahme von Beta-Blockern kommt es zu einer Blockierung des Noradrenalineffekts an den für dieses Hormon empfindlichen Rezeptoren. Die Folge ist eine deutliche Absenkung der Herzfrequenz. Beta-Blocker werden im Sport nicht zur Steigerung der physischen Kraft eingesetzt,[95] sondern sollen dem Athleten vor allem bei jenen Sportarten (Schießen, Bogenschießen) helfen, bei denen es besonders auf Konzentration ankommt.

Nebenwirkungen von Beta-Blockern können sich sowohl bei der Einnahme (Depression, Müdigkeit, Halluzinationen) als auch beim plötzlichen Absetzen (Herzinfarkt), ergeben. Seit 1988 stehen Beta-Blocker auf der Liste der verbotenen Wirkstoffgruppen des IOC.

---

93 *Donike*, Doping, 208 ff, in: Studienbrief der Trainerakademie Köln des Deutschen Sportbundes.

94 Zu den Restriktionen hinsichtlich des Gebrauchs dieser Substanz siehe Appendix A III. lit. D. OMADC.

95 Auch im Ausdauersport werden sie, da es durch ihre Einnahme zu einer Abnahme der anaeroben und aeroben Energiebereitstellung kommt, nicht eingesetzt, vgl dazu *Clasing*, Doping, Der Internist, 785 (789).

5.4. Zusammenfassung

Die Dopingdefinition des Olympic Movement Anti-Doping-Code mit seinen soeben erläuterten verbotenen Substanzen und Methoden kann und konnte bisher in Form des IOC-Medical-Code als wichtigste Anti-Doping-Definition weltweit angesehen werden. Dies ist mit der überragenden Bedeutung, die dem Internationalen Olympischen Komitee im internationalen Sportgeschehen zukommt, zu erklären. Da der derzeit gültige Anti-Doping-Code von der Olympischen Bewegung (Olympic Movement) verabschiedet wurde und dieser ua das IOC, die Internationalen Sportverbände, die Nationalen Olympischen Komitees, die Organisationskomitees für die Olympischen Spiele sowie noch andere Mitglieder (Athleten sowie bestimmte Organisationen) angehören,[96] ist davon auszugehen, dass Doping auf internationaler Ebene – zumindest langfristig – einheitlich definiert bzw. geahndet wird.

96 Vgl Kapitel I Regel 3 OC.

2. Abschnitt: Doping aus Sicht des österreichisches Schadenersatzrechts[97]

I. Vorbemerkung

In diesem Kapitel soll nun eingehend dargestellt werden, welche haftungsrechtlichen Ansprüche aus der Einnahme von Dopingmitteln resultieren können;[98] es sollen sowohl vertragliche als auch außervertragliche (deliktische) Ansprüche diskutiert werden.

Da im Folgenden schadenersatzrechtliche Ansprüche untersucht werden, soll ein kurzer Überblick darüber geboten werden, welche Voraussetzungen für die Bejahung eines Schadenersatzanspruchs vorliegen müssen.[99] Daran schließt sich die Darstellung der einzelnen Ansprüche zwischen den verschiedenen Rechtssubjekten.[100]

II. Aufbau eines Schadenersatzanspruchs

1. Allgemeines

Die Bejahung eines Schadenersatzanspruchs nach dem ABGB setzt grundsätzlich voraus, dass bestimmte Tatbestandsmerkmale kumulativ vorliegen: Einen

---

97 Paragraphen ohne nähere Angaben sind solche des ABGB.

98 Da gerade im Bereich des bürgerlichen Rechts unzählig viele unterschiedliche Sachverhaltskonstellationen denkbar sind, sollen im Rahmen dieser Arbeit besonders wichtige und nach Ansicht des Bearbeiters in der Praxis häufig vorkommende Schadenersatzansprüche dargestellt werden.

99 Es soll bewusst nur eine geraffte Darstellung geboten werden; weitergehende Informationen können den gängigen Lehrbüchern und Kommentaren des bürgerlichen Rechts entnommen werden; einen überaus anschaulichen Überblick über die Voraussetzungen eines Schadenersatzanspruchs bieten *Holzhammer/Roth*, Einführung in das Bürgerliche Recht mit IPR, 196 ff.

100 Untersucht werden sollen unter anderem Ansprüche zwischen folgenden Subjekten (kein Anspruch auf Vollständigkeit):

- Athlet gegen Dritten, der Dopingmittel verabreicht
- Athlet gegen Verein, falls der Sportler vom Verein zum Doping gedrängt wurde
- Verein gegen Athlet, falls der Verein vom Dopen durch den Wettkämpfer keine Kenntnis hatte
- Zuschauer gegen den Veranstalter
- Nicht gedopter Athlet gegen gedopten Konkurrenten.

allgemeinen Überblick über die notwendigen Voraussetzungen bietet die folgende Abbildung:

Schaden
Kausalität
Adäquanz
Rechtswidrigkeit
Rechtswidrigkeitzusammenhang
Verschulden

2. Schaden

Primäre Voraussetzung eines Schadenersatzanspruchs ist der Eintritt eines ersatzfähigen Schadens. Nach der Legaldefinition des § 1293 ist unter Schaden jeder Nachteil, welcher jemandem an Vermögen, Rechten oder seiner Person zugefügt wird, zu verstehen. Das ABGB unterscheidet somit zwischen Vermögensschäden (Nachteile am Vermögen oder an Rechten) und ideellen Schäden (Nachteile an der Person).

Lehre und Rechtsprechung sind seit jeher bemüht die einzelnen Schadensbegriffe des ABGB zu definieren bzw. voneinander abzugrenzen.[101, 102] Grundsätzlich ist davon auszugehen, dass der Schadensbegriff des ABGB als weit anzusehen ist.[103]

Vermögensschaden ist jeder Nachteil an geldwerten Gütern (Vermögen).[104] Unter einem Nachteil am Vermögen versteht man jede Vermögensveränderung nach unten (Verminderung der Aktiven bzw. Erhöhung der Passiven), der kein entsprechendes Äquivalent gegenübersteht.[105]

101 Vgl zB die Übersicht bei *Lange*, Schadenersatz, 27 ff.

102 Vgl zum Begriff des Schadens *Dittrich/Tades* § 1293 E 26.

103 *Schwimann/Harrer* § 1293 Rz 1.

104 *Koziol/Welser* II 285; *Graf/Gruber*, Gesetzliche Schuldverhältnisse, 8.

105 JBl 1987, 388; RdW 1989, 221 = AnwBl 1990, 49; für weitere Beispiele siehe *Reischauer* in *Rummel* § 1293 Rz 5.

§ 1293 unterscheidet bezüglich des Vermögensschadens einerseits den Nachteil, den jemand an Vermögen und Rechten erleidet (positiver Schaden), andererseits den Entgang des Gewinnes.[106]

Ein positiver Schaden liegt vor, wenn ein bereits vorhandenes Vermögensgut gemindert wird.[107] Entgangener Gewinn liegt hingegen vor, wenn der Eintritt einer Vermögensvermehrung verhindert, also eine Erwerbschance vernichtet wird.[108, 109] Positiver Schaden und entgangener Gewinn bilden zusammen das Interesse.

Ein ideeller (immaterieller) Schaden[110] („Schade ... an ... seiner Person") entsteht durch die Beeinträchtigung von Interessen, die keinen Vermögenswert haben.[111] Vom Vermögensschaden unterscheidet er sich dadurch, dass er nicht in Geld messbar ist.[112] Das ABGB enthält keine klare Anordnung darüber, unter welchen Voraussetzungen Schadenersatz für immaterielle Schäden gewährt wird. Nach ständiger Rsp ist der immaterielle Schaden, abgesehen von den gesetzlich geregelten Fällen (siehe vor allem die Ansprüche auf Schmerzengeld bzw. Verunstaltungsentschädigung gem §§ 1326 f sowie Freiheitsentziehung gem § 1329), nicht ersatzfähig.[113]

---

106 Zur Unterscheidung vgl *Koziol*, Haftpflichtrecht I 2/34 ff.

107 Zum positiven Schaden zählt auch das Entstehen eines Aufwandes (Kreditkosten) bzw. einer Verbindlichkeit, siehe dazu *Apathy*, Aufwendungen zur Schadensbeseitigung, 66.

108 *Koziol/Welser* II 286 mit Beispielen.

109 Vgl zur Abgrenzung beider Begriffe *Dittrich/Tades* § 1293 E 117.

110 Nach österr. (noch?) hL (*M. Bydlinski*, Schadenersatz bei „verpatztem" Urlaub?, ZVR 1987, 355 f; *Weiss*, Der Pauschalreisevertrag nach schweizerischem und österreichischem Recht, ÖJZ 1987, 749 ff; *Zechner*, Reisevertragsrecht Rz 433 mwN) und Rsp (SZ 61/125) besitzt etwa der Urlaub keinen eigenständigen Vermögenswert und ist somit ideeller Schaden. Ein Ersatz für einen misslungenen Urlaub steht daher nicht zu, *M. Bydlinski*, aaO. Anders das deutsche Recht, siehe § 651f Abs 2 BGB und BGHZ 63, 98, 77, 116; siehe darüber hinaus nunmehr das Urteil des EuGH vom 12.03.2002 (C-168/00), in welchem der Gerichtshof die Auffassung vertritt, dass Artikel 5 der Richtlinie 90/314/EWG des Rates vom 13. Juni 1990 über Pauschalreisen dahin auszulegen ist, dass er dem Verbraucher grundsätzlich einen Anspruch auf Ersatz des immateriellen Schadens verleiht, der auf der Nichterfüllung oder einer mangelhaften Erfüllung der eine Pauschalreise ausmachenden Leistungen beruht; siehe zu diesem Urteil *Karner*, Verpatzter Urlaub und der EuGH, RdW 2002/194; vgl zum immateriellen Schaden abschließend *Dittrich/Tades* § 1293 E 177.

111 *Koziol*, Haftpflichtrecht I 2/102.

112 *Koziol/Welser* II 287 und *Stoll*, Empfiehlt sich eine Neuregelung der Verpflichtung zum Geldersatz für immaterielle Schäden?, 341 ff.

113 EvBl 1951/487, 1962/161; SZ 61/109.

3. Kausalität (Verursachung)[114]

Zweite Voraussetzung für einen Anspruch aus dem Titel des Schadenersatzes ist, dass das schädigende Verhalten einer bestimmten Person zugerechnet werden kann.[115] Ein Verhalten ist dann kausal, wenn es notwendige Bedingung (conditio sine qua non) für den Eintritt des Schadens ist.[116] Es wird also gefragt, ob der Schaden entfiele, wenn man sich das Verhalten, dessen Ursächlichkeit untersucht wird, wegdenkt (Wegdenk- bzw. Eliminationsmethode).[117] Ist dies der Fall, so war die Handlung für den Schadenseintritt kausal im rechtlichen Sinn. Diese Formel wird allgemein als Äquivalenztheorie (Bedingungstheorie) bezeichnet. Dies deshalb, weil sämtliche Bedingungen, die für den Schadenseintritt kausal waren, rechtlich gleichwertig (äquivalent) sind.

Es sind aber auch Fälle denkbar, in denen das Verhalten des Ersatzpflichtigen selbst nicht kausal für den Schadenseintritt war (zB Erfüllungsgehilfenhaftung). In derartigen Sachverhaltskonstellationen muss eine bestimmte Person haften, obwohl ein Dritter die eigentliche Handlung, die den Schaden herbeigeführt hat, gesetzt hat.

4. Adäquanz

Die Adäquanztheorie[118] ist notwendig, um die Ergebnisse der Äquivalenztheorie auf ein rechtlich vertretbares Maß einzuschränken. Wie soeben erläutert, ist nach

---

114 Auf besondere Fallgruppen der Kausalität, wie alternative, kumulative und überholende Kausalität wird, falls für diese Untersuchung notwendig, im gegebenen Zusammenhang eingegangen, vgl dazu etwa *Harrer*, Schadenersatzrecht, 14 ff.

115 Nach § 1294 „entspringt" der Schaden einer Handlung oder Unterlassung eines anderen. Siehe zur Kausalität *Koziol/Welser* II 290 ff sowie *Gschnitzer*, Schuldrecht BT 432 ff.

116 *Bydlinski*, Probleme der Schadensverursachung 7 ff; *Koziol*, Haftpflichtrecht I 3/5 f; *Larenz* I 431 ff; kritisch *Burgstaller*, Das Fahrlässigkeitsdelikt im Strafrecht 81 ff.

117 Wird geprüft, ob ein Unterlassen kausal für den Eintritt eines Schadens war, kommt nicht die Wegdenk- sondern die Hinzudenkmethode zur Anwendung; es wird somit gefragt, ob die Vornahme einer Handlung den Schadenseintritt verhindert hätte; vgl dazu *Mayer-Maly*, Schädigung durch Unterlassung insbesondere durch unterlassene Hilfeleistung bei Verkehrsunfällen, ZVR 1977, 97; siehe auch OGH in SZ 56/181; JBl 1994, 338.

118 Dazu *Bydlinski*, Zum gegenwärtigen Stand der Kausalitätstheorie im Schadenersatzrecht, JBl 1958, 1; *derselbe*, Probleme der Schadensverursachung 58 ff; *Karollus*, Funktion und Dogmatik der Haftung aus Schutzgesetzverletzung 378 ff; *Koziol*, Haftpflichtrecht I 8/8 ff; *Wilburg*, Die Elemente des Schadensrechts 241 ff; vgl weiters *Dittrich/Tades* § 1295 E 96.

dieser Theorie jedes Verhalten im rechtlichen Sinne kausal, das den Schaden auf irgendeine Weise herbeigeführt hat. Theoretisch wären also auch die Eltern, die einen späteren Dopingsünder gezeugt haben, für den Eintritt eines konkreten Dopingfalles kausal gewesen. Notwendig ist daher eine Begrenzung der Schadenszurechnung; dies soll mit Hilfe eines adäquaten Kausalzusammenhanges erreicht werden.[119]

Nach der Adäquanztheorie hat der Schädiger lediglich für adäquat verursachte Schäden einzustehen. Ein Schaden ist dann adäquat bewirkt, wenn die Ursache ihrer allgemeinen Natur nach für die Herbeiführung eines Erfolges wie des eingetretenen noch irgendwie geeignet erscheint und der Erfolg nicht nur wegen einer ganz außergewöhnlichen Verkettung von Umständen eingetreten ist.[120] Gehaftet wird somit nur für Folgen mit deren Eintritt in abstracto gerechnet werden muss.[121] Ohne Begrenzung durch die Adäquanztheorie[122] wäre die Haftung für verursachte Schäden als uferlos anzusehen.

5. Rechtswidrigkeit[123]

Vierte Voraussetzung für eine Schadenersatzpflicht ist die rechtswidrige Verursachung eines Schadens. Ein Verhalten (Handlung oder Unterlassung) ist dann rechtswidrig, wenn es gegen Gebote oder Verbote der Rechtsordnung oder gegen die guten Sitten (§ 1295 Abs 2) verstößt.[124] Ob eine Tat rechtswidrig ist, bezieht sich ausschließlich auf das menschliche Verhalten (Verhaltensunrecht),[125] nicht aber auf den eingetretenen Erfolg (Erfolgsunrecht).[126] Weiters ist festzuhalten, dass in der österreichischen Rechtsordnung nur menschliches Verhalten rechtswidrig sein kann. Weder ein Verhalten von Tieren noch Naturereignisse können somit eine rechtswidrige Schadensverursachung bilden.[127]

---

119 Vgl *von Caemmerer* I 396 ff.

120 *Koziol/Welser* II 292; vgl aus der Rsp JBl 1986, 98 f, 1986, 103, 105.

121 ZVR 1984/338; für weitere Beispiele aus der Judikatur vgl *Harrer*, Schadenersatzrecht, 18.

122 Zur dogmatischen Einordnung dieser Theorie vgl *Koziol/Welser* II 292.

123 Die Rechtfertigungsgründe, vor allem jener der Einwilligung in eine Körperverletzung, werden bei der Beurteilung der einzelnen Ansprüche diskutiert.

124 *Koziol/Welser* II 293; siehe auch *Gschnitzer*, Schuldrecht BT 438 sowie *Koziol*, Haftpflichtrecht I 4/2.

125 *Münzberg*, Verhalten und Erfolg als Grundlagen der Rechtswidrigkeit und Haftung 53 ff.

126 Siehe dazu *Reischauer* in *Rummel* § 1294 Rz 7 ff.

127 Grund dafür ist, dass ausschließlich Menschen als Normadressaten in Frage kommen.

Es stellt sich nun die Frage, wann ein Verhalten konkret gegen Ge- und Verbote der Rechtsordnung bzw. gegen die guten Sitten verstößt. Mit anderen Worten ist zu klären, was man unter Ge- und Verboten im hier gemeinten Sinn bzw. unter den guten Sitten versteht. Im Rahmen eines vertraglichen Schadenersatzanspruchs ist Rechtswidrigkeit gleichzusetzen mit Vertragswidrigkeit, ein Verhalten somit immer dann rechtswidrig, wenn es gegen vertragliche Pflichten verstößt.[128] Die Definition von Ge- und Verboten spielt im außervertraglichen Bereich eine wesentlich wichtigere Rolle als in vertraglichen Beziehungen.

In den meisten Fällen ergibt sich die Rechtswidrigkeit aus einem Verhalten, das gegen Gesetze und Verordnungen, also hoheitliche Verhaltensanweisungen, verstößt.[129] Oftmals enthalten bereits derartige Normen Regelungen, die den Normadressaten ein bestimmtes Verhalten vorschreiben; sie stellen also vielfach konkrete Ge- und Verbote auf. Für derartige Normen hat sich der Begriff der Schutzgesetze[130] nach § 1311 (konkrete Verhaltensnormen) durchgesetzt. Besonders wichtige Schutzgesetze im Bereich des Verwaltungsrechts enthalten die StVO und das KFG[131]. Die StVO schreibt ua grundsätzlich das Rechtsfahren vor; links zu fahren ist demzufolge somit rechtswidrig. Nicht allen generellen Normen der Rechtsordnung kommt allerdings die Eigenschaft von Schutzgesetzen zu. Schutzgesetzcharakter besitzen nur jene Normen, die bestimmte Rechtssubjekte vor einer Verletzung ihrer Rechtsgüter schützen sollen; sie stellen abstrakte Gefährdungsverbote dar.[132] Da sich die Rechtswidrigkeit eines Verhaltens nicht immer aufgrund von Schutzgesetzen beurteilen lässt, muss der Rechtsanwender oftmals ein Verhalten auf seine Rechtmäßigkeit anhand der gesamten Rechtsordnung beurteilen. Dass dabei oftmals schwierige Interessenabwägungen vorzunehmen sind, liegt auf der Hand.[133] Aufgrund der Tatsache, dass nicht

---

128 Im Bereich des vorvertraglichen Schuldverhältnisses ist ein Verhalten dann rechtswidrig, wenn es gegen vorvertragliche Pflichten verstößt, zur culpa-in-contrahendo-Haftung siehe ausführlich *Koziol*, Haftpflichtrecht II 70 ff.

129 Siehe *Schwimann/Harrer* § 1311 Rz 7 ff.

130 Zu diesen *Welser*, Schutzgesetzverletzung, Verschulden und Beweislast, ZVR, 1976 1; *Karollus*, Funktion und Dogmatik der Haftung aus Schutzgesetzverletzung; *Brunner*, Die Zurechnung der Schadenersatzpflicht bei Verletzung eines „Schutzgesetzes" gemäß § 1311 ABGB, ÖJZ 1972, 115 f sowie *Knöpfle*, Zur Problematik der Beurteilung einer Norm als Schutzgesetz im Sinne des § 823 Abs 2 BGB, NJW 1967, 697.

131 Vgl zu beiden Gesetzen die Rechtsprechungsübersicht bei *Schwimann/Harrer* § 1311 Rz 24.

132 OGH in JBl 1993, 788 f; *Koziol/Welser* II 318. Unter bestimmten Voraussetzungen kann auch ein verwaltungsbehördlicher Bescheid ein Schutzgesetz iSv § 1311 sein, vgl OGH in ZVR, 1979/283, 1983/35.

133 So auch *Koziol/Welser* II 293.

sämtliche Verhaltensweisen durch Schutzgesetze iSv § 1311 abschließend festgelegt werden, ist die Anerkennung absoluter Rechte,[134] deren Beeinträchtigung grundsätzlich die Rechtswidrigkeit indiziert,[135] besonders wichtig.

Schließlich ist ein Verhalten dann rechtswidrig, wenn es den guten Sitten (§ 1295 Abs 2) widerspricht. Da sich im gesamten ABGB keine Umschreibung der guten Sitten findet, bereitet es seit jeher Schwierigkeiten diesen Begriff exakt zu definieren. Nach einer älteren Definition verstößt ein Verhalten gegen die guten Sitten, wenn es zwar nicht gegen ausdrücklich ausgesprochene Normen verstößt, aber dennoch rechtswidrig ist, weil es oberste Rechtsprinzipien verletzt.[136] Der OGH verwendet eine nicht minder vage Definition der guten Sitten, wenn er sich in seinen Erkenntnissen auf das Rechtsgefühl „aller billig und gerecht Denkenden“[137] beruft.[138] Ob nun ein Verhalten als gegen die guten Sitten verstoßend angesehen wird, hängt von der Einzelfallentscheidung ab und kann nicht in allgemein gültiger Weise beantwortet werden.

Rechtfertigungsgründe sind im allgemeinen dadurch charakterisiert, dass bei deren Vorliegen ein an sich rechtswidriges Verhalten im Einzelfall aus besonderen Gründen für rechtmäßig erklärt wird.[139, 140]

6. Rechtswidrigkeitszusammenhang (Schutzzweck der Norm)

Ebenso wie der Adäquanztheorie liegt auch der Lehre vom Schutzzweck der Norm vor allem eine Begrenzung der Schadenshaftung zu Grunde. Mit Hilfe dieser dogmatischen Konstruktion soll die Frage beantwortet werden, für welche Schäden der Verursacher (noch) zu haften hat.

---

134 Zur Frage, welche Rechte absoluten Schutz genießen, vgl *Koziol*, Haftpflichtrecht II 5 ff.

135 Vgl *Münzberg*, Verhalten und Erfolg als Grundlagen der Rechtswidrigkeit und Haftung 262 f, 327 ff; OGH in JBl 1992, 44; ZVR 1992/177.

136 *Gschnitzer*, Schuldrecht BT 492 f.

137 Vgl beispielsweise JBl 1954, 436, 1956, 150; SZ 38/164, 38/217; siehe weiters *Dittrich/Tades* § 879 E 56. Ähnlich ist die Situation in Deutschland, wo man sich auf das „Anstandsgefühl“ aller billig und gerecht Denkenden beruft; vgl dazu RGZ 80, 219, 221; *Haberstumpf*, Die Formel vom Anstandsgefühl aller billig und gerecht Denkenden in der Rechtsprechung des BGH sowie *Arzt*, Die Ansicht aller billig und gerecht Denkenden.

138 Vgl zum Begriff der Sittenwidrigkeit weiters *Dittrich/Tades* § 879 E 53.

139 Vgl *Esser/Schmidt* I/2 § 25 IV 2; *Larenz* I 279 ff.

140 Wie bereits erwähnt, werden etwaige Rechtfertigungsgründe (vor allem die Einwilligung des Athleten) im gegebenen Zusammenhang bei der Untersuchung der einzelnen zivilrechtlichen Ansprüche erörtert.

Diese Theorie geht davon aus, dass bei Übertretung einer bestimmten Norm nur für jene Schäden gehaftet werden soll, deren Eintritt durch den übertretenen Rechtssatz gerade verhindert werden soll.[141] Welche Schäden im einzelnen zu ersetzen sind, ergibt sich daraus, wieweit man den Normzweck (Rechtswidrigkeitszusammenhang) einer Regelung ansieht, was eine Frage der Auslegung ist und daher nur im Einzelfall entschieden werden kann.[142]

Auch die österreichische Rsp anerkennt schon seit langem das Bestehen einer Begrenzung der Schadenshaftung durch den Rechtswidrigkeitszusammenhang.[143]

Neben den Begriffen Schutzzweck der Norm bzw. Rechtswidrigkeitszusammenhang sind auch die Bezeichnungen unmittelbare und mittelbare Schäden gebräuchlich.[144] Unmittelbare Schäden sind vom Schutzgesetz erfasst, somit zu ersetzen; für mittelbare Schäden hingegen gebührt regelmäßig kein Ersatz;[145] im Ergebnis ist somit mit sämtlichen unterschiedlichen Bezeichnungen dasselbe gemeint.[146]

7. Verschulden

Als letzte Voraussetzung einer Schadenersatzpflicht ist das Vorliegen eines Verschuldens notwendig (§ 1295). Verschulden bedeutet Vorwerfbarkeit eines bestimmten Verhaltens. Vorwerfbarkeit wiederum liegt vor, wenn jemand ein Ver-

---

141 Vgl dazu vor allem *Ehrenzweig* II/1 47 ff; weiters *Koziol*, Haftpflichtrecht I 8/17 ff; *Koziol/Welser* II 296 f; *Karollus*, Funktion und Dogmatik der Haftung aus Schutzgesetzverletzung 337 ff; *Mayrhofer*, Schuldrecht I 276 ff; *Reischauer* in *Rummel* § 1311 Rz 10 ff; *Schwimann/Harrer* § 1311 Rz 7 ff; *Münzberg*, Verhalten und Erfolg als Grundlagen der Rechtswidrigkeit und Haftung 120 ff sowie *Welser*, Der OGH und der Rechtswidrigkeitszusammenhang, ÖJZ 1975, 2. Aus der Rsp siehe JBl 1987, 720; ZVR 1990/119 und 129 und JBl 1993, 788.

142 Zur Methode der Ermittlung des Schutzzweckes siehe umfassend *Schmiedel*, Deliktsobligationen 138 ff sowie *Burgstaller*, Das Fahrlässigkeitsdelikt im Strafrecht 98 ff.

143 Auf den Schutzzweck verweist der OGH ausdrücklich in GlUNF 3541; ZVR 1960/126; EvBl 1964/123 = ZVR 1964/224; EvBl 1966/305; ZVR 1967/191; EvBl 1967/239; SZ 44/16 = JBl 1972, 268 = EvBl 1971/340; ZVR 1971/225 = ÖRZ 1971, 142; SZ 47/140; ZVR 1980/45.

144 ZB OGH in ZBl 1933/52; SZ 16/202; SZ 23/23; SZ 25/318 = JBl 1953, 547; ZVR 1956/33; EvBl 1957/108 = ZVR 1957/37; ZVR 1958/144; ZVR 1959/146; JBl 1959, 319 = ZVR 1959/212; EvBl 1960/286; ZVR 1961/79; SZ 34/112 = EvBl 1961/480; EvBl 1967/270; ZVR 1979/225; ÖRZ 1979/57.

145 Für Beispiele aus der Rsp vgl *Koziol*, Haftpflichtrecht I 8/19 FN 76.

146 Zu den einzelnen Fallgruppen des Rechtswidrigkeitszusammenhanges (rechtmäßiges Alternativverhalten etc.) vgl *Koziol*, Haftpflichtrecht I 8/23 ff und die Übersicht bei *Welser*, Der OGH und der Rechtswidrigkeitszusammenhang, ÖJZ 1975, 4 ff.

halten setzt, das er hätte vermeiden sollen und auch hätte vermeiden können.[147] Vorwerfbar kann ein Verhalten (Tun, Unterlassen) nur sein, wenn es vom menschlichen Willen beherrschbar ist, somit eine Handlung im rechtlichen Sinn vorliegt.[148] Keine Handlungen im Rechtssinn sind beispielsweise Bewegungen eines Bewusstlosen und Reflexhandlungen. Selbst Handlungen im Rechtssinn sind einer Person dann nicht vorzuwerfen, wenn sie nicht deliktsfähig ist. Die Deliktsfähigkeit[149] hängt einerseits vom Alter[150] andererseits vom Geisteszustand[151] des Schädigers ab.

Bezüglich der einzelnen Verschuldensarten unterscheidet das ABGB in § 1294 zwischen der bösen Absicht und dem Versehen. Anstelle dieser Begriffe spricht die heutige Terminologie von Vorsatz bzw. Fahrlässigkeit.

Vorsätzliches Handeln liegt vor, wenn ein Schaden mit Wissen und Willen verursacht worden ist. Ebenso wie im Strafrecht[152] reicht nach der zivilrechtlichen Lehre[153] bedingter Vorsatz (dolus eventualis) aus; der Täter muss also den Eintritt eines Schadens ernstlich für möglich halten und sich damit abfinden, wobei nach der heute herrschenden Vorsatztheorie[154] (anders die Schuldtheorie) auch das Bewusstsein der Rechtswidrigkeit eines Handelns vom Vorsatz mitumfasst sein muss. Bei der Verabreichung von gesundheitsschädlichen Dopingmitteln hängt die Annahme eines bedingten Vorsatzes daher davon ab, ob die Person, die dem Körper eines Athleten Dopingmittel zuführt, eine Gesundheitsschädigung[155] des Sportlers ernstlich für möglich hält und sich damit abfindet.

Neben dem bedingten Vorsatz, existiert der Vorsatz weiters in Form der Absicht (dolus specialis) und Wissentlichkeit (dolus principalis).[156]

Fahrlässig handelt eine Person, die einen Schaden „aus schuldbarer Unwissenheit oder aus Mangel der gehörigen Aufmerksamkeit oder des gehörigen Fleißes verursacht" (§ 1294).[157] Fahrlässig und nicht vorsätzlich handelt jemand, wenn ihm mangels gehöriger Willensanspannung die Rechtswidrigkeit seines

---

147 *Koziol/Welser* II 299; *Koziol*, Haftpflichtrecht I 5/1; *Schwimann/Harrer* § 1294 Rz 10.

148 Auch § 1294 geht in diese Richtung, wenn zwischen unwillkürlichen und willkürlichen Beschädigungen unterschieden wird; vgl *Koziol*, Haftpflichtrecht I 5/1 sowie *Deutsch*, Haftungsrecht I Rz 84 ff.

149 Vgl dazu *Koziol/Welser* II 339 f; *Gschnitzer*, Schuldrecht BT 427 f.

150 Siehe § 153.

151 Vgl §§ 21, 1308 und 1310.

152 § 5 StGB.

153 ZB *Graf/Gruber*, Gesetzliche Schuldverhältnisse, 21.

154 *Wilburg*, Die Elemente des Schadensrechts, 52 f; *Wolff* in *Klang* VI 21.

155 Ob durch das Verabreichen von Dopingmitteln eine Körperverletzung (Gesundheitsschädigung) iSv § 1325 eintreten kann, wird unten 60 f erläutert.

156 *Koziol/Welser* II 300.

157 Moderner formuliert dies § 276 Abs 1 S 2 BGB: „Fahrlässig handelt, wer die im Verkehr erforderliche Sorgfalt außer Acht lässt.".

Verhaltens nicht bewusst war, oder er sich zwar der Rechtswidrigkeit bewusst war, aber nicht vorhersah, dass seine Handlung geeignet ist, einen schädlichen Erfolg herbeizuführen.[158]

Kurz gesagt liegt fahrlässiges Handeln immer dann vor, wenn der Täter die gehörige Sorgfalt außer Acht lässt.[159]

Je nach dem Grad der Sorglosigkeit unterscheidet man zwischen grober und leichter Fahrlässigkeit. Gleich vorweg ist zu sagen, dass eine exakte Grenzziehung zwischen beiden Fahrlässigkeitsstufen nur schwer möglich ist, da sich die Unterschiede nicht auf qualitativer, sondern auf quantitativer Ebene vollziehen. Eine Entscheidung, welcher Fahrlässigkeitsgrad im einzelnen vorliegt, ist von Fall zu Fall zu treffen; abstrakt können nur allgemeine Anhaltspunkte für eine Differenzierung formuliert werden.[160]

Grobe Fahrlässigkeit liegt nach einer älteren Definition bei einem Versehen vor, „welches bei den gemeinsten Fähigkeiten ohne Anstrengung der Aufmerksamkeit vermieden werden konnte".[161] Nach *Koziol/Welser*[162] ist von grober Fahrlässigkeit dann zu sprechen, wenn die Sorgfaltswidrigkeit so schwer ist, dass sie einem ordentlichen Menschen in dieser Situation keinesfalls unterläuft. Der OGH verwendet keine starre Formel der groben Fahrlässigkeit; er formuliert grobe Fahrlässigkeit unter anderem als ungewöhnliche und auffallende Nachlässigkeit, die den Eintritt eines Schadens als wahrscheinlich vorhersehbar macht.[163, 164]

Leichte Fahrlässigkeit[165] liegt hingegen vor, wenn der Täter ein Verhalten setzt, das auf einem Fehler beruht, der gelegentlich auch einem sorgfältigen Menschen unterläuft.[166] Die Unterscheidung zwischen beiden Formen der Fahr-

---

158 *Koziol*, Haftpflichtrecht I 5/33.

159 *Koziol/Welser* II 300; ebenso *Graf/Gruber*, Gesetzliche Schuldverhältnisse, 21; siehe auch *Schwimann/Harrer* § 1297 Rz 1 ff; vgl nochmals die Formulierung des Fahrlässigkeitsbegriffs des BGB in FN 157.

160 Vgl zu diesem Problem ausführlich *Mayer-Maly*, Wiederkehr der culpa levissima, AcP 163, 116 ff sowie OGH in ZVR 1969/182. Zur Abgrenzung zwischen leichter und grober Fahrlässigkeit vgl *Schwimann/Harrer* § 1324 Rz 3 ff.

161 Vgl *Zeiller* III/2, 759 sowie *Lohe*, Der Rechtsbegriff der groben Fahrlässigkeit, VersR 1968, 323; siehe auch *Ehrenzweig* II/1, 58, der auf besonders nachlässige bzw. leichtsinnige Menschen abstellt.

162 II 300 mwN aus Lit und Rsp.

163 ZVR 1989/131; JBl 1990, 181 = ZVR 1990/15; ZVR 1990/103; SZ 65/26 = JBl 1992, 648 = EvBl 1992/124; DRdA 1996, 324 mit Anm *Mosler*.

164 Für weitere Definitionen der groben Fahrlässigkeit durch den OGH vgl *Koziol*, Haftpflichtrecht I Rz 5/46.

165 Zur culpa levissima, die im ABGB nicht erwähnt ist, siehe die Ausführungen bei *Koziol*, Haftpflichtrecht I Rz 5/50.

166 *Koziol/Welser* II 300; *Koziol*, Haftpflichtrecht I Rz 5/49 spricht von gewöhnlicher Nachlässigkeit.

lässigkeit[167] hat vor allem Bedeutung für den Umfang des Ersatzes eines zugefügten Schadens. Im Falle eines groben Verschuldens (Vorsatz bzw. grobe Fahrlässigkeit) gebührt volle Genugtuung, d.h., dass sowohl der positive Schaden[168] als auch der entgangene Gewinn[169, 170] zu ersetzen sind. Im Rahmen der leichten Fahrlässigkeit ist grundsätzlich nur der positive Schaden zu ersetzen.[171]

8. Zusammenfassung

Die geraffte Darstellung der Voraussetzungen eines Schadenersatzanspruchs sollte zeigen, dass nur bei Vorliegen sämtlicher sechs aufgezeigter Tatbestandsmerkmale eine Ersatzpflicht des Schädigers nach dem ABGB in Frage kommt.

Im Folgenden sollen nun mit dem Doping zusammenhängende zivilrechtliche Schadenersatzansprüche auf Grundlage des geltenden[172] und soeben dargestellten Schadenersatzrechts diskutiert werden.

III. Zivilrechtliche Schadenersatzansprüche in concreto[173]

1. Vorbemerkung

Wie soeben erwähnt, werden im nun folgenden Kapitel schadenersatzrechtliche Ansprüche untersucht, die Folge der Einnahme von Dopingmitteln sind. Die einzelnen schadenersatzrechtlichen Voraussetzungen sollen daraufhin geprüft werden, ob sie bei den verschiedenen Sachverhaltskonstellationen als erfüllt anzusehen sind.

---

167 Dazu *Schwimann/Harrer* § 1324 Rz 3 ff.

168 Siehe oben 51.

169 Siehe ebenfalls oben 51.

170 Vgl aber das FernmeldeG (§§ 23 u. 47), das den Ersatz des entgangenen Gewinns selbst bei vorsätzlicher Schädigung ausschließt.

171 Für weitere Fälle, in denen die Unterscheidung zwischen den Fahrlässigkeitsstufen von Bedeutung ist, siehe die Aufzählung bei *Graf/Gruber*, Gesetzliche Schuldverhältnisse, 22.

172 Zur Frage, ob das geltende Schadenersatzrecht als ausreichend angesehen werden kann, um die durch Dopingmissbräuche resultierenden Schadenersatzansprüche einer befriedigenden Lösung zuzuführen oder Reformen sinnvoll erscheinen vgl unten 112 ff.

173 Vorauszuschicken ist, dass das Bestehen zivilrechtlicher Ansprüche ausschließlich nach österreichischem Recht untersucht wird. Zur Beurteilung zivilrechtlicher Schadenersatzansprüche im deutschen Recht vgl *Schwab*, Zivilrechtliche Haftung beim Doping, 35 ff, in: *Schild* (Hrsg.), Rechtliche Fragen des Dopings.

2. Anspruch des Athleten gegen Dritten, der Dopingmittel verabreicht[174]

2.1. Schaden

2.1.1. Körperverletzung und Gesundheitsschäden[175]

Als Ausgangslage bestimmt § 1325,[176] dass dem Geschädigten im Falle einer Körperverletzung die Heilungskosten, der Verdienstentgang sowie ein angemessenes Schmerzengeld zu erstatten sind. Der Begriff der Körperverletzung wird in dieser Bestimmung jedoch nicht näher definiert. Nach hM versteht man unter Körperverletzung jede Schädigung der leiblichen oder geistigen Gesundheit und Unversehrtheit.[177] Äußerlich sichtbare Zeichen der Beeinträchtigung sind nicht Voraussetzung einer Körperverletzung.[178] So fallen zB auch Schlaflosigkeit,[179] Kopfweh[180] und Erregungszustände[181] aller Art unter den Begriff der Körperverletzung. Auch das bloße Verursachen von Schmerzen, zB durch Schläge, ist als Körperverletzung zu werten, selbst dann, wenn der Körper keine nachteilige Veränderung erleidet.[182] Bei Körperverletzungen ohne Beeinträchtigung der Physis (Haarabschneiden) sind die psychischen Schäden zu ersetzen.[183] Der Begriff der Körperverletzung ist somit im Zivilrecht weiter gefasst, als dies im Strafrecht der Fall ist.[184]

---

174 Nur der Vollständigkeit halber sei erwähnt, dass ein Athlet, der aus eigener Initiative, also ohne Veranlassung von dritter Seite seinem Körper Dopingsubstanzen zuführt, allein schon mangels Kausalität eines Dritten keinerlei Ersatzansprüche gegenüber anderen Personen hat.

175 Die im Zusammenhang mit einer Körperverletzung bzw. Tötung eines Athleten entstehenden wirtschaftlichen Schäden werden unten 64 ff behandelt.

176 Siehe zu § 1325 in Zusammenhang mit Schadenersatzansprüchen wegen Körperverletzung durch Doping *Holzer/Fritzweiler*, Auswirkungen von Dopingverstössen auf Arbeits-, Lizenz- und Sponsorenverträge, 59, in: *Fritzweiler* (Hrsg.) Doping – Sanktionen, Beweise, Ansprüche.

177 *Reischauer* in *Rummel* § 1325 Rz 1 mit zahlreichen weiteren Nachweisen; vgl zusätzlich vor allem *Danzl*, Die (psychische) Gesundheit als geschütztes Rechtsgut des § 1325 ABGB, ZVR 1990, 1; siehe auch *Dittrich/Tades* § 1325 E 8.

178 *Wolff* in *Klang* VI 128; GlUNF 2886; SZ 16/12; JBl 1989, 41.

179 SZ 20/186.

180 ZBl 1937/114.

181 SZ 16/12.

182 JBl 1989, 41.

183 *Koziol*, Haftpflichtrecht II 115; SZ 47/147.

184 Vgl § 83 StGB und unten 134 f. Haarabschneiden würde beispielsweise im Strafrecht nicht unter Körperverletzung, sondern eventuell unter den Beleidigungstatbestand des § 115 StGB zu subsumieren sein.

Vor allem durch das Verabreichen von Dopingmitteln über längere Zeiträume, die vorwiegend über die Nebenwirkungen und Folgeschäden in die körperliche Integrität eingreifen können, kann zweifelsfrei eine Körperverletzung iSd § 1325, somit ein ersatzfähiger Schaden, vorliegen. Offensichtlich wird dies, wenn man sich die durch Dopingmittel verursachten Auswirkungen auf den physischen und psychischen Zustand eines Menschen näher betrachtet.[185] So kann das heutzutage vor allem in Ausdauersportarten eingesetzte EPO[186] das Blut zähflüssig werden lassen. Folge dieser Veränderung des Blutes können Blutgerinnsel, Thrombosen sowie Herz- und Hirninfarkte sein. Weiters können unter anderem Nierenschäden, erhöhter Blutdruck, Kopfschmerzen, erhöhter und unregelmäßiger Puls sowie Angstgefühle auftreten.[187] Auch dadurch, dass verschiedene Dopingsubstanzen eine süchtig machende Wirkung aufweisen, wird in die gesundheitliche Integrität eingegriffen.

Eine Körperverletzung bzw. Gesundheitsschädigung kann aber nicht nur durch das Verabreichen von Dopingsubstanzen hervorgerufen werden, auch die Anwendung von verbotenen Dopingmethoden[188] kann dazu führen. Wird beispielsweise einem Athleten im Rahmen des Blutdopings ein mit Viren verseuchtes Blut transfundiert und bricht infolge dessen eine Krankheit (AIDS) aus, so liegt ein massiver Eingriff in die körperliche Integrität vor.

Festzuhalten ist somit, dass eine Beeinträchtigung der körperlichen Gesundheit sowohl durch die Einnahme von Dopingmitteln als auch die Anwendung von Dopingmethoden grundsätzlich möglich ist.[189]

Liegt eine Körperverletzung vor, bestimmt § 1325, dass dem Geschädigten die Heilungskosten, der Verdienstentgang sowie ein angemessenes Schmerzengeld zu vergüten sind. Diese Ersatzansprüche bestehen unabhängig vom Grad des Verschuldens. Nach hL ist die Regelung des § 1325 im Zusammenhang mit den allgemeinen Regeln der §§ 1323 bzw. 1324 zu lesen.[190] Dies bedeutet, dass lediglich bei grobem Verschulden[191] der positive Schaden samt entgangenem Gewinn zu ersetzen ist. Bei leichter Fahrlässigkeit ist ausschließlich der positive Schaden ersatzfähig.

---

185 Vgl zu den schädlichen Wirkungen einiger Dopingsubstanzen bereits oben 39 ff.

186 Oben 42 f.

187 *Bergermann*, Doping und Zivilrecht, 193 mwN.

188 Oben 43 ff.

189 Aufgrund des weiten Begriffs der Körperverletzung des § 1325 ist davon auszugehen, dass mit dem Verabreichen von Dopingmitteln mehr oder weniger häufig eine Körperverletzung vorliegt. Ob tatsächlich eine Körperverletzung vorliegt, hat in einem Gerichtsverfahren idR ein medizinischer Sachverständiger zu beantworten.

190 V. *Steininger*, Minderung der Erwerbsfähigkeit ohne Verdienstentgang, ÖJZ 1965, 461 f; siehe auch JBl 1959, 184.

191 Dazu oben 59.

a) Ersatzansprüche bei Körperverletzung bzw. Gesundheitsschädigung

aa) Heilungskosten

Von einem Schädiger, dessen Haftung nach den allgemeinen Voraussetzungen vorliegt, sind sämtliche auftretende Heilungskosten zu ersetzen. Unter Heilungskosten fällt grundsätzlich jede Art von Aufwand, der zweckmäßig zur gänzlichen oder teilweisen Heilung erforderlich ist.[192] Ersatz gebührt beispielsweise für die aus einem Krankenhausaufenthalt resultierenden Kosten.[193]

Zu ersetzen sind auch Kosten, die aus einer Vermehrung der Bedürfnisse[194] des Geschädigten (Pflegepersonal)[195] resultieren. Im Zusammenhang mit der Einnahme von Dopingmitteln ist denkbar, dass sich die Bedürfnisse eines Athleten dadurch vermehren, dass er aufgrund ständiger Angstgefühle und Erregungszustände regelmäßig einen Psychologen zwecks Therapie aufsuchen muss. Die dafür notwendigen Aufwendungen (Fahrtkosten, Honorar für Sitzungen etc.) sind ihm vom Schädiger zu ersetzen, da sie als positiver Schaden zu qualifizieren sind. Ebenso sind jene Kosten zu ersetzen, die dadurch entstehen, dass sich ein Athlet, dessen Körper durch die Einnahme von EPO geschädigt wurde, eine gewisse Zeit lang einer regelmäßigen Bluttransfusion unterziehen muss. Führen Dopingmittel zu Bewegungseinschränkungen des Athleten und ist daher ein Rollstuhl notwendig, sind auch die Kosten dafür zu ersetzen – eine Vermehrung der Bedürfnisse liegt ebenfalls vor.

In all diesen Fällen ist jedoch zu berücksichtigen, dass dem Verletzten in vielen Fällen tatsächlich keinerlei Heilungskosten entstehen werden. Grund dafür ist das System der österreichischen Sozialversicherung.[196] Nach dem ASVG sind unter anderem Dienstnehmer[197] und dienstnehmerähnliche Personen pflichtversichert. Als Folge dessen werden die durch Schäden von Dritten verursachten

---

192 ZVR 1963/144, 1976/264, 1984/303. Auch Kosten einer versuchten Heilung sind uU ersatzfähig, ZVR 1972/56.

193 Zur Frage, ob auch die Besuchskosten zu erstatten sind vgl *Welser*, Der OGH und der Rechtswidrigkeitszusammenhang, ÖJZ 1975, 38 f und *Piegler*, Die Familie im Schadenersatzrecht, NZ 1970, 162.

194 Dieser Begriff hat sich in der heutigen Terminologie durchgesetzt, vgl *Schwimann/Harrer* § 1325 Rz 8 und *Reischauer* in *Rummel* § 1325 Rz 12.

195 Für weitere Beispiele einer Vermehrung von Bedürfnissen aus der Judikatur vgl *Koziol*, Haftpflichtrecht II 127.

196 Vgl dazu grundsätzlich *Berger*, Einführung in das österreichische Arbeits- und Sozialrecht.

197 Nach § 4 Abs 2 ASVG ist Dienstnehmer, wer in einem Verhältnis persönlicher und wirtschaftlicher Abhängigkeit gegen Entgelt beschäftigt wird; näher dazu *Grillberger*, Österreichisches Sozialrecht 12.

Aufwendungen bezüglich Heilungskosten durch den Sozialversicherungsträger beglichen. Gem § 332 ASVG gehen Ersatzansprüche, die dem Verletzten gegen den Schädiger zustehen auf den Versicherungsträger über, „soweit dieser Leistungen zu erbringen hat".[198]

Um die Frage beantworten zu können, ob ein geschädigter Athlet seine Heilungskosten selbst tragen muss[199] bzw. sie durch die Sozialversicherung gedeckt sind, ist zu untersuchen, ob Profisportler[200], die beispielsweise in einem Verein als Fußballprofis „arbeiten", Dienstnehmer bzw. dienstnehmerähnliche Personen[201] sind und somit der Sozialversicherung unterliegen.

Festzuhalten ist zunächst der Umstand, dass der sozialversicherungsrechtliche Begriff des Dienstnehmers (FN 197) im wichtigsten Punkt mit dem des Arbeitsrechts übereinstimmt. Es muss sich auch im Bereich des ASVG um eine Beschäftigung in persönlicher Abhängigkeit[202] handeln. Das bestimmende Merkmal der persönlichen Abhängigkeit ist die Weisungsgebundenheit. Weisungsgebunden idS ist eine Person dann, wenn sie den Ablauf der Arbeit nicht nach ihrem Gutdünken gestalten kann, sondern an die Anordnungen des Dienstgebers gebunden ist und entsprechender Kontrolle durch diesen unterliegt.[203] Es stellt sich die Frage, ob ein Profisportler, der bei einem Verein mit entsprechendem Spielervertrag beschäftigt ist, einer Weisungsgebundenheit unterliegt; dies ist zu bejahen. Dass ein bei einem Verein beschäftigter Sportler den Ablauf seiner Arbeit in der Regel nicht frei gestalten kann und somit regelmäßig Dienstnehmer iSd ASVG ist, ergibt sich beispielsweise daraus, dass bestimmte Trainingszeiten eingehalten werden müssen, ein Mannschaftsathlet nur dann zum Einsatz kommt, wenn er vom Trainer[204] aufgestellt wird, theoretische Unterweisungen abgehalten werden, Trainingslager, Auslandsreisen etc. mitgemacht werden müssen usw.

Aufgrund dieser Beispiele, die eine Weisungsgebundenheit indizieren, kann als Ergebnis festgehalten werden, dass ein Profisportler grundsätzlich dem

198 Siehe dazu *Schwimann/Harrer* § 1325 Rz 90 ff.

199 Klarerweise kann und wird ein Profisportler eine freiwillige Versicherung, die Aufwände bezüglich Heilungskosten übernimmt, abschließen.

200 Selbstverständlich kann auch der Fall eintreten, dass ein Nichtprofi, somit ein „Hobbysportler" durch die Verabreichung von Dopingmitteln am Körper verletzt wird und ihm daher grundsätzlich der Ersatz der Heilungskosten zusteht. In diesem Fall wird aber in der Regel eine Pflichtversicherung bestehen und der Geschädigte daher keinen Schaden haben.

201 Dazu *Grillberger*, Österreichisches Sozialrecht 15 f.

202 Dazu *Schwarz/Löschnigg*, Arbeitsrecht 147 ff und *Spielbüchler*, 64 ff, in *Floretta/Spielbüchler/Strasser*, Arbeitsrecht I.

203 *Grillberger*, Österreichisches Sozialrecht 12.

204 Der Trainer kann hier als verlängerter Arm des Dienstgebers angesehen werden.

ASVG unterliegen kann[205, 206] und in diesem Fall davon auszugehen ist, dass die Heilungskosten vom Sozialversicherungsträger bestritten werden.

bb) Entgangener Verdienst

Neben den Heilungskosten hat der Schädiger „den entgangenen, oder, wenn der Geschädigte zum Erwerb unfähig wird, auch den künftig entgehenden Verdienst" zu ersetzen. Diese Formulierung des § 1325 ist nach heute hL[207] zu eng, denn der Wortlaut der Bestimmung erfasst nur den durch Erwerbsunfähigkeit entgehenden künftigen Verdienst. Nach den Regeln des allgemeinen Schadenersatzrechts ist jedoch auch der durch eine Minderung der Erwerbsfähigkeit entgehende Verdienst zu ersetzen. Dies folgt daraus, dass der entgangene Verdienst, auch wenn er nur teilweise eintritt, als positiver Schaden und nicht als entgangener Gewinn anzusehen ist;[208] zur Begründung wird angeführt, dass durch eine Körperverletzung das Vermögensgut der Erwerbsfähigkeit[209] beeinträchtigt wird.[210]

Unter Verdienstentgang selbst versteht man jede Verminderung der sonst sicher zu erwartenden Einkünfte aus der Erwerbsfähigkeit;[211] anders ausgedrückt ist Verdienst jeder Arbeitserwerb, der unselbständige wie der selbständige.[212]

Zu klären ist an dieser Stelle nun, ob ein Sportler einen ersatzfähigen Verdienstentgang erleidet, wenn er aufgrund der Einnahme von Dopingmitteln nicht

---

205 Hinzuweisen ist darauf, dass bei Beurteilung der Sozialversicherungspflicht eines Athleten immer auf die konkreten Umstände des Einzelfalles abzustellen ist.

206 Auf der gleichen Linie liegt auch die Judikatur, vgl Arb 9678. In dieser Entscheidung wurde ein Eishockeyspieler aufgrund seiner persönlichen Abhängigkeit als Arbeitnehmer eines Vereins qualifiziert. Siehe zur arbeitsrechtlichen Qualifikation von Sportlern *Tomandl/Schrammel*, Die Rechtsstellung von Vertrags- und Lizenzfußballern, JBl 1972, 234 ff.

207 *Wolff* in *Klang* VI 131; *Gschnitzer*, Schuldrecht BT 497 und die ständige Rsp, zB ZVR 1976/293.

208 *Ehrenzweig* II/1, 628; *Wolff* in *Klang* VI 131; OGH in SZ 29/43.

209 Unter Erwerbsfähigkeit versteht man nach *Koziol*, Haftpflichtrecht II 134 f (zustimmend *Schuhmacher*, Die Beeinträchtigung der Erwerbsfähigkeit als Problem des Schadensbegriffs, ZAS 1977, 43) die Fähigkeit, in einer der Ausbildung, den Anlagen und der bisherigen Tätigkeit entsprechenden Stellung den Lebensunterhalt zu verdienen. Nicht abzustellen ist auf den Begriff der medizinisch-physiologischen Arbeitsfähigkeit, sondern auf jenen der wirtschaftlichen Erwerbsfähigkeit (OGH ZVR 1979/232).

210 *Koziol*, Haftpflichtrecht II 132.

211 *Wolff* in *Klang* VI 131. Auch die Erschwerniszulage zählt zum Verdienst: OGH in SZ 42/140 = ZVR 1970/90.

212 *Reischauer* in *Rummel* § 1325 Rz 24.

aktiv tätig sein kann. Diese Frage kann eindeutig mit ja beantwortet werden. Nach der oben angeführten Definition des Verdienstes fallen darunter sicher zu erwartende Einkünfte. Eine Person, die den von ihr ausgeübten Sport nicht hauptberuflich, sondern beispielsweise nur in ihrer Freizeit, betreibt, erleidet dann einen Verdienstentfall, wenn sie nicht mehr in der Lage ist, ihrer beruflichen Tätigkeit nachzugehen. Ihr gebühren daher ihre sicher zu erwartenden Einkünfte, d.h., grundsätzlich das Nettoeinkommen.[213, 214] Da es sich in diesen Fällen oftmals wiederum um Beschäftigungsverhältnisse handelt, die sozialversicherungspflichtig sind, ist der Sozialversicherungsträger verpflichtet, dem Geschädigten eine bestimmte Zeitspanne das Einkommen weiter zu bezahlen.[215]

Aber auch Profisportler, deren Verträge zumeist vorsehen, dass sie für eine gewisse Zeit bei einem bestimmten Verein spielen und dafür ein entsprechendes Einkommen erzielen, werden zumeist einen ersatzfähigen Verdienstentgang erleiden. Wird ein derartiger Spieler durch Dopingmittel verletzt und seine Erwerbsfähigkeit dadurch gemindert bzw. gänzlich beseitigt, so hat er, da es sich bei seinem Einkommen um einen sicheren Verdienst im oben genannten Sinn handelt, grundsätzlich einen Anspruch auf Ersatz dieser Einkünfte. Dies ist auch damit zu begründen, dass ein des Dopings überführter Wettkämpfer in der Regel mit disziplinarrechtlichen Sanktionen (vor allem Disqualifikationen und Sperren[216]) rechnen muss und somit zumindest eine gewisse Zeit nicht aktiv an Wettkämpfen teilnehmen kann.[217]

Zu ersetzen sind die Einkünfte bei Erwerbsunfähigkeit bzw. Minderung in Form einer Rente,[218] wobei die im Rahmen der Schadensberechnung zu leistende Rente den tatsächlichen Entwicklungen anzupassen ist.[219] Für den künftig entgehenden Verdienst ist die wahrscheinliche künftige Entwicklung zu berück-

213 Dem Verletzten ist jene Summe als Verdienstentgang zu ersetzen, die ihm bei Weiterausübung der Beschäftigung verblieben wäre, siehe ZVR 1978/23, 1985/11.

214 Nach der Rsp fallen auch Bezüge der Familienbeihilfe darunter, vgl JUS 1991/670.

215 Vgl zu all dem *Grillberger*, Österreichisches Sozialrecht 32 ff.

216 So sehen so gut wie alle internationalen und nationalen Verbände Sanktionen für einen Verstoß gegen das zumeist explizit ausgedrückte Dopingverbot vor, vgl beispielsweise ITTF-Handbook 2001-2002, Anti-Doping-Code Punkt 5.5.

217 Ein Athlet kann in dieser Zeit selbstverständlich trainieren und wird dies auch tun. Für einen Verdienstentgang kommt es entscheidend auf die inhaltliche Ausgestaltung des Vertrages zwischen Verein und Spieler an. Nur wenn er tatsächlich Einkommensausfälle hat, ist ein Ersatz für einen Verdienstentgang gerechtfertigt.

218 AnwZ 1934/169; ZVR 1990/221; siehe zur Rente generell *Schwimann/Harrer* § 1325 Rz 39 ff und *Reischauer* in *Rummel* § 1325 Rz 27 ff sowie *Piegler*, Die „abstrakte Rente“ im österreichischen Schadenersatzrecht, VR 1965, 103.

219 EvBl 1971/120; ZVR 1985/11.

sichtigen.[220] Bei unselbständigen Erwerbstätigen darf deshalb eine Rente nur bis zur Erreichung des Pensionsalters gewährt werden.[221]

Bei Profisportlern ist auf die künftige Entwicklung abzustellen. Es muss somit jenes Einkommen ermittelt werden, über das ein Athlet, wenn er nicht verletzt worden wäre, künftig wahrscheinlich hätte verfügen können. Da zB Fußballprofis oftmals nur Verträge über zwei bis drei Jahre abschließen und es somit nur über diesen relativ kurzen Zeitraum möglich ist, das Einkommen exakt zu ermitteln, kann es bei langzeitigen (mehrere Jahre) gesundheitlichen Beeinträchtigungen unter Umständen schwierig sein, über diesen Zeitraum hinaus, die Höhe der Einkünfte zu bestimmen. Berücksichtigt werden müssen einerseits die subjektiven Fähigkeiten (spielerisches Können) eines Athleten, andererseits auch die zukünftige Einkommensentwicklung (gehen die Einkommen eher nach oben oder fallen sie) in einer bestimmten Sportart.

Vorwiegend bei dem Teil jener Athleten, die ihre Sportart hauptberuflich ausüben, kann es jedoch neben dem Entfall des regelmäßigen Einkommens noch zu weiteren Schäden kommen: Gemeint sind Einkünfte aus Sponsorverträgen, Startgeldern, Prämien für erzielte Sieges- und Weltrekordprämien usw.[222]

Gerade die Topathleten der jeweiligen Sportart erzielen heutzutage einen beträchtlichen Teil ihres Einkommens durch das sogenannte Sponsoring. So verpflichtet sich beispielsweise ein Athlet dazu, sich ausschließlich von einer bestimmten Firma ausstatten zu lassen, sei es im Bereich der Sportgeräte (Tennisschläger, Schier usw.), Kleidungsstücke etc. Im Gegenzug dafür erhält der Athlet eine bestimmte Summe von dem entsprechenden Unternehmen erstattet. Für die Annahme eines Verdienstentganges kommt es nun entscheidend auf die inhaltliche Ausgestaltung des Sponsorvertrages an. Die Firmen werden versuchen, die Verträge so zu gestalten, dass sie ihre Leistung (finanzielle Mittel) nur dann zu erbringen haben, wenn der Sportler aktiv tätig ist, somit im Rampenlicht steht, da andernfalls keine entscheidende Werbewirkung ihrer Marke vorliegt. Hat also ein Athlet einen Sponsorvertrag bereits unterzeichnet bzw. sind die Verhandlungen darüber bereits abgeschlossen und fehlt lediglich die beiderseitige Unterfertigung, so dass von einem sicher zu erwartenden Einkommen auszugehen ist, ist auch hierin ein ersatzfähiger Schaden zu sehen.[223]

Startgelder in hohen Summen existieren vor allem bei Leichtathletikveranstaltungen und Tennisturnieren. Ihr Zweck ist es, wie bereits aus dem Namen ersichtlich, prominente Sportler zur Teilnahme (Start) an bestimmten Veranstaltungen zu bewegen. Ein Schaden kann dem Athleten, der bei einem Turnier teil-

220 EvBl 1966/354; ZVR 1982/322.

221 *Koziol*, Haftpflichtrecht II 133 mN aus der Rsp.

222 Vgl dazu *Haas/Reimann*, Erwerbschance und Erwerbsschaden bei Individualsportlern, SpuRt 2000, 49 ff.

223 *Bergermann*, Doping und Zivilrecht, 162 f.

genommen hat und später aufgrund von Doping (Körperverletzung) disqualifiziert wurde, dadurch entstehen, dass er auch auf das Startgeld verzichten muss. Bei der Beantwortung der Frage, ob einem Wettkämpfer ein Schaden entsteht, kommt es wiederum entscheidend auf die zivilrechtliche Konstruktion und inhaltliche Ausgestaltung[224] der Übertragung des Startgeldes an einen Athleten an. Sollte er aufgrund eines Dopingmissbrauchs zur Rückerstattung des Startgeldes gezwungen sein, entsteht ihm dadurch ein ersatzfähiger Verdienstentgang.

Da einem Wettkämpfer bei Vorliegen eines Dopingmissbrauchs zumeist zeitlich befristete bzw. auch lebenslange Sperren auferlegt werden, ist festzustellen, inwieweit ihm Startgelder zukünftiger Turniere, deren Teilnahme ihm aufgrund der Sperre versagt ist, zu ersetzen sind; handelt es sich dabei um positiven Schaden bzw. entgangenen Gewinn? Gerade bei Erwerbschancen bereitet die Grenzziehung große Schwierigkeiten.[225] Eine scharfe Trennung der beiden Schadensformen ist aber im gegebenen Zusammenhang deshalb nicht notwendig,[226] da das Verabreichen von Dopingmitteln in der Regel vorsätzlich, zumindest aber grob fahrlässig erfolgt und daher davon auszugehen ist, dass auch Startgelder, auf die ein Athlet aufgrund einer verhängten Sperre verzichten muss, zu erstatten sind. Da die Einnahmen aus Startgeldern kein rechtlich gesichertes Einkommen darstellen, wird es sich in der Regel um entgangenen Gewinn handeln.[227]

---

224 Darf ein Athlet das Startgeld in jedem Fall (also auch beim Nachweis von Dopingmitteln) behalten, entsteht ihm insofern kein Schaden und er hat keinen Anspruch auf Ersatz.

225 *Koziol*, Haftpflichtrecht I 2/37.

226 Auf den Umstand, dass der Unterscheidung in der Praxis generell keine allzu große Bedeutung zukommt weisen auch *Schwimann/Harrer* § 1293 Rz 11 hin.

227 Vgl zur Problematik des Schadenersatzanspruchs hinsichtlich Sponsorengelder, Start- und Preisgelder uä *Bergermann*, Doping und Zivilrecht, 164 f sowie LG München I, SpuRt 1995, 168 und ebenfalls LG München I, SpuRt 2001, 238. Das zuletzt zitierte Urteil hatte sich mit der Frage eines Schadenersatzanspruchs wegen rechtswidriger Sperre auseinander zusetzen. Nach Ansicht des Gerichts muss eine Athletin für die Prognose ihrer hypothetischen Sportkarriere konkrete Anknüpfungspunkte darlegen und zur Überzeugung des Gerichts nachweisen, wobei aber an die Darlegung solcher Tatsachen keine zu hohen Anforderungen gestellt werden dürfen. Weiter vertrat das Gericht die Auffassung, dass im Rahmen der richterlichen Schätzungsmöglichkeit von den unter Beweis gestellten Schadensposten (entgangene Sponsoren-, Start-, Preisgelder) ein deutlicher Abzug wegen verbleibender Risiken vorzunehmen sei. Das OLG Düsseldorf vertrat in MDR 1986, 54 die Auffassung, dass im Falle eines verschuldeten Verabreichens von Dopingmitteln durch einen Tierarzt an ein Pferd kein Schadenersatzanspruch für eventuelle Siegesprämien während der Zeit einer über das Pferd verhängten Sperre zusteht. Das Gericht konnte nicht feststellen, dass es sich insoweit um einen entgangenen Gewinn handelte, der nach dem gewöhnlichen Lauf der Dinge oder nach den besonderen Umständen mit Wahrscheinlichkeit erwartet werden konnte (§ 252 S. 2 BGB; § 287

Weiters sind Sieges- bzw. Weltrekordprämien auf ihre Ersatzfähigkeit hin zu untersuchen. Bezüglich der Siegesprämien ist zu sagen, dass ein Athlet, der disqualifiziert wurde, dessen Ergebnis nicht gewertet wird und der deshalb auf die Siegesprämien verzichten muss, grundsätzlich einen positiven ersatzfähigen Schaden erleidet, da es sich dabei um sicher zu erwartende Einkünfte handelt.[228] Allerdings stellt sich die Frage, ob der auf Platz eins liegende Athlet, der daher Anspruch auf die Siegesprämie hätte, nur deswegen gewonnen hat, weil er eben gedopt war bzw. ob er auch ohne Dopingmittel zB als erster die Ziellinie überschritten hätte und dies eine Auswirkung auf seine Ersatzansprüche hat.[229]

Das Gesagte gilt selbstverständlich nicht nur für Siegesprämien, sondern auch für Weltrekordprämien bzw. Prämien für Siege bei Olympischen Spielen.[230]

---

dZPO). Ob das Pferd bei Teilnahme an dem Rennen als Siegerin hervorgegangen wäre, müsse als rein spekulativ betrachtet werden, auch wenn die Stute nach Meinung der Fachpresse und Einschätzung von Fachleuten als Favoritin galt. Das Gericht stellte weiter fest, dass es gerade im Sport zu sogenannten „Favoritenstürzen" kommen könne. Anders solle sich die Situation darstellen, wenn ein Pferd gesperrt worden wäre, welches vor und nach der Sperre (fast) alle Rennen gewonnen hat und wenn an dem für das gesperrte Pferd ausgefallenen Rennen nur Pferde teilgenommen hätten, die deutlich schwächer gewesen wären. In SpuRt 1997, 132 ff klagte ein ehemaliger DDR-Sportler die verantwortlichen Sportärzte sowie die Bundesrepublik Deutschland auf Schadensersatz wegen eines durch Verabreichung von Anabolika erlittenen Körperschadens. Sowohl die Klage gegen die Sportärzte als auch gegen die Bundesrepublik Deutschland wurde vom OLG Dresden abgewiesen. Grund dafür war aber nicht etwa, dass es sich bei den erlittenen Gesundheitsbeeinträchtigungen um keine ersatzfähigen Schäden handelte; vielmehr wurde eine Haftung aus staatsrechtlichen Gründen abgelehnt (vgl *Netzle*, Doping als rechtliche Herausforderung, 283, in: *Gamper/Mühlethaler/Reidhaar* (Hrsg.), Doping – Spitzensport als gesellschaftliches Problem). In Bezug auf die Verantwortlichkeit der Sportärzte stellte das Gericht fest, dass eine etwaige Haftung entweder durch §§ 1 ff. StHG oder durch §§ 330 ff. ZGB ausgeschlossen sei; bezüglich der Bundesrepublik Deutschland als Nachfolgestaat der DDR gelangte der Senat zur Auffassung, dass es an deren Passivlegitimation fehle. Mit der Frage, ob Schadenersatzansprüche gerechtfertigt gewesen wären oder nicht, brauchte sich das Gericht nicht näher zu beschäftigen.

228 Dies unter der Voraussetzung, dass der Wettbewerb bereits beendet ist und der Athlet, ohne die Einnahme von Dopingmitteln, als Sieger feststehen würde. Für künftige Siegesprämien ist wiederum auf den gewöhnlichen Lauf der Dinge abzustellen – die Beweisbarkeit dieser künftigen Entwicklung dürfte für einen betroffenen Athleten wohl äußerst schwierig sein.

229 Zu diesem Problem siehe unten 73.

230 Eine weitere Schadensposition, die aufgrund ihres Charakters als wirtschaftlicher Schaden ebenfalls an dieser Stelle erwähnt werden soll, ist in einer verhängten Geldstrafe zu erblicken. Wie bereits erwähnt, oben 24 (FN 15), sieht der Olympic Movement Anti-Doping-Code auch die Möglichkeit der Verhängung empfindlicher

cc) Schmerzengeld[231]

Das Schmerzengeld ist Ersatz des ideellen Schadens,[232] der im Zusammenhang mit körperlichen Verletzungen entsteht.[233] Es ist grundsätzlich durch Bezahlung eines einmaligen Kapitalbetrages zu erstatten; nur ausnahmsweise gewährt die Rsp eine Rente.[234] Nach § 1325 setzt der Anspruch auf Schmerzengeld voraus, dass jemand konkret an seinem Körper verletzt wurde. Wie aufgezeigt, können durch die Einnahme von Dopingmitteln erhebliche Körperverletzungen bzw. Gesundheitsschädigungen auftreten.[235] Schmerzengeld kann uU auch dann zugesprochen werden, wenn der Athlet die von ihm ausgeübte Sportart nicht mehr betreiben kann und dadurch große seelische Schmerzen erleidet.

Die Höhe des Schmerzengeldanspruchs[236] hängt von der Art und Dauer der erlittenen Schäden und von der Berücksichtigung der Umstände des einzelnen Falles ab.[237] Nach der Rsp besteht weder eine „starre Obergrenze"[238] noch sind bei der konkreten Bemessung die wirtschaftlichen Verhältnisse des Schädigers zu berücksichtigen.[239]

Abschließend ist festzuhalten, dass auch ein Schmerzengeldanspruch im Zusammenhang mit der Verabreichung von Dopingmitteln in der Regel zu Recht besteht.

2.1.2. Tötung eines Athleten[240]

In den vergangenen Jahren ist es durch die Einnahme von Dopingmitteln immer wieder zu Todesfällen von einzelnen Athleten gekommen.[241] Bei Tod eines

---

Geldstrafen vor. Wird über einen Athleten eine derartige Geldstrafe verhängt, sind die Ausgaben dafür als ersatzfähiger Schaden anzusehen.

231 Vgl zum Schmerzengeld grundsätzlich *Danzl/Gutiérrez-Lobos/Müller*, Das Schmerzengeld in medizinischer und juristischer Sicht.

232 Es ist weder Strafe noch Buße (JBl 1933, 367; ZVR 1967/16). Nach *Strasser*, Der immaterielle Schaden im österreichischen Recht 18, soll das Schmerzengeld Vorteile für die Nachteile gewähren.

233 *Koziol*, Haftpflichtrecht II 138.

234 ZVR 1980/159; vgl auch *Piegler*, Die Bemessung des Schmerzengeldes, ÖJZ 1954, 506.

235 Oben 61.

236 Eine Übersicht der zugesprochenen Beträge aus der Judikatur findet sich bei *Schwimann/Harrer* § 1325 Rz 86.

237 ZVR 1956/21, 1966/279.

238 ZVR 1992/99.

239 ZVR 1967/16, 1976/208.

240 Die Ansprüche bei Tötung eines Athleten stehen zwar nicht dem Getöteten zu, sollen aber aufgrund des systematischen Zusammenhanges ebenfalls an dieser Stelle behandelt werden.

Menschen (Athleten) müssen gem § 1327 „nicht nur alle Kosten, sondern auch den Hinterbliebenen, für deren Unterhalt der Getötete nach dem Gesetze zu sorgen hatte, das, was ihnen dadurch entgangen ist, ersetzt werden". Nach § 1325 sind somit sämtliche Todesfallkosten[242] zu ersetzen sowie ein Ausgleich des Entgangenen und zukünftig Entgehenden zu gewähren.[243]

Zu den Todesfallkosten zählen jedenfalls die Begräbniskosten.[244] Die neuere Rsp gewährt uU auch Ersatz für die angemessenen Kosten der Trauerkleider[245] und Reisekosten[246] zur Beerdigung.

Als Ausgleich des Entgangenen bzw. zukünftig Entgehenden kommt der Ersatz des entgangenen Unterhalts in Frage, wobei lediglich jener Unterhalt zu ersetzen ist, für den der Getötete nach dem Gesetz[247] zu sorgen hatte.[248] Die Höhe der vom Schädiger zu leistenden Rente bestimmt sich nach der tatsächlichen Unterhaltsleistung des Getöteten.[249] Der Hinterbliebene ist so zu stellen, wie er stünde, wenn der zum Unterhalt Verpflichtete nicht getötet worden wäre.[250] Da Unterhaltsleistungen vor allem von Spitzenathleten, die über ein entsprechendes Einkommen verfügen, durchaus beträchtlich sein können, kann das Verabreichen von Dopingmitteln, das zum Tode eines Athleten führt, den Schädiger teuer zu stehen kommen.

241 Vor allem aufgrund verstärkter Dopingkontrollen ist die Zahl der durch Dopingmittel getöteten Athleten heute rückläufig.

242 Der überwiegende Teil der Lehre beschränkt die Formulierung „alle Kosten" nur auf die Todesfallkosten und nicht auf sämtliche durch den Tod entstehende Kosten (etwa Ersatz der Kosten eines Besuches beim Haftpflichtversicherer), vgl *Reischauer* in *Rummel* § 1327 Rz 6; *Schwimann/Harrer* § 1327 Rz 8 f; aM *Wolff* in *Klang* VI 148.

243 Nach stRsp ist die Aufzählung der in § 1327 genannten Ansprüche erschöpfend, zB SZ 23/311; ZVR 1975/116.

244 *Koziol*, Haftpflichtrecht II 147 ff.

245 JBl 1965, 423.

246 ZVR 1979/168.

247 Eine vertragliche Verpflichtung des Getöteten zur Unterhaltsleistung reicht insoweit nicht aus, JBl 1992, 44 (zustimmend *Reischauer* in *Rummel* § 1327 Rz 16). Unterhaltsberechtigt sind unter anderem Ehegatten untereinander (§ 94), eheliche Kinder gegenüber den Eltern (§ 141) bzw. Großeltern (§ 141), ebenso uneheliche Kinder (§ 166), Adoptivkinder und Adoptiveltern (§§ 182 f). Zum Anspruch Eltern (Großeltern) gegenüber ihren Kindern vgl § 143.

248 Für zahlreiche Beispiele aus der Judikatur vgl *Koziol*, Haftpflichtrecht II 151 FN 1.

249 EFSlg 38.635.

250 SZ 4/65; ZVR 1962/257.

2.1.3. Ehrenbeleidigung – Verbreitung unwahrer Tatsachen

Das Recht auf Ehre ist ein Persönlichkeitsrecht iSd § 16[251] und wirkt als solches gegen jedermann.[252] Ehrenbeleidigung ist jedes der Ehre nahetretende Verhalten.[253] Auch das Verbreiten wahrer Tatsachen ist unter Umständen als Ehrenbeleidigung anzusehen.[254] § 1330 Abs 1 ordnet an, dass im Falle einer Ehrenbeleidigung der wirkliche Schaden bzw. entgangene Gewinn zu ersetzen ist; immaterielle Schäden sind jedoch nach einhelliger Meinung[255] im Rahmen des gesamten § 1330 nicht zu ersetzen.

Es stellt sich die Frage, ob im Verabreichen von Dopingmitteln eine Ehrenbeleidigung gesehen werden kann. Dies wird wohl generell zu verneinen sein, da dem Verabreichen von Dopingsubstanzen im Regelfall jeglicher beleidigender Erklärungswert fehlen wird.

§ 1330 Abs 2 schützt den Kredit, den Erwerb und das Fortkommen in Bezug auf die Verbreitung unwahrer Tatsachen. Ziel der Bestimmung ist es, die Beeinträchtigung der relevanten wirtschaftlichen Verhältnisse und Beziehungen durch Rufgefährdung mit Sanktionen zu versehen.[256] Letzten Endes schützt § 1330 Abs 2 den wirtschaftlichen Ruf.[257] Wiederum ist der wirkliche Schaden bzw. der entgangene Gewinn zu ersetzen.

Abs 2 erfasst nur die Verbreitung von Tatsachen, wobei der Begriff der Tatsachenbehauptung weit auszulegen ist;[258] Tatsache ist jeder objektiv überprüfbare Umstand.[259] Die Tatsache muss weiters unrichtig sein, d.h., sie darf nicht der Wahrheit entsprechen und verbreitet werden, wobei unter Verbreiten jede Mitteilung einer Tatsache zu verstehen ist.[260]

Zu untersuchen ist, ob im Verabreichen von Dopingmitteln durch einen Dritten ein Verbreiten von unwahren Tatsachen gesehen werden kann. Stellt man auf den Zeitpunkt des Verabreichens der Substanzen ab, so kann nicht von einer

---

251 *Koziol*, Haftpflichtrecht II 172.

252 *Gschnitzer*, Schuldrecht AT 63.

253 Vgl EvBl 1991/24 = ecolex 1991, 312; siehe auch *Wolff* in *Klang* VI 160.

254 Siehe mit Nachweisen aus der Judikatur *Reischauer* in *Rummel* § 1330 Rz 1.

255 *Bydlinski*, Der Ersatz ideellen Schadens als sachliches und methodisches Problem, JBl 1965, 180; *Gschnitzer*, Schuldrecht BT 511; *Strasser*, Der immaterielle Schaden im österreichischen Recht 49; *Wolff* in *Klang* VI 161.

256 *Reischauer* in *Rummel* § 1330 Rz 7 mwN.

257 Siehe SZ 56/124 = EvBl 1984/60 = JBl 1984, 492.

258 ÖBl 1980, 130; JBl 1988, 174.

259 *Reischauer* in *Rummel* § 1330 Rz 8; *Koziol*, Haftpflichtrecht II 174; EvBl 1975, 146. Werturteile dagegen sind rein subjektive Aussagen und entziehen sich der objektiven Überprüfbarkeit (zum Verhältnis von Tatsachenbehauptung und Werturteil siehe *Schwimann/Harrer* § 1330 Rz 12 ff).

260 *Schwimann/Harrer* § 1330 Rz 23.

Mitteilung einer Tatsache gesprochen werden. Anders kann sich die Situation jedoch dann darstellen, wenn auf jenen Zeitpunkt abgestellt wird, in dem ein Athlet des Dopingmissbrauchs überführt wurde und der Dritte weiterhin schweigt. Es handelt sich in diesem Fall um ein Verbreiten durch Unterlassen.[261] Der Dopingsubstanzen verabreichende Dritte hat die Pflicht, klarzustellen, dass er und nicht der Athlet für den Dopingmissbrauch verantwortlich ist (Ingerenzprinzip).[262] Durch das fortwährende Schweigen des Dritten nach Überführung eines Athleten, entsteht primär der Eindruck, dass sich der Athlet selbst gedopt habe. Da jedoch der Dritte die Dopingsubstanz verabreicht hat, entspricht der durch das Schweigen entstehende Eindruck nicht der Wahrheit; gleichzeitig handelt es sich um eine unwahre Tatsache.[263] Zweifelsohne ist eine derartige Behauptung einerseits dazu geeignet den Kredit, den Erwerb oder das Fortkommen des Athleten zu gefährden (Sponsoren kündigen Verträge, neue Sponsoren wollen sich nicht an gedopte Athleten binden), andererseits ist davon auszugehen, dass derjenige, der Dopingsubstanzen verabreicht die Unwahrheit der Tatsache kannte oder kennen musste[264].

2.2. Kausalität

Wie oben, 52, ausgeführt setzt ein Schadenersatzanspruch voraus, dass das Verhalten eines Schädigers kausal (ursächlich) ist. Kurz wiederholt ist ein Verhalten dann kausal, wenn es für den Schadenseintritt notwendige Bedingung war. Es ist also zu prüfen, ob das Verabreichen von Dopingmitteln durch einen Dritten die soeben angeführten (vgl oben 60 f) Schäden verursacht hat. Um dies beurteilen zu können, ist die Wegdenk- bzw. Hinzudenkmethode anzuwenden: Denkt man sich das Verhalten des Schädigers (Verabreichen von Dopingmitteln) weg bzw. hinzu (Aufklären statt Schweigen), so muss auch der Erfolg (Körperverletzung, Tötung, Verbreitung unwahrer Tatsachen mit den daraus resultierenden Schädigungen) wegfallen, damit zwischen Handlung und Erfolg ein Kausalzusammenhang besteht und die zweite Voraussetzung eines Schadenersatzanspruches zu Recht besteht.

Grundsätzlich ist davon auszugehen, dass dann, wenn der Dritte keine schädigenden Dopingmittel verabreicht hätte, es zu keiner Körperverletzung nach § 1325 bzw. Tötung nach § 1327 gekommen wäre und die Gesundheit des Athleten nicht beeinträchtigt worden wäre. Ebenso verhält es sich beim Verbreiten

261 Vgl dazu SZ 7/133 und JBl 1990, 378.

262 Vgl dazu unten 77.

263 Dies gilt selbstverständlich nur dann, wenn der Athlet nicht in den Dopingmissbrauch eingewilligt hat.

264 Zu diesem Erfordernis näher *Koziol*, Haftpflichtrecht II 176.

unwahrer Tatsachen gem § 1330 Abs 2. Zwischen dem Verabreichen von Dopingmitteln bzw. dem Schweigen nach Feststellung des Dopings und dem Hervorrufen einer Körperverletzung/Tötung (Verbreiten unwahrer Tatsachen) besteht somit ein kausales Verhältnis und der Schädiger ist verpflichtet, dem Athleten dessen Heilungskosten und Verdienstentgang zu ersetzen, ein angemessenes Schmerzengeld zu leisten bzw. dessen Ansprüche nach § 1330 Abs 2 zu befriedigen.

Im Rahmen des Ersatzes des Verdienstentganges ist allerdings auf den Ersatz der Siegesprämien noch näher einzugehen.[265] Der Schaden liegt hier in dem Verlust der Siegesprämie. Es stellt sich die Frage, ob das Verhalten des Schädigers in diesem Fall tatsächlich kausal war. Geht man davon aus, dass der Athlet auch ohne Dopingmittel den ersten Platz errungen hätte, so war das Verhalten des Schädigers für den Schaden kausal, denn denkt man sich das Dopen weg, so wäre der Athlet nicht disqualifiziert worden und er hätte einen Anspruch auf die Siegesprämie. Anders gestaltet sich die Situation jedoch möglicherweise dann, wenn der gedopte Athlet ohne Dopingmittel keinerlei Chancen auf eine Platzierung unter den ersten drei Plätzen gehabt hätte.[266] Denkt man sich in diesem Fall das Verabreichen von Dopingmitteln weg, wäre dem Geschädigten bezüglich der Siegesprämie kein Schaden entstanden, da er ohnehin nicht in der Lage gewesen wäre, eine Platzierung zu erreichen, aufgrund derer ihm eine Prämie zugestanden wäre. In diesem Fall liegt also keine conditio sine qua non[267] vor. Die Frage, ob ein gedopter Athlet auch ohne Hilfe von Dopingsubstanzen eine Platzierung erreicht hätte (Platz eins, zwei usw.), nach der er Anspruch auf eine Siegesprämie gehabt hätte, wird wohl in der Praxis, auch mit Hilfe von Sachverständigen, kaum zu beantworten sein. Da die Beweislast grundsätzlich jene Partei trägt, die die Anwendung einer für sie günstigen Norm behauptet,[268] hat der Geschädigte unter anderem auch den Kausalzusammenhang nachzuweisen.[269] Gelingt ihm dieser Nachweis nicht, wird er mit seinen schadenersatzrechtlichen Ansprüchen vor Gericht nicht durchdringen.

---

265 Dazu oben 68.

266 Ob dies realistisch erscheint, ist von der rechtlichen Beurteilung losgelöst zu sehen.

267 Oben 52.

268 *Fasching*, Kommentar III 234; *ders.* Lehrbuch Rz 882; *Holzhammer*, Österreichisches Zivilprozeßrecht, 249; *Rosenberg*, Die Beweislast, 98 f; *Rechberger/Simotta*, Grundriß des österreichischen Zivilprozeßrechts, Rz 585; *Petschek/Stagel*, Der österreichische Zivilprozeß, 232 sowie insgesamt *von Caemmerer*, Überholende Kausalität.

269 *Ehrenzweig* II/1, 75; *Wolff* in *Klang* VI 45.

Im Rahmen der Kausalität ist abschließend noch kurz die dogmatische Konstruktion der überholenden (hypothetischen) Kausalität,[270] die gleichermaßen bei Körperverletzung bzw. Tötung eines Athleten zur Anwendung kommen kann, zu erörtern. Bei der überholenden Kausalität geht es kurz gesagt darum, dass ein Ereignis zunächst den Schadenseintritt real herbeiführt, ein anderes Ereignis aber später denselben Schaden verursacht hätte, wenn das erste Ereignis nicht zuvorgekommen wäre.[271]

Besonders zu erwähnen sind in diesem Zusammenhang die Anlagefälle.[272] Dabei geht es darum, dass der Schädiger eine Person am Körper verletzt, diese Verletzung aber ohnehin (später) mit beweisbarer Sicherheit eingetreten wäre. Denkbar wäre zB der Fall, dass ein Athlet mit einem Herzfehler oder Leberschaden geboren wurde, der durch die Verabreichung von Dopingsubstanzen akut wird. Somit wäre das Verhalten des Schädigers nicht kausal iSd Eliminationsmethode, denn denkt man sich das Verhalten des Schädigers weg, bleibt der Schaden trotzdem bestehen. Nach heute anerkannter Auffassung[273] ist der Schädiger nur für jene Nachteile verantwortlich, die dem Geschädigten durch die Vorverlegung des Schadenseintritts entstehen. Daher haftet ein Dritter, der einem Athleten Dopingmittel verabreicht, bezüglich der Anlageschäden nur für derartige Schäden.

2.3. Adäquanz

Adäquat verursacht ist ein Schaden, wenn er nicht gänzlich außerhalb der Lebenserfahrung liegt und nicht auf einer Verkettung besonders ungünstiger Umstände beruht.[274] Der Umstand, dass das Verabreichen von Dopingmitteln in abstracto geeignet erscheint eine Körperverletzung, eine Tötung bzw. eine Verbreitung unwahrer Tatsachen und somit Schäden herbeizuführen, liegt regelmäßig weder außerhalb der allgemeinen Lebenserfahrung noch beruht er auf einer Verkettung besonders ungünstiger Umstände.

Es sind jedoch auch im Rahmen der Verabreichung von Dopingsubstanzen Fälle denkbar, in denen Schäden auftreten, die nicht adäquat verursacht worden sind und somit einem Schädiger nicht zugerechnet werden können. In Frage kommen jene Fälle, in denen der Dritte ein Dopingmittel verabreicht und es nur deshalb zu einer Körperverletzung kommt, weil der Athlet eine andere Substanz

---

270 Vgl statt vieler *Honsell*, Haftpflichtrecht § 3 IV. Rz 50 ff.

271 *Koziol*, Haftpflichtrecht I 3/58 ff.

272 Dazu *Harrer*, Schadenersatzrecht, 16.

273 *Koziol/Welser* II 316; *Bydlinski*, Vergleichsverhandlungen und Verjährung; Anlageschäden und überholende Kausalität, JBl 1967, 135 ff sowie *Apathy*, Schadenersatz wegen entgangenen Unterhalts und Wiederverheiratung, JBl 1983, 402.

274 Zur Adäquanztheorie vgl oben 52 f.

zu sich nimmt, und es durch diese Kombination der Stoffe zu einer Körperverletzung kommt, aber nach dem jetzigen Stand der medizinischen Wissenschaft in abstracto nicht mit einer Gesundheitsschädigung durch Kombination beider Stoffe zu rechnen war.

2.4. Rechtswidrigkeit

Wie oben, 53 ff, dargelegt kann sich die Rechtswidrigkeit durch Verletzung einer vertraglichen Pflicht oder durch außervertragliches (deliktisches) Verhalten ergeben.

2.4.1. Verletzung einer vertraglichen Verpflichtung

Primär sollen jene Fälle untersucht werden, in denen der Dritte, der Dopingmittel verabreicht, gegen eine vertragliche Pflicht verstößt. Vorwiegend wird es sich in diesem Fall bei dem Dritten um einen Mannschaftsarzt handeln. Es sind somit die bestehenden Vertragsverhältnisse zu analysieren. Es ist davon auszugehen, dass zwischen dem Verein auf der einen und dem Mannschaftsarzt auf der anderen Seite ein freier Dienstvertrag abgeschlossen wird; durch diesen verpflichtet sich jemand einem anderen gegenüber auf Zeit zu Arbeitsleistungen.[275, 276] Der Arzt ist daher gegenüber dem Verein verpflichtet, dessen Athleten zu untersuchen, Heilbehandlungen vorzunehmen usw. Zwischen dem Athleten und dem Arzt wird, wenn dieser Spieler behandelt etc., in der Regel ebenfalls ein (freier) Dienstvertrag (Behandlungsvertrag) anzunehmen sein.[277] Auch die Lehre[278] und der OGH[279] gehen von einem freien Behandlungsvertrag zwischen Arzt und Patient aus. Der Arzt schuldet in diesem Fall eine der medizinischen Wissenschaft entsprechende Heilbehandlung; verletzt er im Rahmen dieser Behandlung einen Patienten am Körper, so hat er seine Pflichten nicht ordnungsgemäß erfüllt und damit vertrags- also rechtswidrig gehandelt.[280]

---

275 *Koziol/Welser* II 237 f.

276 Möglich ist auch der Abschluss eines Dienstvertrags, durch den sich ein Arzt ebenfalls verpflichtet, medizinische Betreuung und Behandlungen vorzunehmen; in diesem Fall kommt jedoch das Element der persönlichen Abhängigkeit hinzu (vgl *Schwarz/Löschnigg*, Arbeitsrecht 152 f und OGH Arb 6487).

277 Vgl *Bergermann*, Doping und Zivilrecht, 182 sowie *Soyez*, Die Verhältnismäßigkeit des Dopingkontrollsystems, 161; zur Rechtsnatur des ärztlichen Behandlungsvertrages siehe ausführlich *Engljähringer*, Ärztliche Aufklärungspflicht vor medizinischen Eingriffen, 34 ff.

278 *Schwimann/Grillberger* § 1165 Rz 22.

279 SZ 57/98: stationäre Behandlung in psychiatrischer Anstalt; JBl 1992, 520 (521): kosmetische Operation.

280 *Bergermann*, Doping und Zivilrecht, 182.

Zu erwägen ist auch, den (freien) Dienstvertrag zwischen Verein und Mannschaftsarzt als Vertrag mit Schutzwirkungen zugunsten Dritter (Spieler) anzusehen.[281] Schutz- und Sorgfaltspflichten bestehen dann nicht nur zwischen Verein und Mannschaftsarzt, sondern auch gegenüber den Athleten. Die Rsp nimmt einen Vertrag mit Schutzwirkungen zugunsten Dritter an, wenn diese der vertraglichen Leistung nahe stehen.[282] Begünstigte Personen sind Dritte, deren Kontakt mit der vertraglichen Hauptleistung bei Abschluss des Vertrages vorhersehbar war und „die der Vertragspartner entweder erkennbar durch Zuwendung der Hauptleistung begünstigte oder an denen er ein sichtbares eigenes Interesse hat oder denen er selbst offensichtlich rechtlich zur Fürsorge verpflichtet ist".[283] Bei Abschluss eines Dienstvertrages zwischen Mannschaftsarzt und Verein ist offensichtlich, dass ein Kontakt mit den Athleten vorhersehbar, ja beabsichtigt ist. Außerdem ist erkennbar, dass der Verein die vertragliche Hauptleistung (medizinische Versorgung) den Athleten zukommen lassen will.

Es ist somit festzuhalten, dass der Vertrag zwischen Mannschaftsarzt und Verein Schutzwirkungen zugunsten der „Vereinsspieler" entfalten kann und daher Ansprüche eines Athleten aus einer Körperverletzung auch[284] aus dem Vertrag zwischen Verein und Arzt abgeleitet werden können.[285]

Wird die körperverletzende Dopingsubstanz nicht von einem Mannschaftsarzt, sondern einem seiner Mitarbeiter (medizinisches Personal) verabreicht, kommt die Bestimmung des § 1313 a (Gehilfenhaftung) zur Anwendung. Danach haftet der Schuldner ohne Rücksicht auf eigenes Verschulden, wenn die von ihm zur Erfüllung eingesetzten Hilfspersonen dem Gläubiger einen Schaden zufügen.[286] Eine Haftung nach § 1313 a besteht ausschließlich dann, wenn jemand einem anderen zu einer Leistung verpflichtet ist. In Lehre und Rsp hat sich der Begriff „rechtliche Sonderverbindung" durchgesetzt.[287] Eine derartige Sonderverbindung liegt bei vertraglichen Schuldverhältnissen,[288] bei gesetzlichen

281 Vgl dazu allgemein *Bydlinski*, Vertragliche Sorgfaltspflichten zugunsten Dritter, JBl 1960, 359; *Gernhuber*, Drittwirkungen im Schuldverhältnis kraft Leistungsnähe, 249, in: *Nikitsch*-FS; *Puhle*, Vertrag mit Schutzwirkung zugunsten Dritter und Drittschadensliquidation sowie *Koziol*, Haftpflichtrecht II 85 ff.

282 MietSlg 35.252; JBl 1987, 40 f.

283 SZ 54/65 mit umfassenden Nachweisen; vgl auch SZ 59/189.

284 Neben der Rechtswidrigkeit, die sich aus dem Vertragsverhältnis Athlet – Mannschaftsarzt ergibt.

285 Das bloße Vermögen ist nach der Rsp (OGH in JBl 1979, 483), entgegen der allgemeinen Regelung, bei dieser Art der vertraglichen Haftung grundsätzlich nicht geschützt; aA *Koziol/Welser* II 136.

286 *Koziol*, Haftpflichtrecht II 336.

287 *Schwimann/Harrer* § 1313 a Rz 10 mwN.

288 *Koziol/Welser* II 332.

Verpflichtungen gegenüber einer bestimmten Person[289] sowie bei Einsatz eines Gehilfen im Stadium der Vertragsanbahnung[290] vor. Da zwischen einem zu behandelnden Athleten und dem Arzt idR ein Behandlungsvertrag besteht, hat dieser für ein Verschulden seiner Gehilfen gem § 1313 a einzustehen.

2.4.2. Deliktisches Verhalten

Neben einer vertraglichen Haftung kommt bei Körperverletzungen regelmäßig auch eine Schadenersatzpflicht aufgrund eines Eingriffs in ein absolut geschütztes Rechtsgut[291] (Gesundheit) in Frage. Das Recht auf körperliche Unversehrtheit wird sowohl aus § 1325 als auch aus den Bestimmungen des Strafgesetzbuches,[292] die den Schutz des Lebens und der Gesundheit in den Vordergrund stellen, abgeleitet.

2.4.3. Ingerenz[293]

Bezüglich des Schadens, der durch das Verbreiten unwahrer Tatsachen nach § 1330 Abs 2 entstehen kann,[294] kann sich ein rechtswidriges Verhalten vor allem daraus ergeben, dass der Schädiger durch das Verabreichen von Dopingmitteln eine Gefahrenquelle geschaffen hat und daraus eine Pflicht zum aktiven Tun erwächst; aus dieser Pflicht zum Tun leitet sich die Widerrechtlichkeit der Verbreitung unwahrer Tatsachen durch Unterlassung ab.

2.4.4. Rechtfertigungsgründe

a) Vorbemerkung

Rechtfertigungsgründe sind dadurch charakterisiert, dass sie einem Verhalten, das grundsätzlich rechtswidrig ist unter bestimmten Voraussetzungen die Rechtswidrigkeit nehmen.[295] Im Folgenden sollen jene Rechtfertigungsgründe dargestellt werden, die eine Körperverletzung durch Dopingmittel rechtfertigen können.

---

289 *Koziol*, Haftpflichtrecht II 337.

290 Dazu vor allem *Welser*, Vertretung ohne Vollmacht 79 ff.

291 Oben 54 f.

292 Gemeint sind vor allem die §§ 75 ff StGB.

293 Das Ingerenzprinzip wird von der zivilrechtlichen Rsp vorwiegend aus § 1319 abgeleitet; vgl ZVR 1965/62 und JBl 1981, 206.

294 Oben 71 f.

295 Ein etwaiges Verschulden ist daher nicht (mehr) zu prüfen.

b) Einwilligung des Athleten[296, 297]

Vorauszuschicken ist, dass einer Einwilligung des Geschädigten nur dann Bedeutung zukommt, wenn er über das gefährdete oder verletzte Rechtsgut frei disponieren kann. Eine Einwilligung in eine Dopingmaßnahme, die eine Tötung der einwilligenden Person bedeuten könnte, ist deshalb mangels Disponibilität des Rechtsgutes Leben unbeachtlich.[298, 299]

Hinsichtlich der Einwilligung in eine Körperverletzung bzw. Gefährdung der körperlichen Sicherheit bestimmt § 90 StGB, dass die Einwilligung nur dann die Rechtswidrigkeit ausschließt, wenn die Verletzung oder Gefährdung nicht gegen die guten Sitten verstößt. Die Gute-Sitten-Klausel des § 90 StGB ist ein Korrektiv für solche Fälle, in denen der freiwillige Rechtsschutzverzicht mit berechtigten Interessen der Gemeinschaft kollidiert.[300] Damit eine Körperverletzung gerechtfertigt ist, muss somit einerseits eine rechtswirksame Einwilligung vorliegen, andererseits darf die Verletzung nicht den guten Sitten widersprechen.

Unter den Wirksamkeitsvoraussetzungen ist besonders die Aufklärungspflicht desjenigen, der Dopingmittel verabreicht, hervorzuheben.[301] Das einer rechtfertigenden Einwilligung vorausgehende Erfordernis der Aufklärung wird zwar im allgemeinen vor allem im Zusammenhang mit ärztlichen Eingriffen diskutiert,[302] ist aber auch bei der Verabreichung von Dopingsubstanzen unumgänglich.

---

296 Geht man davon aus, dass das Verabreichen von Dopingmitteln generell gegen die guten Sitten verstößt, gibt es im Bereich des Dopings keine wirksame Einwilligung; vgl zB *Holzer/Fritzweiler*, Auswirkungen von Dopingverstössen auf Arbeits-, Lizenz- und Sponsorenverträge, 63, in: *Fritzweiler* (Hrsg.) Doping – Sanktionen, Beweise, Ansprüche; die genannten Autoren sind daher der Ansicht, dass die Einwilligung des gedopten Sportlers nicht als Rechtfertigungsgrund in Betracht kommt.

297 Vgl für die deutsche Rechtslage allgemein *Rain*, Die Einwilligung des Sportlers beim Doping, besonders 111 ff.

298 Vgl *Zipf*, Einwilligung und Risikoübernahme im Strafrecht 22 und 32 ff sowie *Kienapfel* BT I § 90 Rz 13.

299 Eine Einwilligung ist aber auch im Falle einer Tötung nicht gänzlich unbeachtlich, sie kann die Ersatzansprüche der Hinterbliebenen nach § 1304 (Mitverschulden) entsprechend mindern, vgl *Holzer/Fritzweiler*, aaO und *Dury*, Haftung des Trainers, Straf- und zivilrechtliche Verantwortlichkeit, 32, in: *Dury* (Hrsg.), Der Trainer und das Recht.

300 *Kienapfel* BT I § 90 Rz 46; vgl auch *Burgstaller* WK § 90 Rz 65 f.

301 Zu den sonstigen Wirksamkeitsvoraussetzungen einer gültigen Einwilligung, die im Rahmen dieser Arbeit nicht dargestellt werden sollen vgl *Kienapfel* BT I § 90 Rz 12 ff und *Leukauf/Steininger* § 90 Rz 3 ff.

302 Vgl *Kienapfel* BT I § 110 Rz 25 ff.

Seiner Aufklärungspflicht genügt der Dritte im allgemeinen nur dann, wenn er explizit auf die Folgen und Nebenwirkungen der zu verabreichenden Substanzen hinweist und diese auch in einer für den Athleten verständlichen Sprache erläutert. Nur wenn der Sportler weiß, welchen Gefahren er sich aussetzt, kann er „richtig" beurteilen, ob er einer Körperverletzung zustimmen will.

Weiters darf die Tat (Verletzung) als solche nicht gegen die guten Sitten verstoßen.[303] Die Judikatur und überkommene Lehre gehen weiter und fordern, dass im Rahmen der Sittenwidrigkeit auch die Zwecke und Motive der Beteiligten zu berücksichtigen sind.[304] *Kienapfel* geht einen Mittelweg: Nach seinem Ansatz werden leichte Körperverletzungen und Gefährdungen vom Sittenwidrigkeitskorrektiv von vornherein nicht erfasst. Ansonsten gilt folgende Richtlinie: Je schwerer die Verletzung bzw. je größer die Gefährdung, umso stärker fallen Zweck und Beweggründe der Beteiligten ins Gewicht und bedürfen einer positiven Bewertung durch das Recht.[305]

Dopingmaßnahmen sind jedenfalls dann als sittenwidrig anzusehen, wenn sie schwerwiegende Gesundheitsschäden iSd §§ 84 und 85 StGB zu Folge haben.[306] Von einem Teil der Lehre wird jedoch auch in Fällen schwerer Körperverletzung bzw. Gesundheitsschädigung die Sittenwidrigkeit der Dopingmaßnahme verneint. Begründet wird dies zum Teil damit, dass der mit der Einnahme einer Dopingsubstanz verfolgte Zweck (Leistungssteigerung) in der heutigen Leistungsgesellschaft nicht sittenwidrig sei. Dies deshalb, da Personen, die Spitzenpositionen in Politik, Wirtschaft etc. innehaben, vor allem dadurch in diese gehobenen Stellungen vorgerückt seien, weil sie ebenfalls leistungssteigernde Mittel (Aufputsch- und Beruhigungsmittel) eingenommen haben, die ähnlich schwere gesundheitliche Folgen, wie Dopingmittel aufweisen können, deren Einnahme aber nicht als anstößig empfunden wird;[307] insofern müsse ein vom Sportbetrieb abstrahierendes Maß angelegt werden.[308] Weiters wird ins Treffen geführt, dass

303 Zum Problem der Definition der guten Sitten vgl oben 55.

304 StRsp; vgl RZ 1978/100 m Anm *Kienapfel*; LSK 1977/126; siehe auch *Mayerhofer/Rieder* § 90 Anm 5; aM *Leukauf/Steininger* § 90 Rz 13 f sowie *Triffterer* AT 243; für das deutsche Recht vgl *Sch/Sch/Stree* § 228 Rz 7; *Lackner/Kühl* § 228 Rz 10 sowie *Blei* AT[11] 91 und *ders* AT[8] 136.

305 *Kienapfel* BT I § 90 Rz 55 ff.

306 Vgl *Linck*, Doping und staatliches Risiko, NJW, 1987, 2550; *Burgstaller* WK § 90 Rz 78; *Leukauf/Steininger* § 90 Rz 14; *Weber*, Objektive Grenzen der strafbefreienden Einwilligung in Lebens- und Gesundheitsgefährdungen, 54, in: *Baumann*-FS; siehe auch *Tröndle/Fischer*, StGB § 228 Rz 7 a sowie *Sch/Sch/Stree* § 228 Rz 18.

307 Diese Personen handeln in der Erwartung, anstehende Aufgaben besser, zumindest aber gelassener bewältigen zu können; vgl *Zittlau*, Drogenreport 2/1990, 3.

308 *Jung*, Der praktische Fall – Strafrecht: Der listige Sportler, JuS 1992, 132 FN 14 mwN.

das Werturteil, das der gesellschaftlichen Diskriminierung des Dopings zugrunde liegt, einem Wandel in der Richtung unterliege, dass man „jedenfalls für die Zukunft nicht ausschließen kann, dass Doping im Sport nicht mehr als sittenwidrig eingeordnet wird".[309, 310] Dieser Ansicht ist jedoch nicht zu folgen, da eine Leistungsmanipulation, die schwerwiegende gesundheitliche Folgen nach sich ziehen kann, dem Sinn des Sportes (sportlicher Wettkampf unter gleichen Voraussetzungen) zuwiderläuft. Ein sukzessives Ruinieren der Gesundheit eines Athleten, um eine möglichst große Leistungssteigerung zu erreichen, ist nicht tolerierbar. Insofern wird die Grenze der Sittenwidrigkeit jedenfalls überschritten, wenn die physische Beeinträchtigung über ein gewisses Niveau hinausgeht.[311]

Abschließend ist somit festzuhalten, dass eine Einwilligung in eine Dopingmaßnahme im Rahmen dieser Arbeit grundsätzlich für zulässig erachtet wird, deren Wirksamkeit jedoch von der Schwere des Eingriffs in die körperliche Integrität abhängt.[312]

c) Rechtfertigender Notstand

Der rechtfertigende Notstand ist ein ungeschriebener, aus dem Rechtsganzen im Wege der Rechtsanalogie abgeleiteter Rechtfertigungsgrund.[313] Es stellt sich die Frage, ob ein Schädiger, der einem Sportler Dopingmittel deswegen verabreicht, weil beispielsweise seine wirtschaftlichen Verhältnisse angespannt sind, und der diese durch das Doping aufzubessern versucht, gerechtfertigt ist. Prinzipiell sind

309 *Turner*, Die Einwilligung des Sportlers beim Doping, NJW 1991, 2944.

310 Ebenso verneint *Schild*, Doping in strafrechtlicher Sicht, 24 f, in: *Schild* (Hrsg.), Rechtliche Fragen des Dopings, einen Verstoß gegen die guten Sitten. Gleichzeitig meint er, „dass Doping nicht mit dem Sportethos in Einklang steht".

311 Die Wirksamkeit einer Einwilligung in eine Dopingmaßnahme aufgrund ihrer Sittenwidrigkeit wohl absprechend *Haas/Prokop C.*, Sind Staatsanwälte verpflichtet gegen Doping-Ärzte Ermittlungsverfahren einzuleiten?, SpuRt 1997, 59; von einer generellen Sittenwidrigkeit des Dopings geht auch *Linck*, Doping aus juristischer Sicht, MedR 1993, 60, aus; differenzierend in Bezug auf die Sittenwidrigkeit der Einwilligung nach Vorliegen einer medizinischen Indikation *Bergermann*, Doping und Zivilrecht, 196 f; vgl weiter *Soyez*, Die Verhältnismäßigkeit des Dopingkontrollsystems, 146 ff.

312 Folgt man jedoch der Ansicht, dass die Einwilligung in das Verabreichen von Dopingmitteln generell gegen die guten Sitten verstößt, so ist eine trotzdem erfolgte Einwilligung im Rahmen des Mitverschuldens nach § 1304 zu würdigen, ebenso *Holzer/Fritzweiler*, Auswirkungen von Dopingverstössen auf Arbeits-, Lizenz- und Sponsorenverträge, 63 mwN, in: *Fritzweiler* (Hrsg.), Doping – Sanktionen, Beweise, Ansprüche; *Dury*, Haftung des Trainers, Straf- und zivilrechtliche Verantwortlichkeit, 32, in: *Dury* (Hrsg.), Der Trainer und das Recht sowie *Bergermann*, Doping und Zivilrecht, 198 f.

313 *Kienapfel/Höpfel* AT Z 12 Rz 1.

alle Individualrechtsgüter notstandsfähig.[314] Es existiert keine Beschränkung auf bestimmte Rechtsgüter wie dies beim Rechtfertigungsgrund der Notwehr[315] der Fall ist. Gleichzeitig ist jedoch festzuhalten, dass nach heute hL[316] und stRsp[317] der rechtfertigende „wirtschaftliche Notstand" abzulehnen ist.[318]

Zusammenfassend ist somit festzuhalten, dass jemand, der Dopingmittel verabreicht, um dadurch bestimmte wirtschaftliche Verhältnisse aufzubessern, nicht durch die Rechtsfigur des Notstands gerechtfertigt ist.

d) Notwehr

Dieser Rechtfertigungsgrund kann schon allein deshalb nicht in Betracht kommen, da er gem § 3 StGB einen gegenwärtigen oder unmittelbar drohenden rechtswidrigen Angriff auf ein notwehrfähiges Rechtsgut voraussetzt.[319] Da Angriff iSd § 3 StGB jedes menschliche Verhalten ist, das die Verletzung von rechtlich geschützten Interessen befürchten lässt,[320] kommt schon mangels eines derartigen Angriffs regelmäßig keine Rechtfertigung wegen Notwehr in Frage.

e) Zusammenfassung

Zusammenfassend ist zu sagen, dass als mögliche Rechtfertigung einer Verabreichung von Dopingsubstanzen lediglich die Einwilligung des Athleten unter bestimmten Voraussetzungen in Frage kommt.[321] Alle anderen Rechtfertigungsgründe kommen, wie aufgezeigt, im Zusammenhang mit Doping nicht in Betracht.

2.5. Rechtswidrigkeitszusammenhang

Wie bereits dargestellt,[322] geht es bei der Lehre vom Schutzzweck der Norm darum, dass nur für jene Schäden gehaftet wird, die die übertretene Norm in ihren Schutzbereich einbezieht. Sämtliche dargestellten Ersatzansprüche können

---

314 *Leukauf/Steininger* § 3 Rz 53; *Kienapfel*, Der rechtfertigende Notstand, ÖJZ 1975, 425.

315 Vgl § 3 Abs 1 StGB.

316 Vgl etwa *Kienapfel/Höpfel* AT Z 12 Rz 29.

317 Siehe insbesondere SSt 54/42.

318 Auch der Verfasser schließt sich dieser Meinung mit Nachdruck an.

319 Zur Notwehrsituation vgl näher *Triffterer* AT 212 ff.

320 *Fuchs*, Probleme der Notwehr, StPdG VIII, 10.

321 Sollte ein Schädiger aufgrund einer wirksamen Einwilligung gerechtfertigt sein, ist ein etwaiges Verschulden nicht mehr zu prüfen.

322 Oben 55 f.

als unmittelbare Schäden bezeichnet werden und sind somit als innerhalb des Rechtswidrigkeitszusammenhanges liegend in der Regel zu erstatten.

2.6. Verschulden

Letzte Voraussetzung eines Schadenersatzanspruches ist ein vorsätzliches oder zumindest fahrlässiges Verhalten des Schädigers.[323] Der eingetretene Schaden (Verdienstentgang, Schmerzengeld etc.) muss somit vorsätzlich bzw. fahrlässig verursacht worden sein. Bezüglich des Grades des Verschuldens ist zwischen dem Ausbildungsgrad des Schädigers zu unterscheiden:[324]

2.6.1. Verschulden eines Arztes

Ein Arzt, etwa ein Mannschaftsarzt, muss mit sämtlichen von der medizinischen Wissenschaft anerkannten Wirkungen und Nebenwirkungen aller auf dem Markt befindlichen Medikamente vertraut sein. Er ist verpflichtet, sich über die Fortschritte in der Medizin zu unterrichten.[325] Geht man davon aus, dass ein Arzt über die Wirkungen der Medikamente informiert ist, und trotzdem Medikamente verabreicht, die gesundheitsschädliche Nebenwirkungen aufweisen oder im Extremfall sogar zum Tode eines Athleten führen können, so wird man relativ „schnell" einen Vorsatz bejahen müssen. Ein Arzt, der gesundheitsschädliche Medikamente verabreicht, wird es regelmäßig ernstlich für möglich halten, dass eine Gesundheitsschädigung auftreten kann; findet er sich mit ihr ab, so liegt bedingter Vorsatz vor.

Vorsatz in Form von Wissen würde vorliegen, wenn der Arzt mit sicherem Wissen handelt, dass der Erfolg (Gesundheitsschädigung/Tod) eintreten werde.[326] Da Dopingmittel die Gesundheit eines Menschen im allgemeinen „nur" schädigen können, aber nicht automatisch schädigen müssen, wird man einen Vorsatz in Form von Wissen verneinen müssen. Auch die Vorsatzform der Absicht (dolus specialis) ist regelmäßig abzulehnen, da der Zweck des Verabrei-

---

323 Vgl oben 57 ff.

324 Zur Frage, ob im Rahmen des Dopings durch Vereinsverantwortliche, also Arbeitgeber bzw. ihnen zuzurechnende Personen, das Haftungsprivileg des § 333 ASVG (Haftung bei Arbeitsunfall nur für Vorsatz) in Betracht kommen kann vgl *Holzer/Fritzweiler*, Auswirkungen von Dopingverstössen auf Arbeits-, Lizenz- und Sponsorenverträge, 59 ff, in: *Fritzweiler* (Hrsg.) Doping – Sanktionen, Beweise, Ansprüche.

325 *Linck*, Doping und staatliches Risiko, NJW 1987, 2549.

326 *Koziol/Welser* II 300.

chens von Dopingmitteln idR in einer Leistungssteigerung, jedoch nicht in einer Gesundheitsschädigung liegen soll.[327]

Zur Beurteilung der Fahrlässigkeit eines Arztes sind die in den §§ 1299 f festgelegten Grundsätze zu beachten. Die Bedeutung des § 1299 liegt in einer gegenüber der allgemeinen Regelung des § 1297 liegenden Verschiebung des Maßstabes, mit dem die Fahrlässigkeit zu beurteilen ist.[328] Richtschnur für die Fahrlässigkeit ist nicht die Sorgfalt eines Durchschnittsmenschen, sondern die übliche Sorgfalt jener Personen, die derartige Tätigkeiten ausüben.[329] Ärzte fallen zweifelsfrei unter den Sachverständigenbegriff der §§ 1299 f.[330] Zur Bejahung eines fahrlässigen Verhaltens ist daher bereits ausreichend, wenn der dopende Arzt eine Substanz verabreicht, deren Anwendung in der medizinischen Wissenschaft als sorgfaltswidriges Verhalten zu werten ist.[331]

Bezüglich des Bewusstseins der Rechtswidrigkeit (Vorsatztheorie[332]) wird man davon ausgehen können, dass einem Arzt sehr wohl bewusst ist, dass er im Falle einer Gesundheitsschädigung seine Pflichten als Arzt verletzt bzw. in die körperliche Integrität eines Menschen (absolut geschütztes Rechtsgut) eingreift.

2.6.2. Verschulden eines medizinischen Betreuers

Auch bei einem medizinischen Betreuer ist Verschulden in Form des bedingten Vorsatzes denkbar. Die Bejahung dieser Vorsatzform hängt davon ab, ob auch ein medizinischer Betreuer eine Gesundheitsschädigung bzw. den Tod eines Athleten ernstlich für möglich halten durfte. Bei der Beurteilung, welche Folgen und Wirkungen eines Medikaments ein medizinischer Betreuer kennen muss, wird man keinen so strengen Maßstab anlegen dürfen, wie dies bei Ärzten der Fall ist. Von medizinischen Betreuern darf jedoch durchaus verlangt werden, dass sie über die Wirkungen jener Medikamente informiert sind, die sie ständig verabreichen und auch verabreichen dürfen. Verabreicht ein Betreuer eine Substanz über deren Nebenwirkungen er nicht Bescheid weiß, die jedoch gesundheitsschädliche Wirkungen aufweisen kann, handelt er zumindest fahrlässig.[333]

---

327 Da somit bei Verabreichung von Dopingmitteln durch einen Arzt durchaus bedingter Vorsatz vorliegen kann, muss eine etwaige Fahrlässigkeit im Rahmen eines gerichtlichen Schadenersatzprozesses nicht mehr geprüft werden.

328 Vgl *Koziol*, Haftpflichtrecht II 182 mN aus der Judikatur.

329 *Reischauer* in *Rummel* § 1299 Rz 2.

330 Arb 8278.

331 Siehe auch *Bergermann*, Doping und Zivilrecht, 184.

332 Oben 57.

333 Falls ein medizinischer Betreuer jedoch über eine schädigende Wirkung eines Medikaments informiert ist und er dieses trotzdem verabreicht, kann auch dolus eventualis vorliegen.

Vor allem im Hinblick auf den Umfang der Ersatzpflicht ist es besonders bedeutsam, ob grobe oder leichte Fahrlässigkeit vorliegt.[334] Grobe Fahrlässigkeit kann allgemein mit auffallender Sorglosigkeit gleichgesetzt werden. Verabreicht zB ein Mitglied des medizinischen Personals eine Substanz von deren Wirkungen es in keinster Weise informiert ist, so bietet dies gewiss einen Ansatz, um von grober Fahrlässigkeit sprechen zu können, denn ein mit den rechtlichen Werten verbundener sorgsamer medizinischer Betreuer hätte über die Wirksamkeit der verabreichten Substanz vor deren Anwendung Erkundigungen eingeholt. Dieser Mangel an Information kombiniert mit dem Verabreichen der Substanz kann als grob fahrlässig bezeichnet werden.

Von leichter Fahrlässigkeit ist zu sprechen, wenn dem Betreuer ein Fehler unterläuft, der gelegentlich jedem medizinischen Betreuer unterlaufen kann. Denkbar wäre etwa der Fall, in dem ein medizinischer Betreuer eine falsche Dosis eines Medikaments verabreicht, der Fehler jedoch auf einem geringen Versehen beruht, beispielsweise, wenn die verabreichte Menge nur unerheblich von der vorgeschriebenen Dosierung abweicht.

Abschließend ist zu sagen, dass das Verschulden bei medizinischen Betreuern regelmäßig den Grad der leichten bzw. groben Fahrlässigkeit erreichen kann und bedingter Vorsatz nur vorsichtig zu bejahen ist.

2.6.3. Verschulden sonstiger Personen

Das Verschulden sonstiger Personen, wobei damit Menschen gemeint sind, die über keine medizinischen Fachkenntnisse verfügen, wird sich in der Regel ebenfalls auf den Bereich der Fahrlässigkeit konzentrieren. Grund dafür ist wiederum – hier im besonderen – das mangelnde medizinische Wissen.

2.7. Zusammenfassung

Zusammenfassend ist zu sagen, dass der Anspruch eines Athleten gegen einen Dritten aufgrund einer durch Dopingmittel verursachten Schädigung in praxi oftmals zu Recht bestehen wird und als Folge dessen die in §§ 1325 bzw. 1330 Abs 2 genannten Leistungen[335] (Heilungskosten, Verdienstentgang, Schmerzengeld, Entschädigungsanspruch für das Verbreiten unwahrer Tatsachen) zu erbringen sind.

---

334 Dem Verfasser ist klar, dass die Beurteilung vorwiegend von dem konkreten Sachverhalt abhängt. Trotzdem soll versucht werden, Richtlinien für medizinische Betreuer herauszuarbeiten.

335 Dazu oben 62 ff.

3. Anspruch des Vereins gegen einen gedopten Wettkämpfer[336]

3.1. Schaden

Für eine Schadenersatzpflicht ist primär wiederum ein konkret eingetretener Schaden zu ermitteln. In diesem Zusammenhang sind verschiedene Fallgestaltungen vorstellbar:

Ein Schaden könnte dem Verein dadurch entstehen, dass ein Sponsor, der den Verein bisher finanziell unterstützte, aufgrund eines Dopingvorfalles nicht mehr bereit ist, weitere Unterstützungsleistungen zu erbringen.[337] Der Schaden für den Verein liegt dann eben darin, dass der Sponsor keine Leistungen mehr erbringt. Da dadurch ein schon vorhandenes Vermögensgut[338] vermindert wird, handelt es sich um einen positiven Schaden.

Eine weitere Schadensposition kann darin erblickt werden, dass der Verein aufgrund einer möglichen Sperre oder Entlassung des gedopten Athleten für dessen restliche Vertragszeit einen Ersatzspieler finden muss und auf diese Weise Kosten erwachsen. Dem dadurch entstehenden Aufwand seitens des Vereins steht jedoch der Umstand entgegen, dass der Verein dem gedopten Spieler gegenüber zu keinen weiteren Zahlungen verpflichtet ist. „Der geschädigte Verein wird also den schwierigen Beweis führen müssen, dass über diese Ersparnis hinausgehende Aufwendungen, die er zwecks Engagement eines Ersatzes tätigen musste, tatsächlich zur Schadenbehebung notwendig waren, wobei insbesondere die den Verein treffende Schadenminderungspflicht in die diesbezügliche Bewertung einfliesst."[339]

Das Entstehen weiterer Schäden ist dadurch denkbar, dass Vereinsmitglieder aus dem Verein austreten und dieser daher um die Mitgliedsbeiträge gebracht wird. Auch in diesem Fall werden finanzielle Mittel des Vereins nicht unerheblich geschmälert. Wiederum handelt es sich, da ein bereits vorhandenes Vermögensgut vermindert wird, um positiven Schaden.

---

336 In den nun folgenden Ausführungen sollen die Schadenersatzansprüche eines Vereins gegen einen seiner Athleten unter der Annahme dargestellt werden, dass der Athlet selbst gedopt hat.

337 So auch *Holzer/Fritzweiler*, Auswirkungen von Dopingverstössen auf Arbeits-, Lizenz- und Sponsorenverträge, 68 f, in: *Fritzweiler* (Hrsg.), Doping – Sanktionen, Beweise, Ansprüche und *Bergermann*, Doping und Zivilrecht, 216. Unter welchen Voraussetzungen ein Sponsor seine vertraglichen Leistungen aussetzen bzw. gänzlich einstellen darf, hängt von der Ausgestaltung des jeweiligen Vertrages ab und wird im Rahmen dieser Arbeit nicht näher untersucht.

338 Da der Verein bereits das Recht auf Erbringung bestimmter Leistungen durch den Sponsor hatte, wird ein bereits vorhandenes Vermögensgut geschmälert.

339 *Holzer/Fritzweiler*, aaO.

Der Eintritt eines Schadens ist aber nicht nur dadurch denkbar, dass Vereinsmitglieder aus dem Verein austreten, sondern auch in der Weise, dass der Verein aufgrund des Dopingvorfalls Schwierigkeiten in der Akquirierung neuer Mitglieder haben kann. Es ist durchaus denkbar, dass potentielle Mitglieder einem Verein, dessen Mitglieder, wenn auch nur einzelne, offensichtlich Dopingmittel zu sich nehmen,[340] nicht beitreten. Es stellt sich die Frage, ob der Schaden, der durch diesen Imageverlust entsteht, ersatzfähig ist.

In der Regel wird es sich bei der soeben dargestellten Schadensvariante um entgangenen Gewinn handeln.[341] Zu begründen ist dies damit, dass nicht etwas schon bestehendes vermindert wird, es sich statt dessen um eine „Entrückung künftiger Vorteile"[342] handelt, die nach dem gewöhnlichen Lauf der Dinge eingetreten wären.[343] Ein Sachverständiger hätte zu klären, wie viele Neumitglieder der Verein durch die Dopingeinnahme eines Athleten „verloren" hat. Auf dieser Basis wäre sodann der entgangene Gewinn vom Richter festzulegen.[344]

Weitere massive Schäden können einem Verein auch dadurch entstehen, dass er aufgrund des Dopingvorfalls eines seiner Athleten nicht mehr in den Genuss von Sportförderungen seitens des Bundes, der Länder bzw. der Gemeinden kommt. Es ist vorstellbar und auch notwendig, dass sportfördernde Institutionen (des öffentlichen Rechts) das Gewähren von Förderungen explizit davon abhängig machen, dass es innerhalb der zu fördernden Vereinigung zu keinerlei Dopingmissbräuchen gekommen ist bzw. kommt.[345]

Schlicht kaum zu beweisen werden jene Schadensfälle sein, die darauf zurückzuführen sind, dass die Zuschauerzahlen sinken bzw. der Verein in der Meisterschaft aufgrund der Sperre eines gedopten Athleten auf die hinteren Platzierungen zurückfällt.

340 So ist es vorstellbar, dass sich vor allem die Zahl der jugendlichen „Neumitglieder" überdurchschnittlich verringern könnte.

341 Anders kann sich die Situation dann darstellen, wenn von einem potentiellen Mitglied bereits eine sichere Zusage besteht, in den Verein einzutreten, der Eintritt dann aber aufgrund des Dopingvorfalles nicht erfolgt. In diesem Fall kann es sich um einen positiven Schaden handeln.

342 *Zeiller* III 700.

343 Dass der Geschädigte nur den Ersatz des Gewinnes begehren kann, den er ohne schädigendes Ereignis erzielt hätte, übersieht der OGH in SZ 44/87 = JBl 1972, 100 mit Anmerkung von *Bydlinski*.

344 Dass der Verein hier in arge Beweisschwierigkeiten kommen kann, liegt auf der Hand.

345 Nur jenen Vereinen Förderungsmittel aus öffentlicher Hand zukommen zu lassen, in deren Rahmen es zu keinen Dopingvorfällen gekommen ist, ist nach Ansicht des Bearbeiters ein probates Mittel, um das Dopingproblem effizient zurückzudrängen.

3.2. Kausalität

Wiederum muss das Verhalten des Schädigers für den Schadenseintritt kausal gewesen sein; es muss notwendige Bedingung für die eingetretenen Schäden sein. Die Frage, ob das Verhalten des Schädigers im Rahmen des zu diskutierenden Anspruchs kausal war, ist grundsätzlich mit ja zu beantworten. Hätte der Athlet keine Dopingmittel eingenommen, hätte der Verein als solcher keinen Imageverlust und somit auch keinen Schaden erlitten. Das Verhalten des Dopenden war somit conditio sine qua non für den Imageschaden des Vereins. Bezüglich der Schädigungen durch aus dem Verein austretende bzw. nicht eintretende Personen, ist festzuhalten, dass der Dopingmissbrauch eines Athleten nach allgemeinen Regeln nur dann kausal ist, wenn diese Personen tatsächlich aufgrund dieser Tatsache aus- bzw. nicht beitreten und nicht andere Gründe (günstigeres Angebot eines anderen Vereins etc.) ausschlaggebend sind. Wie bereits angedeutet, gilt gleiches für einen eventuellen Zuschauerrückgang bzw. das Abschneiden in der Meisterschaft.

3.3. Adäquanz

Imageschäden eines Vereins, die aufgrund der Einnahme von Dopingsubstanzen durch einen Vereinsathleten auftreten, liegen regelmäßig nicht außerhalb der allgemeinen Lebenserfahrung und beruhen auch nicht auf einer Verkettung besonders ungünstiger Umstände. Derart verursachte Schäden sind somit adäquat verursacht und daher auch grundsätzlich ersatzfähig.

3.4. Rechtswidrigkeit

3.4.1. Verletzung vertraglicher Pflichten

Als vertragliche Grundlage kommt der zwischen Verein als Dienstgeber und Athlet als Dienstnehmer geschlossene Dienstvertrag[346] in Frage. In der Regel wird es sich bei dem zwischen Verein und Athleten abgeschlossenen Vertrag um einen derartigen Vertrag handeln.[347] Aus diesem Vertrag resultiert für den Athleten vor allem die Treuepflicht. Nach hL versteht man unter Treuepflicht „die Respektierung des unternehmerischen Tätigkeitsbereichs".[348] Ein Dienstnehmer darf somit nichts tun, was dem Schutz betrieblicher Interessen zuwiderläuft und

346 Vgl zum Dienstvertrag ausführlich *Krejci* in *Rummel* § 1151 Rz 6 ff und *Koziol/Welser* II 237 ff.

347 Zur Frage, ob Vereinsspieler Dienstnehmer iSd ASVG sind vgl oben 63 f.

348 *Schwarz/Löschnigg*, Arbeitsrecht 308.

dem Unternehmen Schaden zufügen könnte. Nimmt ein Athlet aus eigener Initiative Dopingmittel ein und fügt er dem Unternehmen auf diese Weise Schäden zu, so hat er seine aus dem Dienstvertrag resultierende Treuepflicht verletzt. Aus dieser Vertragswidrigkeit ergibt sich gleichzeitig[349] die Rechtswidrigkeit der Dopingeinnahme.

Die Einnahme von Dopingmitteln eines Vereinsathleten verletzt somit eine vertragliche Pflicht gegenüber dem Verein und ist daher als rechtswidrig anzusehen.

Eine weitere Vertragswidrigkeit kann sich auch dadurch ergeben, dass ein Athlet Dopingmittel eingenommen hat, obwohl er sich vertraglich verpflichtet hat, dies nicht zu tun.[350] So gut wie jeder Sportverein fügt heutzutage in seine Satzung eine Klausel ein, die ein striktes Dopingverbot beinhaltet. Verpflichtet sich nun ein Athlet, sämtliche Bestimmungen der Satzung etc. einzuhalten, und missachtet er daraufhin diese Vereinbarung, liegt wiederum eine Verletzung einer vertraglich zugesicherten Pflicht vor.

3.4.2. Verletzung außervertraglicher (deliktischer) Pflichten

Eine Rechtswidrigkeit außerhalb vertraglicher Pflichten kann sich vor allem durch die Verletzung eines Schutzgesetzes[351] ergeben. Worin aber kann nun ein Schutzgesetz, gegen das der dopende Athlet verstoßen haben könnte, erblickt werden? Wie soeben erwähnt, enthält heutzutage beinahe jede Vereinssatzung eine Klausel, die ein absolutes Dopingverbot der Athleten vorsieht. Verpflichtet sich ein Athlet nicht vertraglich explizit dazu, dieses Dopingverbot einzuhalten, so stellt sich die Frage, ob diese Klausel als Schutzgesetz zu qualifizieren ist und über diesen Weg ein rechtswidriges Verhalten des Athleten angenommen werden kann. Nach der Rsp sind Schutzgesetze abstrakte Gefährdungsverbote, die bestimmte Personen oder Personengruppen vor einer Verletzung ihrer Rechtsgüter schützen sollen.[352] Jedoch kommen als Schutzgesetze nur generelle oder individuelle hoheitliche Anordnungen in Betracht.[353] Da ein Sportverein, der eine Satzung beschließt idR ein Rechtssubjekt des Privatrechts darstellt, kann dessen Satzung keine Schutzgesetzwirkung zukommen.[354]

---

349 Dazu oben 54.

350 *Bergermann*, Doping und Zivilrecht, 216.

351 Dazu oben 54.

352 ZVR 1985/9; JBl 1993, 788, 789.

353 ÖRZ 1995/55.

354 Eine Rechtswidrigkeit nach § 1295 Abs 2 (absichtliche sittenwidrige Schädigung) wird regelmäßig ebenfalls abzulehnen sein, da ein Athlet durch das Doping seine Leistung steigern, jedoch nicht davon auszugehen ist, dass er einen Dritten dadurch vorsätzlich schädigen will.

3.5. Rechtfertigungsgründe

Bezüglich der Rechtfertigungsgründe wird (wiederum) vor allem die Einwilligung des Vereins in eine mögliche Imageschädigung in Betracht kommen. Ein Verein, dem bekannt ist, dass einer seiner Athleten Dopingsubstanzen einsetzt und der dagegen nichts unternimmt, willigt konkludent in die Vertragsverletzung (Treuepflicht) ein. Da dann das Verhalten des dopenden Athleten nicht mehr rechtswidrig ist, ist ein Schadenersatzanspruch des Vereins abzulehnen.

3.6. Rechtswidrigkeitszusammenhang

Im Rahmen dieser Prüfung ist der Schutzzweck der übertretenen Norm zu ermitteln. Die Treuepflicht eines Dienstnehmers besteht geradezu deshalb, Schäden von einem Unternehmen zu vermeiden bzw. zu verhindern. Vermögenseinbußen eines Vereins, die aus der Verletzung der Treuepflicht resultieren, sind somit vom Schutzzweck der Treuepflicht umfasst und daher auch als ersatzfähig anzusehen.

Bei einer vertraglich übernommenen Verpflichtung eines Athleten, die Satzungsbestimmungen und somit das Dopingverbot einzuhalten und zu respektieren, ist der Schutzzweck der Norm bei jedem Vertragsabschluss durch Auslegung zu ermitteln und es kann keine allgemein gültige Aussage darüber getroffen werden, ob zB Imageschäden vom Schutzzweck erfasst sind, oder diese Klausel ausschließlich der Gesundheit des Athleten dienen soll. Da jedoch derartige Klauseln in der Praxis häufig durch die Vereine vorgegeben werden, ist davon auszugehen, dass diese auch ihr Vermögen schützen wollen und den unter Vertrag zu nehmenden Wettkämpfer darauf auch hinweisen. In diesem Fall ist also auch hier von einem ersatzfähigen Schaden auszugehen.

3.7. Verschulden

Um ein Verschulden bejahen zu können, muss dem Schädiger wiederum ein persönlicher Vorwurf bezüglich seines Verhaltens gemacht werden können. Es darf wohl davon ausgegangen werden, dass ein in einem Verein spielender Athlet, der seinem Körper Dopingsubstanzen zuführt, Imageschäden seines Vereins ernstlich für möglich hält und sich mit diesen auch abfindet. Dies vor allem vor dem Hintergrund, dass die Gesellschaft auf Dopingmissbräuche seit einigen Jahren sehr sensibel reagiert und Imageschäden somit durchaus voraussehbar sind. Hofft er hingegen, dass es zu keinerlei Schädigungen des Vereins kommt, ist von bewusster Fahrlässigkeit auszugehen.[355]

---

355 *Bergermann*, Doping und Zivilrecht, 217 geht davon aus, dass das Verschuldenselement regelmäßig in Form der Fahrlässigkeit vorliegt.

3.8. Zusammenfassung

Abschließend lässt sich sagen, dass die durch die Einnahme von Dopingmitteln verursachten Imageschäden eines Vereins nach den allgemeinen Regeln des Schadenersatzes regelmäßig eine Ersatzpflicht des Schädigers hervorrufen können.[356]

4. Anspruch des Veranstalters gegen einen gedopten Sportler

4.1. Schaden

Wiederum werden es vorwiegend Imageschäden sein mit denen ein Veranstalter, der Wettkämpfe organisiert, in deren Rahmen dopende Sportler antreten, rechnen muss. Denkbar sind vor allem Umsatzeinbußen (weniger Menschen wollen dopende Athleten starten sehen, deshalb gehen auch die Verkaufszahlen an Eintrittskarten zurück), niedrigere Einnahmen bei der Vergabe von Übertragungsrechten an Fernsehen und Radio (Grund dafür könnte die mangelnde Attraktivität der Übertragung von Veranstaltungen, an denen gedopte Sportler an den Start gehen, sein) sowie ebenfalls fallende Einnahmen aus einer geringeren Beteiligung von Sponsoren, die die sportliche Veranstaltung zu Werbezwecken nützen wollen.

4.2. Kausalität

Die Kausalitätsprüfung im Rahmen dieses Anspruchs bereitet, abgesehen von möglicherweise erheblichen Beweisschwierigkeiten in der Praxis, keinerlei Probleme. Lässt sich beweisen, dass durch das Verhalten eines Athleten (Einnehmen von verbotenen Dopingmitteln) dem Veranstalter Schäden entstanden sind, so liegt ein Kausalzusammenhang im rechtlichen Sinn vor. Denkbar ist jedoch, dass die Beweisbarkeit des Entstehens derartiger Schäden als Folge der Einnahme von Dopingmitteln eines Athleten auf Schwierigkeiten stoßen könnte. Ein steter Rückgang der Zuschauerzahlen und damit der Verkaufszahlen der Eintrittstickets bei gewissen Sportveranstaltungen könnte auch auf einen allgemeinen Wandel der Interessen der Konsumenten zurückzuführen sein. Es ist somit im Rahmen dieses Anspruchs besonders exakt, etwa von Sachverständigen, zu ermitteln,

356 Zur Frage der Anwendbarkeit des Dienstgeberhaftungsgesetzes (DHG) in diesem Zusammenhang siehe *Holzer/Fritzweiler*, Auswirkungen von Dopingverstössen auf Arbeits-, Lizenz- und Sponsorenverträge, 68 ff, in: *Fritzweiler* (Hrsg.), Doping – Sanktionen, Beweise, Ansprüche.

inwieweit tatsächliche Schädigungen auf das Verhalten eines gedopten Wettkämpfers zurückzuführen sind.

4.3. Adäquanz

Schäden, vor allem Imageschäden, eines Veranstalters, dessen Sportveranstaltungen aufgrund von Doping durch Athleten mehr und mehr an Attraktivität verlieren, liegen regelmäßig nicht außerhalb der allgemeinen Lebenserfahrung und beruhen auch nicht auf einer Verkettung besonders ungünstiger Umstände. Imageschäden sind also adäquat verursachte Schäden und machen daher grundsätzlich ersatzpflichtig.

4.4. Rechtswidrigkeit

4.4.1. Vorbemerkung

Da es sich bei Schäden eines Veranstalters, die aus einem Imageverlust entstehen, um bloße Vermögensschäden handelt (ein gedopter Sportler, der im gedopten Zustand an einem Wettkampf teilnimmt, verletzt dadurch kein absolut geschütztes Rechtsgut) und diese bei einem rechtswidrigen Verhalten, das im deliktischen Bereich anzusiedeln ist, nicht ersetzt werden, soll ausschließlich eine mögliche Rechtswidrigkeit aus Verletzung einer vertraglichen Pflicht erläutert werden.

4.4.2. Verletzung einer vertraglichen Pflicht

Um die Frage beantworten zu können, ob ein gedopter Athlet gegen vertragliche Pflichten gegenüber dem Veranstalter verstößt, ist primär zu klären, welcher Vertragstyp dem rechtsgeschäftlichen Verhältnis zwischen Veranstalter und teilnehmendem Wettkämpfer entspricht.

Der OGH hatte in einer Entscheidung[357] zu beurteilen, ob ein Veranstalter einem verletzten Schiläufer aufgrund der Verletzung einer vertraglichen Verkehrssicherungspflicht zu haften hat. Die Richter gingen bei Beurteilung der Rechtswidrigkeit davon aus, dass zwischen Veranstalter[358] und teilnehmendem Sportler grundsätzlich ein vertragliches Verhältnis besteht, ließen aber offen, um welchen Vertragstyp es sich handelt.

357 Siehe OGH vom 23. März 1993, 2 Ob 526/93.

358 Nach der in FN 357 zitierten Entscheidung geht der OGH davon aus, dass Veranstalter nur ist, wer den Ablauf eines Wettkampfes tatsächlich organisiert; auf eventuelle Bezeichnungen als Veranstalter ist nicht abzustellen; dieser Ansicht des Gerichts ist zuzustimmen.

Grundsätzlich ist festzuhalten, dass das zwischen Veranstalter und Sportler bestehende Schuldverhältnis nur schwer in die Typologie der Schuldverträge einzuordnen ist. Eine sinnvolle Annäherung an diesen Problemkreis ist nach Ansicht des Verfassers dadurch gewährleistet, dass auf die inhaltliche Ausgestaltung des abgeschlossenen Vertrages abgestellt wird. In der Regel verhält es sich so, dass ein Athlet aufgrund des Vertrages zwischen ihm und dem Veranstalter gegen Bezahlung eines gewissen Startgeldes zur Teilnahme an einem bestimmten Wettbewerb berechtigt, aber auch verpflichtet ist und der Veranstalter ihm – im Falle eines Sieges – eine Prämie verspricht. Nach *Schwab*[359] enthält das Vertragsverhältnis einerseits Elemente eines Werkvertrages (§§ 1165 ff), der Athlet sei zur Erbringung eines Werkes (Teilnahme an dem Wettbewerb) verpflichtet, andererseits finden sich Elemente der Auslobung (§ 860), der Veranstalter verspricht einem unbestimmten Personenkreis[360] verbindlich eine Belohnung für eine Leistung oder einen Erfolg. Auch *Vrba/Lampelmayer/Gegenbaur*[361] gehen von einem Vertragsverhältnis zwischen Veranstalter und Sportler aus, lassen aber ebenfalls eine rechtliche Qualifikation des abgeschlossenen Vertrages vermissen. Mit *Schwab*[362] wird letztlich davon auszugehen sein, dass der Vertrag Anknüpfungspunkte verschiedener Vertragstypen aufweist und es sich somit um einen Vertrag sui generis handelt.[363]

Nimmt der gedopte Athlet an einem Wettkampf teil, so erfüllt er, egal um welchen Vertragstyp es sich handelt, jedenfalls seine Leistung deswegen nicht in dem vertraglich vereinbarten Zustand, da für gewöhnlich Dopingverbote als Zulassungserfordemiss in die Verträge aufgenommen werden.[364] Rechtlich gesehen wird seine Leistung nachträglich unmöglich iSd §§ 920 ff.[365] Trifft den Sportler

---

359 Zivilrechtliche Haftung beim Doping, 45, in: *Schild* (Hrsg.), Rechtliche Fragen des Dopings.

360 Der Personenkreis kann aber auch, wie es im Falle einer bestimmten Anzahl von Athleten der Fall ist, näher bestimmt sein, vgl dazu *Tomandl*, Rechtsprobleme des Akkord- und Prämienlohnes, ÖJZ 1960, 538.

361 Schadenersatz in der Praxis, B. XII. Rz 4 u. 7 ff.

362 AaO; siehe zur Rechtsnatur des Vertrages weiter *Bergermann*, Doping und Zivilrecht, 231 f.

363 Eine rechtlich exakte Einordnung kann im Rahmen dieser Arbeit deshalb unterbleiben, da sie für die Beurteilung eines Schadenersatzanspruches des Veranstalters nicht unbedingt notwendig ist.

364 Unabhängig von Vereinbarungen zwischen Veranstalter und Athlet kann man auch argumentieren, dass der Wettkämpfer eine den sportlichen Regeln seiner Sportart entsprechende Teilnahme am Wettkampf schuldet. Da mittlerweile davon auszugehen ist, dass es in sämtlichen Sportarten strikte Dopingverbote gibt, erbringt der Athlet im Falle des Dopings nicht die geschuldete Leistung.

365 *Bergermann*, Doping und Zivilrecht, 232 f.

nachweislich ein Verschulden[366] an der Einnahme von Dopingmitteln, treten die in § 920 genannten Folgen ein und der Athlet wird schadenersatzpflichtig. Steht bereits bei Vertragsabschluss (also zum Zeitpunkt der Startzusage) fest, dass ein Athlet unter dem Einfluss verbotener Substanzen steht, somit keine Startberechtigung vorliegt, könnte man der Auffassung sein, dass es sich um einen Fall der ursprünglichen Unmöglichkeit[367] nach § 878 handelt. Für das österreichische Recht trifft diese Rechtsfolge allerdings nicht zu. Grund dafür ist, dass nach herrschender von *Rabel*[368] begründeter Lehre[369] unter dem Begriff der anfänglichen Unmöglichkeit nur absurde Leistungsversprechen bzw. Fälle rechtlicher Unmöglichkeit verstanden werden. Für alle nicht von § 878 erfassten Fälle anfänglicher Unmöglichkeit („schlichte Unmöglichkeit“[370]) enthält das ABGB keine abschließende Regelung. Nach hM ist der Vertrag gültig zustande gekommen und der Schuldner muss Gewähr (§ 932) für die Erbringung seiner Schuld leisten.[371]

4.5. Rechtswidrigkeitszusammenhang

Unter dieser Überschrift ist zu untersuchen, ob Imageschäden eines Veranstalters in den Schutzbereich der übertretenen vertraglichen Norm fallen. Primär ist davon auszugehen, dass auch Dopingverbote in den Vertragsbedingungen der Organisatoren vorwiegend dem Schutz der Gesundheit der Sportler dienen sollen. Ein wichtiger Hinweis, der dafür zu werten ist, dass jedoch darüber hinaus auch die dem Veranstalter durch dopende Athleten entstehenden Schäden zu ersetzen sind, liegt darin, dass die Dopingverbote oftmals von den Veranstaltern selbst formuliert werden. Daraus kann ein eigenständiges Interesse der Veranstalter abgeleitet werden, keine gedopten Athleten am Wettbewerb teilnehmen zu lassen.

Imageschäden sind also vom Schutzzweck der Norm regelmäßig erfasst und als Folge dessen zu ersetzen.

---

366 Dazu sogleich 94.

367 So für das deutsche Recht *Schwab*, Zivilrechtliche Haftung beim Doping, 48, in: *Schild* (Hrsg.), Rechtliche Fragen des Dopings; vgl zur anfänglichen (objektiven) Unmöglichkeit im deutschen Recht *Schlechtriem*, AT Rz 283 ff.

368 Zur Lehre von der Unmöglichkeit der Leistung nach österreichischem Recht, 831, in: FS zur Jahrhundertfeier des ABGB II.

369 *Koziol/Welser* I 154; *Gschnitzer* in *Klang* IV/1 161.

370 Zu diesem Begriff *Rummel* in *Rummel* § 878 Rz 3.

371 Dazu näher *Schwimann/Apathy* § 878 Rz 4.

4.6. Verschulden

Wiederum haftet der Schädiger nur dann, wenn ihm die Einnahme von Dopingsubstanzen persönlich vorwerfbar ist.

Nimmt ein Athlet Dopingmittel bewusst ein, ist entweder von bedingtem Vorsatz oder von bewusster Fahrlässigkeit auszugehen. Grundsätzlich ist festzuhalten, dass in diesem Zusammenhang sämtliche Verschuldensformen möglich sind.

Zusammenfassend ist zu sagen, dass ein schuldhaft gedopter Athlet dem Veranstalter für dadurch verursachte Schäden zu haften hat, der Durchsetzung dieser Ansprüche in der Praxis aber oftmals erhebliche Beweisschwierigkeiten entgegenstehen werden.

5. Anspruch der Zuschauer gegen den Veranstalter

5.1. Schaden

Im Rahmen dieses Anspruchs bereitet bereits die Anerkennung eines eingetretenen Schadens, der den Zuschauern durch die Teilnahme gedopter Wettkämpfer an einer sportlichen Veranstaltung entstehen soll, erhebliche Probleme.

Welchen Schaden soll ein Zuseher, der beispielsweise gerade aufgrund des gedopten Zustandes einiger Athleten einem besonders attraktiven Wettkampf (besonders schnelle Zeiten bei Sprintläufen, überdurchschnittliche Trefferquoten etwa bei Basketballspielen etc.[372]) beiwohnen kann, haben? Bekommt er dadurch für sein Geld unter Umständen nicht eine erheblich über dem Durchschnitt liegende Leistung geboten? Soll er trotz einer möglichen überdurchschnittlichen Leistung sein Eintrittsgeld zurückerstattet bekommen?

Der Zuschauer könnte dadurch einen Schaden erleiden, dass eben gedopte und nicht ungedopte Athleten an einem Wettkampf teilnehmen und dieser aufgrund des Vorfindens von Dopingmitteln im Urin eines Athleten annulliert wird, der Zuseher also ein Spiel gesehen hat, dass nicht gewertet wird. In diesem Fall hat der Zuseher, der sein Entgelt geleistet hat, keine entsprechende Gegenleistung[373] erhalten. Wurde ein Spiel annulliert, so stellt sich die Frage, ob ein Veranstalter beispielsweise auch Aufwendungen für die Fahrt des Zusehers zum

---

372 Vgl dazu den Bericht der Süddeutschen Zeitung vom 18.09.1985; darin heißt es, „am Anfang trieb Kokain die Leistung in die Höhe, die Trefferquoten der Baseballspieler erreichten Werte, die ganze Stadien in Verzückung versetzten".

373 Zur vertraglichen Leistungspflicht eines Veranstalters aufgrund des Vertrages zwischen ihm und einem Zuseher vgl unten 97.

Wettkampfort (frustrierte Aufwendungen) zu ersetzen hat. Frustrierte Aufwendungen[374] sind jedenfalls zu ersetzen, soweit sie für den beschädigten Gegenstand selbst gemacht wurden, aber darüber hinaus auch, soweit Adäquität gegeben ist[375] (Garagenkosten für die Zeit einer Autoreparatur[376]). Da Aufwendungen für Fahrtkosten als adäquat verursachte „Schädigungen" anzusehen sind, gebührt dafür, sollten die weiteren Voraussetzungen eines Schadenersatzanspruchs erfüllt sein, Ersatz.[377]

Gegen das Vorliegen eines aus der Annullierung eines Wettkampfes resultierenden Schadens kann vorgebracht werden, dass nach den meisten Vereinssatzungen, Spiele, an denen gedopte Athleten teilgenommen haben, regelmäßig nicht annulliert werden. Derartige Wettkämpfe werden durchaus als zu wertende Veranstaltungen angesehen, jedoch erfolgt die Wertung anders, als dies bei Veranstaltungen der Fall ist, an denen Dopingsubstanzen nicht im Spiel waren. Gewinnt beispielsweise jene Mannschaft, deren Spieler zumindest teilweise gedopt waren, so ist es vorstellbar, dass eine Vereinssatzung vorsieht, dass die andere Mannschaft im Ergebnis, ausschließlich aufgrund des Dopings durch die scheinbar gewinnende Mannschaft, etwa mit 3 : 0 Zählern[378] gewonnen hat. Da der Zuseher somit auch in jenen Fällen, in denen Dopingsubstanzen während des Wettkampfes nachgewiesen werden konnten, ein Spiel sieht, das gewertet wird, kann nicht von einem Schaden gesprochen werden.[379]

Anders kann sich die Situation jedoch darstellen, wenn sich ein Athlet in eine Startliste eintragen lässt und dieser aufgrund der Einnahme von Dopingmitteln nicht am Wettkampf teilnehmen kann. In diesem Fall entsteht dem zahlenden Publikum sehr wohl ein Schaden, nämlich dadurch, dass die Zuseher das Entgelt für die Eintrittskarten leisteten, aber keine entsprechende Gegenleistung (Start eines bestimmten Athleten) erhalten. Nach Ansicht des Verfassers ist das Vorliegen eines Schadens dann (noch) abzulehnen, wenn lediglich ein bzw. wenige Athleten nicht starten können. Ist aber ein gewisser Prozentsatz (zB 20 %) aller

---

374 Dabei handelt es sich um Aufwendungen, die zwar nicht durch das schädigende Ereignis verursacht worden sind, aber durch dieses ihren Zweck verlieren und so wertlos werden, vgl *Koziol/Welser* II 287 f.

375 *Reischauer* in *Rummel* § 1293 Rz 11.

376 ZVR 1965/114; SZ 42/33.

377 So auch *Friedrich*, Doping und zivilrechtliche Haftung, SpuRt 1995, 10 f.

378 Das Endergebnis hängt im einzelnen von den jeweiligen Reglements der verschiedenen Vereine ab.

379 Andererseits ist aber davon auszugehen, dass dann, wenn ein Wettkampf tatsächlich annulliert und daher nicht gewertet wird, sehr wohl ein Schaden vorliegt. Auf der einen Seite hat kein regelgerechter Wettkampf, für den der Zuseher bezahlt hat, stattgefunden, auf der anderen Seite sind auch Aufwendungen (Fahrtkosten usw.) als Schaden anzusehen.

Wettkämpfer, die an einer Veranstaltung teilnehmen wollten, dermaßen mit Dopingmitteln „vollgepumpt“, dass sie letztlich ihre Startzusage zurückziehen müssen, ist vom Vorliegen eines Schadens auszugehen.[380]

5.2. Kausalität

Um die Voraussetzung der Kausalität bejahen zu können, muss, wie bereits mehrfach erwähnt, der Schädiger (Veranstalter) ein Verhalten gesetzt haben, dass für den Schadenseintritt notwendige Bedingung ist. Auf den ersten Blick ist nicht ersichtlich, worin das kausale Verhalten des Veranstalters liegen könnte (der Wettkämpfer, ein Arzt etc., nicht aber der Veranstalter[381] hat die Dopingsubstanzen eingenommen bzw. verabreicht). Hat ein Veranstalter den oder die Wettkämpfer weder aufgefordert Dopingmittel einzunehmen, noch sonst eine Handlung gesetzt, die die Wettkämpfer zur Einnahme von Dopingmitteln veranlasst hätte, so liegt kein kausales Verhalten durch positives Tun vor.

Es ist daher zu prüfen, ob ein kausales Verhalten in einem Unterlassen eines bestimmten Tuns gefunden werden kann. Dies ist zu bejahen. Der Veranstalter hat es unterlassen eine den Regeln entsprechende Veranstaltung zu organisieren. Die Frage, welche Schritte notwendig gewesen wären, um die Leistung ordnungsgemäß zu erfüllen (hätte der Veranstalter beispielsweise vor dem Wettbewerb Dopingtests[382] organisieren müssen), kann hier dahingestellt bleiben. Es ist ausreichend, dass der Veranstalter seine vertragliche Leistung nicht vereinbarungsgemäß erfüllt hat.

Abschließend ist zu sagen, dass ein kausales Verhalten in einem Unterlassen (in der soeben dargelegten Form), aber auch in einem positiven Tun[383], erfolgen kann.

5.3. Adäquanz

Das Vorliegen dieser Voraussetzung kann mit einem kurzen Satz bejaht werden. Alle aufgezeigten Schäden der Zuseher liegen innerhalb der allgemeinen Lebenserfahrung und sind somit zu ersetzen.

380 Ähnlich ist der Fall gelagert, wenn es einem Spitzenathleten, der als eigentliches „Zugpferd“ der Veranstaltung angesehen werden kann, nicht möglich ist, an dem Wettkampf teilzunehmen.

381 Klar ist, dass dann, wenn der Veranstalter die Wettkämpfer zur Einnahme von Dopingmitteln drängte, bereits in diesem Drängen ein kausales Verhalten des Veranstalters zu sehen ist.

382 Ob die Athleten sich derartigen Dopingtests unterziehen müssen, hängt vor allem von der Vertragsbeziehung zwischen Veranstalter und Wettkämpfer ab.

383 Vgl FN 381.

5.4. Rechtswidrigkeit

Um das Verhalten des Schädigers auf seine Rechtswidrigkeit hin beurteilen zu können, ist auf das zwischen Veranstalter und Zuseher bestehende Vertragsverhältnis abzustellen.[384] Bei diesem Vertragsverhältnis handelt es sich in aller Regel um einen Werkvertrag iSd §§ 1165 ff, der überdies mietvertragliche Elemente aufweist.[385] Den Veranstalter trifft somit die Verpflichtung das Werk ordnungsgemäß herzustellen, d.h., einen den Regeln entsprechenden Wettkampf zu organisieren.[386] Findet kein Wettkampf statt bzw. wird ein bereits stattgefundener annulliert, so ist die Werkleistung unmöglich geworden und es treten die Folgen der §§ 920 f ein. Der Veranstalter wird unter der Voraussetzung, dass ihn kein Verschulden trifft von der Erbringung seiner eigenen Leistung frei, verliert aber gleichzeitig seinen Anspruch auf das Entgelt der Zuseher (§ 1447).[387] Hat der Veranstalter hingegen das nachträgliche Unmöglichwerden zu vertreten, so steht dem Zuseher das in § 920 vorgesehene Wahlrecht zwischen Schadenersatz wegen Nichterfüllung (Erfüllungsinteresse) bzw. Rücktritt vom Vertrag zu.[388] Wird ein Wettkampf infolge eines Dopingvorfalls hingegen nicht annulliert, sondern lediglich anders gewertet, hat der Zuseher keine Ansprüche gegen den Veranstalter. Ein Zuschauer hat aus dem Werkvertrag allein einen Anspruch darauf, eine regelkonforme Veranstaltung zu besuchen; er hat allerdings keinen Anspruch auf eine bestimmte Wertung einer Sportveranstaltung.[389]

5.5. Rechtswidrigkeitszusammenhang

Dass ein Schaden, der einem Zuseher dadurch entsteht, dass ein Wettkampf nicht stattfindet bzw. annulliert wird, zu ersetzen ist, ist schon mit dem Vertragszweck (Organisation eines Wettkampfes gegen Entgelt) hinreichend begründet und bedarf daher keiner weiteren Erläuterungen. Aber auch sonstige Schäden (Aufwendungen für Fahrtkosten) liegen innerhalb des Schutzzweckes der Norm und sind somit zu ersetzen.

---

384 Eine Rechtswidrigkeit aufgrund eines außervertraglichen (deliktischen) Verhaltens des Veranstalters wird regelmäßig nicht vorliegen und deshalb auch nicht untersucht.

385 *Bergermann*, Doping und Zivilrecht, 227. Die Bereitstellung von Sitzgelegenheiten für die Zuseher stellt ein typisches mietvertragliches Element dar, spielt jedoch lediglich eine untergeordnete Rolle.

386 Ebenso *Schwab*, Zivilrechtliche Haftung beim Doping, 46, in: *Schild* (Hrsg.), Rechtliche Fragen des Dopings.

387 *Bergermann*, Doping und Zivilrecht, 228.

388 Vgl dazu *Schwimann/Binder* § 920 Rz 11 ff und *Friedrich*, Doping und zivilrechtliche Haftung, SpuRt 1995, 10 f.

389 *Bergermann*, Doping und Zivilrecht, 228 mwN aus der Lit.

5.6. Verschulden

Drängt ein Veranstalter einem zum Start berechtigten Athleten dazu, seinem Körper Dopingmittel zuzuführen, liegt in diesem Drängen ein persönlich vorwerfbares Verhalten. Hält es ein Veranstalter ernstlich für möglich, dass einzelne Wettkämpfer durch dieses Drängen Dopingsubstanzen einnehmen und daher nicht starten können und dem Zuseher in weiterer Folge dadurch ein Schaden entsteht, so ist die erste Voraussetzung eines bedingten Vorsatzes gegeben. Findet sich ein Veranstalter schließlich noch mit dem Eintritt eines Schadens ab, so liegt bedingter Vorsatz vor.

Die Situation kann sich aber auch so darstellen, dass ein Veranstalter Schäden lediglich ernstlich für möglich hält, aber hofft, dass diese nicht eintreten werden (auszugehen ist davon, dass auch Veranstalter möglichst viel Profit erzielen möchten – dies können sie aber zumeist nur dann, wenn die Veranstaltung stattfindet). In diesem Fall ist vom Vorliegen bewusster Fahrlässigkeit auszugehen, wobei das sorgfaltswidrige Verhalten wiederum in dem Drängen auf Einnahme der verbotenen und uU gesundheitsschädigenden Dopingmittel zurückzuführen ist.

Festzuhalten ist schließlich, dass dann, wenn ein Verschulden vorliegt, auch der soeben geprüfte Schadenersatzanspruch zu Recht besteht.

5.7. Exkurs: Irrtumsanfechtung bzw. Wegfall der Geschäftsgrundlage

Im Rahmen der Prüfung des Schadenersatzanspruches der Zuschauer gegen den Veranstalter sollen zwei, nach Ansicht des Verfassers für die Praxis nicht unerhebliche Aspekte, behandelt werden. Wie aus der Überschrift ersichtlich, soll an dieser Stelle dargelegt werden, ob ein Zuseher seinen mit dem Veranstalter abgeschlossenen Vertrag,[390] aufgrund des Dopings eines oder mehrerer Athleten, einerseits wegen Irrtums gem §§ 871 ff, andererseits wegen Wegfalls der Geschäftsgrundlage, anfechten kann.

5.7.1. Anfechtung wegen Irrtums

Angefochten werden kann ein Vertrag aufgrund eines Irrtums, darunter versteht die hL[391] jede unrichtige oder fehlende Vorstellung von der Wirklichkeit, nur unter ganz bestimmten Voraussetzungen:

Primär ist erforderlich, dass der Irrtum für das Geschäft (den Vertrag) kausal war d.h., es ist festzustellen, ob der Vertrag ohne den Irrtum nicht oder zumindest in modifizierter Form zustande gekommen wäre. Dies beurteilt sich in erster

390 Zur rechtlichen Einordnung dieses Vertrages siehe bereits oben 97.
391 *Mader* AT 60.

Linie nach dem hypothetischen Parteiwillen.[392] Es stellt sich also die Frage, ob Veranstalter und Zuseher den Vertrag nicht oder zumindest anders abgeschlossen hätten, wenn sie vom Doping der Wettkämpfer gewusst hätten. Diese Frage kann jeweils nur nach dem konkreten Sachverhalt beantwortet werden. Vor dem Hintergrund der momentan weltweit stattfindenden Dopingbekämpfung ist es realistisch davon auszugehen, dass die Vertragsparteien – hätten sie vom Doping gewusst – den Vertrag entweder nicht (dies wird wohl zutreffen) oder unter anderen Bedingungen abgeschlossen hätten. Dies allein schon deshalb, da man gerade heutzutage regelmäßig davon ausgehen wird können, dass die Mehrzahl der Besucher von Sportveranstaltungen keine Athleten sehen will, die ihre Leistung unter Zuhilfenahme von Dopingmitteln, erbringen. Hätten die Vertragspartner keinen Vertrag abgeschlossen, spricht man von einem wesentlichen Irrtum; im Falle eines modifizierten Abschlusses (zB geringeres/höheres Entgelt) von einem unwesentlichen.[393]

Darüber hinaus muss es sich, will man einen Vertrag nach § 871 anfechten, um einen beachtlichen Irrtum handeln. Beachtlich sind grundsätzlich Erklärungs- und Geschäftsirrtümer. Im Falle des Dopings durch die am Wettkampf teilnehmenden Sportler handelt es sich nach Ansicht des Bearbeiters um einen Geschäftsirrtum. In dessen Rahmen irrt sich jemand über die Natur des Geschäftes, seinen Inhalt (Gegenstand) oder über eine für das Geschäft bedeutsame Eigenschaft (oder Identität) der Person des Geschäftspartners.[394] Leistungsgegenstand ist die Veranstaltung eines den sportlichen Regeln entsprechenden Wettbewerbes. Wird ein Wettbewerb veranstaltet, der nicht den Regeln entspricht, und geht der Zuseher (berechtigterweise) beim Kartenkauf davon aus, dass die Sportler ohne Unterstützung von Dopingmitteln ihre Leistung erbringen, so irrt sich der Zuseher insoweit über den Leistungsgegenstand, da er eine falsche Vorstellung von der Wirklichkeit hat. Dieser Irrtum ist somit als Geschäftsirrtum beachtlich.

Zur Vertragsanfechtung ist schließlich erforderlich, dass der Irrtum entweder durch den anderen (den Veranstalter) veranlasst wurde, ihm offenbar hätte auffallen müssen oder von wem auch immer, rechtzeitig aufgeklärt wurde.

Ein Irrtum ist durch den anderen veranlasst, wenn der Vertragspartner selbst oder sein Vertreter oder eine Vertrauensperson, die den Vertrag abgeschlossen hat, den Irrtum adäquat verursacht hat.[395] Der Veranstalter oder dessen Vertreter

---

392 *Rummel* in *Rummel* § 871 Rz 4.

393 Zur Unterscheidung zwischen wesentlichem und unwesentlichem Irrtum siehe *Schwimann/Apathy* § 871 Rz 16.

394 *Koziol/Welser* I 134 f; vgl zum Geschäftsirrtum auch *Dittrich/Tades* § 871 E 24.

395 SZ 46/84; ZVR 1985/143; *Rummel*, Anmerkungen zum gemeinsamen Irrtum und zur Geschäftsgrundlage, JBl 1981, 2; *Iro*, Zurechnung von Gehilfen im Recht der Willensmängel, JBl 1982, 470 ff.

muss also den Irrtum entweder durch positives Tun oder durch Unterlassen herbeigeführt haben. Sind dem Veranstalter die Dopingmissbräuche einzelner Athleten im Rahmen des bevorstehenden Wettbewerbes bekannt, so hat er den Zuseher darüber aufzuklären. Eine Aufklärung ist nämlich unter anderem immer dann notwendig, wenn sie nach der Verkehrsauffassung geboten ist.[396] Nach Ansicht des Verfassers ist davon in casu auszugehen. Liegt der Fall so, wie hier angenommen wurde, so wurde der Irrtum durch den Veranstalter infolge fehlender Aufklärung veranlasst. Kann hingegen ein Veranstalter keinerlei Anzeichen erkennen, dass die Sportler dopen werden,[397] so kann von einem Veranlassen seitens des Veranstalters nicht gesprochen werden und es ist zu prüfen, ob der Irrtum dem Veranstalter hätte auffallen müssen bzw. rechtzeitig aufgeklärt wurde.

Wie erwähnt, ist eine Anfechtung auch möglich, wenn der Irrtum dem Vertragspartner des Irrenden offenbar hätte auffallen müssen. Nach hM[398] ist diese Voraussetzung dann als erfüllt anzusehen, wenn der andere zumindest Verdacht auf das Vorliegen eines Irrtums hätte schöpfen können. Wiederum ist dies nur dann der Fall, wenn der Veranstalter wenigstens Verdachtsmomente bezüglich des Dopings innerhalb der bevorstehenden Veranstaltung gehabt hätte, und diesem daher bei Anwendung verkehrsüblicher Sorgfalt hätte auffallen müssen, dass der Zuseher davon ausgeht, „saubere" Sportler zu sehen.

Schließlich ist eine Anfechtung auch möglich, wenn der Irrtum rechtzeitig aufgeklärt wurde. Ein Irrtum ist solange rechtzeitig aufgeklärt, als der Vertragspartner noch keine rechtlichen oder wirtschaftlichen Verfügungen im Vertrauen auf den Vertrag getroffen oder die Gelegenheit zu solchen versäumt hat.[399] Der Veranstalter darf also noch keinerlei rechtliche bzw. wirtschaftliche Disposition im Vertrauen auf die Gültigkeit des Vertrages vorgenommen haben. Hält man sich vor Augen, dass vor allem sportliche Großveranstaltungen viel Zeit zur Vorbereitung benötigen und bereits in dieser Vorbereitungsphase eine Vielzahl an Entscheidungen zu treffen sind, ist davon auszugehen, dass diese Alternative in der Praxis in diesem Zusammenhang wohl kaum zur Anwendung kommen wird.

Wird der Vertrag zwischen Zuseher und Veranstalter erfolgreich angefochten, erlischt dieser ex tunc[400] und bereits erbrachte Leistungen (Entgelt) sind zu-

396 SZ 47/148; JBl 1991, 43.

397 Davon wird in praxi wohl idR auszugehen sein.

398 SZ 51/144; *Rummel* in *Rummel* § 871 Rz 16.

399 JBl 1956, 149; *Gschnitzer* Schuldrecht AT 645; vgl auch *Schwimann/Apathy* § 871 Rz 26.

400 RZ 1979/78 uva.

rückzustellen.[401] Abschließend ist zu sagen, dass eine Anfechtung des Vertrages zwischen Veranstalter und Zuseher wegen Irrtums aufgrund des Dopings durch Sportler uU in Frage kommen kann, ihr vor allem aus Beweisschwierigkeiten in der Praxis jedoch kaum Erfolg beschieden sein wird.[402]

5.7.2. Anfechtung wegen Wegfalls der Geschäftsgrundlage

Neben der Irrtumsanfechtung soll an dieser Stelle auch geklärt werden, ob durch Doping eine Vertragsauflösung aufgrund des Rechtsinstituts der Geschäftsgrundlage in Betracht kommt. Im Rahmen der Lehre vom Wegfall der Geschäftsgrundlage geht es darum, dass sich zwischen Vertragsabschluss und Erfüllung des Vertrages maßgebende Umstände ändern. In Österreich trat vor allem *Pisko*[403] mit Nachdruck für die Etablierung dieser, in der BRD auf § 242 BGB (Treu und Glauben) gestützten, Rechtsfigur ein.

Voraussetzung für die Berücksichtigung der Geschäftsgrundlage ist, dass es sich dabei um einen typischen Umstand handelt, den jedermann mit einem bestimmten Geschäft verbindet.[404] Weiters darf der Umstand nicht in die Interessenssphäre jener Partei fallen, die sich auf die geänderten Verhältnisse berufen will.[405] Schließlich darf die Änderung der maßgeblichen Umstände für den, der sich darauf stützen will, nicht vorhersehbar sein.[406] Es ist zu klären, ob das Vorliegen von Dopingmissbräuchen einen Wegfall der Geschäftsgrundlage bedeuten kann. Primär ist festzuhalten, dass das Institut der Geschäftsgrundlage zum Schutz der Vertragstreue nur zurückhaltend anzuwenden ist.[407] Im Zusammenhang mit Dopingmissbräuchen erscheint aber eine Berufung auf den Wegfall der Geschäftsgrundlage durchaus vorstellbar. Geht man davon aus, dass ein Zuseher eine Eintrittskarte für einen künftig stattfindenden Wettbewerb erworben hat und ergeben sich konkrete Verdachtsmomente gegen an dieser Veranstaltung teilnehmende Sportler in Bezug auf die Einnahme von Dopingmitteln, ist damit ein typischer Umstand betroffen, den jedermann mit dem abgeschlossenen Vertrag in Verbindung bringt. Man kann es wohl zu Recht als typischen Umstand bezeichnen, dass man davon ausgehen darf, dass an einem Wettkampf an den Start

401 Auf die bereicherungsrechtliche Rückabwicklung wird innerhalb dieser Arbeit nicht näher eingegangen.
402 Tatsächlich haben sich die österreichischen Gerichte mit dieser Problematik bisher noch nicht auseinander setzen müssen.
403 In *Klang* II/2, 348 ff.
404 *Koziol/Welser* I 146.
405 EvBl 1977/68.
406 MietSlg 30.120.
407 *Schwimann/Apathy* § 901 Rz 11 mwN.

gehende Athleten keine Dopingmittel zu sich genommen haben. Der Umstand, dass ein Athlet verbotene Mittel eingenommen hat, liegt auch nicht in der Sphäre des Zuschauers und ist von diesem auch regelmäßig nicht vorhersehbar. Eine Berufung auf die dogmatische Figur der Geschäftsgrundlage erscheint somit rechtlich durchaus möglich. Zu beachten ist jedoch, dass die Lehre von der Geschäftsgrundlage, da sie auf Rechtsanalogien beruht, nur dann zur Anwendung gelangen darf, wenn tatsächlich vom Vorliegen einer Lücke auszugehen ist.

Zusammenfassend ist festzuhalten, dass die Lehre vom Wegfall der Geschäftsgrundlage in Bezug auf Dopingsachverhalte grundsätzlich nutzbar gemacht werden kann, dies aber nach Ansicht des Bearbeiters nur dann zulässig sein sollte, wenn mit anderen Mitteln (Irrtumsanfechtung etc.) nicht das Auslangen gefunden werden kann.

6. Anspruch des Athleten gegen den Verein[408]

6.1. Schaden

Wie bereits ausgeführt, können durch die Einnahme von Dopingmitteln Körperverletzungen bzw. Gesundheitsschädigungen und in Folge dessen Schäden in Form von Verdienstentgang, Heilungskosten etc. entstehen.[409]

6.2. Kausalität

Das kausale Verhalten des Vereins ist in dem Drängen (FN 408) zur Einnahme von Dopingsubstanzen zu sehen. Dies gilt allerdings nur unter der Annahme, dass ein Athlet ohne dieses Drängen seitens des Vereins keine Dopingmittel eingenommen hätte. Hat der Sportler bereits vor dem Drängen den Entschluss gefasst, leistungssteigernde Mittel anzuwenden, so liegt kein ursächliches Verhalten vor; denkt man sich das Drängen des Vereins weg, so bleibt der Schaden trotzdem bestehen. Diese Aussage ist allerdings nicht allgemein gültig; nur wenn in beiden Fällen (Drängen durch den Verein, eigener Entschluss des Wettkämpfers) annähernd die gleichen Dopingmittel eingenommen und daher dieselben Schäden aufgetreten wären, ist nicht von einem kausalen Verhalten auszugehen. Hätte ein Athlet ohne das Drängen durch den Verein ausschließlich solche Sub-

408 Dieser Anspruch soll unter der Voraussetzung untersucht werden, dass ein Athlet vom Verein (Vorstandsmitglied etc.) zur Einnahme von Dopingsubstanzen (zB um den Sportler zu besseren Leistungen zu treiben und auf diese Weise vermehrt Sponsoren an den Verein zu binden) gedrängt wurde.

409 Vgl dazu umfassend oben 60 ff.

stanzen eingenommen, die nach dem derzeitigen Stand der medizinischen Wissenschaft nicht gesundheitsschädigend sein können, und kam es nur aufgrund der Einnahme der vom Verein vorgeschlagenen Substanzen zu Gesundheitsschädigungen, so ist das Verhalten des Vereins als kausal anzusehen.

6.3. Adäquanz

Bezüglich der Adäquanz des schädigenden Verhaltens wird auf die bereits gemachten Ausführungen verwiesen.[410]

6.4. Rechtswidrigkeit

Wie ebenfalls bereits ausgeführt wurde,[411] ist davon auszugehen, dass zwischen Verein als Dienstgeber und Sportler als Dienstnehmer ein Arbeitsvertrag besteht. Durch das Drängen hat der Verein die aus dem Arbeitsverhältnis resultierende Fürsorgepflicht verletzt. Diese verpflichtet den Arbeitgeber, die Arbeitsbedingungen so zu gestalten, dass das Leben und die Gesundheit des Arbeitnehmers möglichst geschützt sind bzw. auch andere immaterielle und materielle Interessen des Arbeitnehmers gewahrt werden.[412] Vor allem der Schutz des Lebens und der Gesundheit der Arbeitnehmer durch den Arbeitgeber steht im Rahmen der Fürsorgepflicht im Vordergrund.[413] Er ist verpflichtet, für Sicherheit und Gesundheitsschutz der Arbeitnehmer in Bezug auf alle Aspekte, die die Arbeit betreffen, zu sorgen.[414] Bringt nun ein Verein einen Sportler so weit, gesundheitsschädigende Dopingsubstanzen einzunehmen und gefährdet er somit dessen Leben und Gesundheit, so liegt darin ein Verstoß gegen die Fürsorgepflicht und somit ein rechtswidriges Verhalten vor.[415]

6.5. Rechtswidrigkeitszusammenhang

Das Vorliegen des Rechtswidrigkeitszusammenhanges ist jedenfalls zu bejahen, da durch die soeben erwähnte Fürsorgepflicht gerade jene Rechtsgüter (Leben, Gesundheit) geschützt werden sollen, die durch die Einnahme von gesundheitsschädigenden Dopingmitteln gefährdet sind.

---

410 Siehe dazu oben 74 f.
411 Vgl oben 87 f.
412 *Spielbüchler* in *Floretta/Spielbüchler/Strasser*, Arbeitsrecht I 330.
413 § 1157 ABGB.
414 § 3 ANSchG.
415 Siehe dazu *Bergermann*, Doping und Zivilrecht, 212 f.

6.6. Verschulden

Halten jene Vereinsfunktionäre, die die Sportler zur Einnahme von Dopingmitteln drängen, Schädigungen ernsthaft für möglich und finden sie sich damit ab, liegt dolus eventualis vor. Dafür, dass Schädigungen der Gesundheit in Kauf genommen werden, spricht, dass heutzutage auch die Vereinsleitung (vor allem durch Berichte der Medien, eigenen Broschüren usw.) durchaus mit den Gefahren von Dopingsubstanzen vertraut und daher über mögliche Gesundheitsschädigungen informiert ist. Auch das Vorliegen von bewusster Fahrlässigkeit in der beim zuletzt untersuchten Anspruch dargelegten Weise ist wiederum denkbar.[416]

7. Anspruch des Sponsors[417] gegen einen gedopten Wettkämpfer[418]

7.1. Schaden

Der Schaden eines Sponsors, der einen Athleten, der nach Abschluss eines entsprechenden Sponsoringvertrages des Dopingmissbrauchs überführt wird, vor allem in finanzieller Hinsicht unterstützt, kann unter Umständen erheblich sein. Ein Sponsor fördert einen Sportler deswegen, da er sich davon eine bestimmte Werbewirkung erwartet.[419] Wird nun zB im Urin des gesponserten Wettkämpfers eine Dopingsubstanz gefunden und darf dieser Athlet daraufhin bei wichtigen Meisterschaften bzw. Veranstaltungen nicht mehr an den Start gehen, so leistet der Sponsor seine eigene Leistung ohne eine entsprechende Gegenleistung (Präsenz seiner Marke, seines Produktes etc. in den Medien usw.) zu erhalten; der gewünschte Werbeeffekt reduziert sich also faktisch auf Null.[420, 421]

---

416 Oben 98.

417 Dass sich auch Sponsoren mit dem Thema Doping beschäftigen, zeigt die Aussage von *Nicolas Chaine*, (Crédit Lyonais), der betont, dass der Konzern nur dann weiter in den Sport investiere, wenn man sich sicher ist, dass die unterstützten Athleten keine Dopingmittel zu sich nehmen, vgl dazu Doping: Lügen und Gewinnen, Fernsehdokumentation der ARD vom 1. Juli 1999.

418 Dieser Anspruch wird unter der Voraussetzung diskutiert, dass der Athlet verbotene Dopingmittel aus eigener Initiative eingenommen hat.

419 Vgl dazu schon oben 66 sowie *Bergermann*, Doping und Zivilrecht, 237.

420 *Bergermann*, Doping und Zivilrecht, 239.

421 Dass es in der Praxis schwierig sein dürfte, diesen Schaden exakt zu bestimmen liegt auf der Hand. Denkbar ist, dass im Vertrag zwischen Sponsor und Athlet eine Art „Konventionalstrafe" für den Fall des Nachweises von Dopingsubstanzen vereinbart wird, so auch *Holzer/Fritzweiler*, Auswirkungen von Dopingverstössen auf Arbeits-, Lizenz- und Sponsorenverträge, 69, in: *Fritzweiler* (Hrsg.), Doping – Sanktionen, Beweise, Ansprüche.

Ein weiterer Schaden eines Sponsors, dessen unterstützte Athleten Dopingmittel einnehmen, kann auch darin liegen, dass dessen Unternehmen in der Bevölkerung und somit oftmals im Kundenbereich einem allgemeinen Imageverlust unterliegt. Dies kann sogar soweit gehen, dass eine bestimmte Firma mit der Einnahme von Dopingsubstanzen assoziiert wird.[422]

7.2. Kausalität und Adäquanz

Nimmt der betroffene Athlet selbst Dopingsubstanzen ein, liegt darin eine für den Schadenseintritt notwendige Bedingung. Hätte er keine verbotenen Substanzen eingenommen, dürfte er zB an einer Weltmeisterschaft teilnehmen und würde somit im Rampenlicht stehen und dem Sponsor die versprochene Werbewirkung zukommen lassen. Auch für eventuelle Imageschäden des Sponsors wäre das Verhalten regelmäßig als kausal zu werten.

Dass die unter Punkt 7.1. aufgezählten Schäden innerhalb der allgemeinen Lebenserfahrung liegen, bedarf keiner weiteren Begründung.

7.3. Rechtswidrigkeit und Rechtswidrigkeitszusammenhang

Da zwischen Sponsor und Wettkämpfer ein Vertrag besteht,[423] ist zu prüfen, ob die Anwendung von Dopingsubstanzen durch den Sportler eine Vertrags- und somit Rechtswidrigkeit darstellt. Grundsätzlich ist davon auszugehen, dass ein Athlet, der seinem Körper Dopingmittel zuführt, die aus jedem Vertrag resultierenden Schutz- und Sorgfaltspflichten[424] bezüglich des Vermögens des anderen Vertragspartners verletzt;[425] in der Missachtung dieser Pflichten liegt das rechtswidrige Verhalten seitens des Sportlers.

---

422 Dass dies relativ schnell gehen kann wird klar, wenn man sich die Situation der Tour de France 1998 vor Augen hält. Damals wurde das gesamte Team einer bestimmten Mannschaft gesperrt. Dieses Team wurde von der spanischen Uhrenfirma „Festina“ gesponsert. Beinahe jeder Journalist sprach damals im Zusammenhang mit den Dopingvorwürfen vom „Festina-Team“.
Trotz dieser massiven Koppelung der Uhrenfirma mit dem damaligen Dopingskandal verhielt sich die Situation im konkreten Fall – bezogen auf den Eintritt von Schädigungen – allerdings anders herum. Ein Firmensprecher von Festina Deutschland (*Thomas Körner*) betonte, dass sich 1998 der Uhrenabsatz in Deutschland verdreifacht hat, vgl dazu Doping: Lügen und Gewinnen, Fernsehdokumentation der ARD vom 1. Juli 1999. In diesem Fall waren also keine Schäden aufgetreten, sondern die Verbreitung dieser Uhrenmarke wurde durch den Dopingmissbrauch sogar erhöht.

423 Rechtlich handelt es sich dabei um einen Vertrag sui generis, vgl *Bergermann*, Doping und Zivilrecht, 238 mwN.

424 Vgl dazu *Graf/Gruber*, Schuldrecht AT, 4.

425 *Bergermann*, Doping und Zivilrecht, 240.

Vorstellbar ist allerdings auch ein rechtswidriges Verhalten, das gegen eine explizite Vertragsnorm verstößt. Ein Sponsor wird gut beraten sein, die Einnahme von Dopingmitteln durch den Sportler als Vertragsbruch mit entsprechenden Folgen zu deklarieren. Findet sich in einem Sponsoringvertrag eine derartige Bestimmung und werden trotzdem verbotene Mittel eingenommen, ergibt sich daraus die Rechtswidrigkeit.

Auch das Begrenzungskriterium des Rechtswidrigkeitszusammenhangs ist im gegebenen Anspruch zu bejahen, liegen doch Schäden aus verminderter Werbewirkung bzw. Imageschäden generell innerhalb des Schutzbereiches des Sponsorvertrages (vor allem bei explizit vereinbarten vertraglichen Konsequenzen im Falle des Dopings ist dies jedenfalls zu bejahen).

7.4. Verschulden

Führt ein Athlet seinem Körper verbotene Dopingsubstanzen zu und hält er dabei den Eintritt von Schäden auf Seiten seines Sponsors für möglich und findet er sich damit auch ab, so liegt bereits ein vorsätzliches Verhalten vor. Lässt sich ein Vorsatz in einem konkreten Sachverhalt nicht beweisen, ist jedenfalls von Fahrlässigkeit auszugehen. Ein sorgsamer Mensch hätte keine Dopingsubstanzen, die Schäden des Sponsors verursachen können, eingenommen. Ein Verschulden wird somit zumindest in Form der Fahrlässigkeit regelmäßig vorliegen.

Da alle Schadenersatzvoraussetzungen vorliegen, ist auch das Vorliegen dieses, nach Ansicht des Verfassers für die Praxis besonders wichtigen zivilrechtlichen Anspruchs, zu bejahen.

8. Anspruch des Wettkampfkonkurrenten gegen einen gedopten Athleten

8.1. Haftung nach allgemeinem Zivilrecht

Im Rahmen der Darstellung dieses, für die Praxis wohl ebenfalls sehr interessanten Schadenersatzanspruchs, soll ausschließlich auf die Problematik der Rechtswidrigkeit bzw. des Rechtswidrigkeitszusammenhangs näher eingegangen werden.[426] Es stellt sich die Frage, auf welche rechtliche Grundlage ein Schadenersatzanspruch des Konkurrenten eines gedopten Athleten gestützt werden könnte. Primär sind vertragliche Ansprüche zu prüfen; zu untersuchen ist also,

---

426 Der Schaden besteht auch hier beispielsweise in entgangenen Siegprämien, Einnahmen aus Werbe- und Sponsorenverträgen, Start- und Preisgelder etc., vgl *Schröder/Bedau*, Doping: Zivilrechtliche Ansprüche des Konkurrenten gegen den gedopten Sportler, NJW 1999, 3367.

ob zwischen den einzelnen Wettkämpfern, die an einem sportlichen Wettbewerb teilnehmen, Vertragsverhältnisse bestehen können. Dies ist wohl regelmäßig zu verneinen – welche vertraglichen Beziehungen sollten beispielsweise zwischen Athlet A, der aus den USA anreist und Athlet B, der aus Deutschland stammt und die beide an einer Sportveranstaltung in Österreich teilnehmen, bestehen?[427]

Da direkte vertragliche Beziehungen idR ausscheiden, ist zu prüfen, ob das Vorliegen von vertraglichen bzw. vertragsähnlichen Beziehungen unter Zuhilfenahme von etablierten dogmatischen Konstruktionen realistisch erscheint; zu denken ist vor allem an den Vertrag mit Schutzwirkungen zugunsten Dritter (kann der Vertrag zwischen Athlet und einem Dritten [Veranstalter oder Sportverband] durch welchen sich der Sportler den Dopingregeln unterwirft,[428] derartige Schutzfunktionen aufweisen?). Nach stRsp bestehen Schutz- und Sorgfaltspflichten nicht nur zwischen den Vertragspartnern (gedopter Wettkämpfer auf der einen Seite und Veranstalter oder Sportverband auf der anderen Seite), sondern auch gegenüber Dritten, die zwar aus dem Vertrag nicht unmittelbar berechtigt sind, aber der vertraglichen Leistung nahe stehen.[429] Begünstigte Personen idS sind Dritte, deren Kontakt mit der vertraglichen Hauptleistung bei Abschluss des Vertrages vorhersehbar war und „die der Vertragspartner entweder erkennbar durch Zuwendung der Hauptleistung begünstigte oder an denen er ein sichtbares eigenes Interesse hat oder denen er selbst offensichtlich rechtlich zur Fürsorge verpflichtet ist“.[430] Es kann wohl kein Zweifel bestehen, dass es sich bei Mitkonkurrenten um Personen handelt, die der vertraglichen Leistung (Start bei einer bestimmten Veranstaltung gegen Entgelt) nahe stehen. Auch war es vor der Sportveranstaltung vorhersehbar, dass die Mitkonkurrenten des gedopten Athleten mit der vertraglichen Hauptleistung in Kontakt kommen werden. Zu fragen ist allerdings, ob das Naheverhältnis zwischen Konkurrenten und Veranstalter/Sportverband letzten Endes groß genug ist, um die Anwendung

427 Fraglich könnte sein, ob vertragliche Rechtsbeziehungen zwischen Athleten bestehen, die dem gleichen Verein angehören. Dies ist allerdings zu verneinen, da das Mitgliedschaftsverhältnis zu einem Verein mit den aus ihm resultierenden Treue- und Förderpflichten nur zwischen dem Vereinsmitglied und dem Verein, nicht aber auch zwischen den Vereinsmitgliedern untereinander besteht. Auch ist es nicht ausreichend, wenn verschiedene Vereine dem gleichen übergeordneten Sportverband angehören. Mitglieder des Sportverbandes sind dann die Vereine und nicht die Athleten – direkte Rechtsbeziehungen zwischen den einzelnen Athleten bestehen somit nicht, vgl dazu *Schröder/Bedau*, Doping: Zivilrechtliche Ansprüche des Konkurrenten gegen den gedopten Sportler, NJW 1999, 3362.

428 *Schröder/Bedau*, Doping: Zivilrechtliche Ansprüche des Konkurrenten gegen den gedopten Sportler, NJW 1999, 3363.

429 EvBl 1977/205; JBl 1987, 40 f; vgl weiter *Schwimann/Harrer* § 1295 Rz 94.

430 SZ 54/65; siehe auch SZ 59/189.

des Vertrages mit Schutzwirkung zugunsten Dritter rechtfertigen zu können. Der Veranstalter/Sportverband wird die vertragliche Hauptleistung (idR Bezahlung eines entsprechenden Entgelts) so gut wie nie dem Konkurrenten zuwenden; bleibt zu hinterfragen, ob der Vertragspartner ein sichtbares eigenes Interesse an der Konkurrenz eines gedopten Sportlers hat oder er ihnen selbst rechtlich zur Fürsorge verpflichtet ist. Bei Beantwortung dieser Frage ist sowohl Raum für die eine als auch für die andere Argumentationslinie. So ist nicht zu bestreiten, dass zB ein Veranstalter Interesse an den einzelnen Athleten in der Weise hat, dass sie an der Veranstaltung teilnehmen (besonders für international bekannte Athleten wird dies zutreffen). Auch kann man argumentieren, dass der Veranstalter/Sportverband den Athleten rechtlich zur Fürsorge verpflichtet ist, indem er sich beispielsweise verpflichtet, eine geeignete Organisationsstruktur (Räume, Personal etc.) für Dopingkontrollen zur Verfügung zu stellen.[431] Andererseits gewährte die Rsp des OGH bisher Ansprüche auf Grundlage des Vertrages mit Schutzwirkung zugunsten Dritter nur dann, wenn diese Dritten der Interessensphäre eines Partners angehörten. In diese Fallgruppe gehören zB jene Fälle, in denen es zu Verletzungen eines Angehörigen des Vertragspartners bei Erfüllung eines Werkvertrages gekommen ist.[432] Vor dem Hintergrund dieser Auffassung erscheint es fraglich, ob der OGH einen Mitkonkurrenten eines gedopten Athleten der Interessensphäre seines Vertragspartners zurechnen würde. Dagegen spricht auch die oft nur kurze Dauer einer gemeinsamen „Verbindung" zwischen einem Mitkonkurrenten eines gedopten Athleten und dessen Vertragspartner. Ein Sportereignis dauert meist – wenn überhaut – nur wenige Tage. Es besteht daher ohne Zweifel ein Unterschied in der Art der Intensität der Zurechnung eines Angehörigen zur Interessensphäre des Werkbestellers auf der einen Seite und eines Mitkonkurrenten eines gedopten Athleten zur Sphäre des Veranstalters/Sportverbands auf der anderen Seite. Da man – wie aufgezeigt – in beide Richtungen argumentieren kann und der OGH daher sowohl für als auch gegen die Annahme eines Vertrages mit Schutzwirkung zugunsten Dritter entscheiden könnte, soll an dieser Stelle nicht abschließend beurteilt werden, ob ein derartiger Vertrag vorliegt.[433] Selbst wenn man vom Vorliegen eines Vertrages mit Schutzwirkung zugunsten Dritter auch im österr. Recht ausgehen wollte, ergibt sich das nächste Problem daraus, dass der bloße Vermögensschaden (Schaden,

431 Allerdings ist hier im Einzelfall genau zu prüfen, ob diese rechtliche Verpflichtung tatsächlich gegenüber den einzelnen Athleten besteht.

432 *Koziol/Welser* II 135.

433 Für die Annahme eines Vertrages mit Schutzwirkung zugunsten Dritter im deutschen Recht *Schröder/Bedau*, Doping: Zivilrechtliche Ansprüche des Konkurrenten gegen den gedopten Sportler, NJW 1999, 3364 sowie *Bergermann*, Doping und Zivilrecht, 226.

der ohne Eingriff in ein absolut geschütztes Rechtsgut entsteht[434]) im Rahmen einer Haftung aus einem derartigen Vertrag nicht ersetzt wird.[435]

Schließlich ist innerhalb dieses Schadenersatzanspruchs weiter zu prüfen, ob sich ein Anspruch auf § 1295 Abs 2 (Schädigung durch vorsätzliches sittenwidriges Verhalten) stützen lässt. Erste Voraussetzung ist, dass man Doping als sittenwidrig ansieht;[436] Kaum zu beurteilen ist idZ ob (gegebenenfalls ab welcher Stufe) der OGH das Praktizieren von Doping als sittenwidrig ansehen könnte. Gerade im heute eher sensibilisierten Bereich des Sports in Bezug auf Doping, ist es vorstellbar, dass das Höchstgericht Doping generell als sittenwidrig ansehen könnte. Geht man von einer derartigen Prämisse aus, erscheint ein Schadenersatzanspruch nach § 1295 Abs 2 möglich zu sein, denn auch der Schutzzweck der Norm steht dieser Annahme nicht entgegen. Zweifelsfrei dienen die Dopingregeln in erster Linie der Aufrechterhaltung der Chancengleichheit der Wettkämpfer, dem Schutz der Gesundheit der Athleten sowie der Attraktivität des Sports insgesamt. Das Vermögen der nicht gedopten Athleten ist nach Meinung des Verfassers aber ebenfalls geschützt. Die Ansicht von *Schröder/Bedau*,[437] die wachsende Bedeutung kommerzieller Belange im Leistungssport, rechtfertige eine Erweiterung des Schutzzwecks der Dopingregelungen in Richtung Vermögensschutz der nicht gedopten Athleten, trifft den Nagel auf den Kopf. Das Aufstellen von Anti-Doping-Regelungen erfolgte bisher, um die soeben erwähnten Ziele (Chancengleichheit, Gesundheitsschutz) zu gewährleisten. Der Schutz des Vermögens der nicht gedopten Athleten ist in diese Regelungen heutzutage ebenfalls einzubeziehen.[438] Eine Haftung des gedopten Athleten nach § 1295 Abs 2 ist daher möglich.[439]

8.2. Haftung nach § 1 UWG

Neben der Haftung nach den Vorschriften des allgemeinen Zivilrechts, ist an dieser Stelle zu fragen, ob auch eine Haftung nach § 1 UWG in Frage kommen kann. Nach dieser wettbewerbsrechtlichen Bestimmung haftet, wer im geschäftlichen Verkehr zu Zwecken des Wettbewerbs Handlungen vornimmt, die gegen

434 Siehe dazu *Koziol/Welser* II 295.

435 *Koziol*, Haftpflichtrecht II 87 f; OGH, SZ 51/169; JBl 1983, 205 (*Hügel*).

436 Vgl dazu ausführlich oben 79 f.

437 Doping: Zivilrechtliche Ansprüche des Konkurrenten gegen den gedopten Sportler, NJW 1999, 3367.

438 AA *Summerer*, Ordnungs- und Strafgewalt der Vereine/Verbände, 157, in: *Fritzweiler/Pfister/Summerer*, Praxishandbuch Sportrecht sowie *Pfister*, Schutzzweck von Sportregeln, 737, in: *Heinze/Schmitt* (Hrsg.), *Gitter*-FS.

439 Ebenso nach der korrespondierenden Norm des § 826 BGB, *Schröder/Bedau*, aaO.

die guten Sitten verstoßen; Folge derartiger Handlungen sind Schadenersatz- und Unterlassungsansprüche.

Zum geschäftlichen Verkehr iSd UWG gehört jede selbständige, auf Erwerb gerichtete Tätigkeit im weitesten Sinn;[440] nicht davon erfasst sind rein private oder amtliche Tätigkeiten.[441] Der Begriff entspricht in etwa dem weit gefassten Unternehmensbegriff des KSchG; Gewinnabsicht ist nicht erforderlich. Das berufliche Handeln von Profisportlern wird nicht selten unter den Begriff des geschäftlichen Verkehrs fallen. Man denke beispielsweise an Leichtathleten oder Tennisprofis, die an ausgewählten Veranstaltungen bzw. Turnieren teilnehmen. Deren Tätigkeit ist sowohl als selbständig als auch auf Erwerb gerichtet anzusehen. *Koppensteiner* führt als nicht zum Bereich des geschäftlichen Verkehrs gehörendes Beispiel das Foulspiel eines Hobbysportlers an (rein private Handlung).[442] Im Bereich des Profisports stellt sich die Situation anders dar.

Zu prüfen ist ferner, ob ein Handeln zu Zwecken des Wettbewerbs vorliegen kann. Dies setzt nach ganz hL[443] einerseits ein Wettbewerbsverhältnis (objektive Komponente), andererseits eine Wettbewerbsabsicht (subjektive Komponente) voraus. Das Bestehen eines Wettbewerbsverhältnisses ist nach der Verkehrsauffassung zu beurteilen. Nach der Judikatur liegt ein Wettbewerbsverhältnis vor, wenn zwischen den Vorteilen, die jemand durch eine Maßnahme für sein Unternehmen oder das eines Dritten zu erreichen sucht, und den Nachteilen, die ein anderer dadurch erleidet, eine Wechselbeziehung in dem Sinn besteht, dass der eigene Wettbewerb gefördert und der fremde Wettbewerb beeinträchtigt werden kann.[444] Ein Wettbewerbsverhältnis zwischen den an einem sportlichen Wettkampf teilnehmenden Athleten ist evident und nicht zu leugnen. *Bergermann* geht im Rahmen seiner Untersuchung des Dopingphänomens hinsichtlich einer Subsumierbarkeit unter § 1 dUWG auf den Begriff „geschäftlichen Verkehr" nicht ein; jenen „zu Zwecken des Wettbewerbs" nimmt auch er zu Recht ohne weiteres Problematisieren als gegeben an.[445]

Eine Wettbewerbshandlung erfordert weiters die Absicht, den eigenen oder fremden Wettbewerb zum Nachteil eines Mitbewerbers zu fördern. Die stRsp vermutet die Wettbewerbsabsicht dann, wenn Handlungen von Personen zu beurteilen sind, die selbst an dem maßgeblichen Wettbewerbsverhältnis beteiligt sind.[446] Der Gegenbeweis bleibt zwar möglich, dürfte jedoch schwer zu führen

440 *Fitz/Gamerith*, Wettbewerbsrecht, 8.
441 *Koppensteiner*, Wettbewerbsrecht, § 23 Rz 3.
442 *Koppensteiner*, Wettbewerbsrecht, § 23 Rz 3.
443 *Fitz/Gamerith*, Wettbewerbsrecht, 9.
444 *Koppensteiner*, Wettbewerbsrecht, § 23 Rz 10 mN aus der Judikatur.
445 Doping und Zivilrecht, 221 ff.
446 OGH, ÖBl 1995, 219, 1994, 111, 1993, 226.

sein.[447] Die neuere Rsp des OGH nimmt eine Vermutung der Wettbewerbsabsicht auch dann an, wenn objektiv eine „typische Wettbewerbshandlung" vorliegt.[448] Beide Voraussetzungen liegen im Rahmen der Einnahme von Dopingmitteln regelmäßig vor; zum einen ist der sich dopende Athlet selbst an dem maßgeblichen Wettbewerbsverhältnis beteiligt; zum anderen liegt im Einnehmen von Dopingmitteln in Verbindung mit der Teilnahme an einem Wettbewerb objektiv eine typische Wettbewerbshandlung vor.

Eine wesentliche Voraussetzung des § 1 UWG ist in der Sittenwidrigkeit der Handlung zu sehen. Einigkeit besteht darüber, dass sich der Begriff der Sittenwidrigkeit des Wettbewerbsrechts von jenem des allgemeinen Zivilrechts unterscheidet.[449] Zur Beurteilung der Sittenwidrigkeit wird nicht (mehr) auf das Rechtsgefühl aller billig und gerecht Denkenden abgestellt; vielmehr geht die heute hM[450] von einem funktionellen Sittenwidrigkeitsbegriff aus. Das Sittenwidrigkeitsurteil iSd UWG orientiert sich an den Funktionsbedingungen des Leistungswettbewerbs, die Unternehmer-, Verbraucher- sowie Allgemeininteressen zu berücksichtigen haben.[451] Vor dem Hintergrund dieser Erwägungen ist nun zu klären, ob das Dopen als sittenwidrig iSd § 1 UWG anzusehen ist. Gerade Doping-Bestimmungen sind als wertbezogene Regelungen zu verstehen. Durch deren Verbindlichkeit für die Athleten wird versucht, die Chancengleichheit für die Wettkämpfer aufrecht zu erhalten und auch in Zukunft zu gewährleisten. Doping ist mit dem Gedanken des sportlichen Fair-Play nicht zu vereinbaren. In dem Fall, dass ein Athlet seinem Körper Dopingmittel zuführt und gedopt an einem Wettkampf teilnimmt, verstößt er gegen die für ihn verbindlichen Anti-Doping-Regelungen. Bereits dieser Verstoß ist für sich allein genommen als sittenwidrig anzusehen.[452] Auch mit dem funktionellen Sittenwidrigkeitsbegriff ist diese Sichtweise in Einklang zu bringen. Ein dopingfreier Sport als Gesamtheit ist als im Interesse der Unternehmer (Athleten), Verbraucher (Zuseher) und der Allgemeinheit (Vorbildfunktion des Sports etc.) zu sehen.

Ist dem Dopingmittel einnehmenden Athleten dieses Verhalten subjektiv vorzuwerfen, handelt er also schuldhaft,[453] kann ein Konkurrent seinen Schadenersatzanspruch auf § 1 UWG stützen.

---

447 *Koppensteiner*, Wettbewerbsrecht, § 23 Rz 17.

448 OGH, ÖBl 1994, 217, 1991, 237.

449 Vgl nur *Koppensteiner*, Wettbewerbsrecht, § 32 Rz 2 FN 2.

450 Siehe nur *Fitz/Gamerith*, Wettbewerbsrecht, 50.

451 *Fitz/Gamerith*, aaO.

452 *Bergermann*, Doping und Zivilrecht, 223; so auch bereits *Faber*, Doping als unlauterer Wettbewerb und Spielbetrug, 120 f.

453 Auch Schadenersatzansprüche nach § 1 UWG setzen schuldhaftes Verhalten des Schädigers voraus, vgl nur *Koppensteiner*, Wettbewerbsrecht, § 34 Rz 48.

9. Zusammenfassung – Vorschläge zur Reform des österreichischen Schadenersatzrechts in Bezug auf Doping

9.1. Allgemeines

Wie die im Rahmen dieser Arbeit durchgeführte Darstellung der zivilrechtlichen Haftungsansprüche gezeigt hat, können sich durch das Verabreichen von unerlaubten Dopingsubstanzen zahlreiche haftungsrechtliche Ansprüche ergeben. Umso weniger ist es verständlich, dass sich die Rsp mit dem Thema Doping noch nicht auseinander zusetzen hatte. Es scheint fast so, als würde es einem sportlichen Kodex entsprechen, Schadenersatzansprüche, die im Konnex zu Doping stehen, nicht einzuklagen. Dass Gesundheitsschäden, die zivilrechtliche Ansprüche zur Folge haben, bereits aufgetreten sind, wird evident, wenn man das Augenmerk auf den Gesundheitszustand so mancher Ex-DDR-Athleten lenkt.[454]

9.2. Einführung eines Versicherungssystems

9.2.1. Einführung einer allgemeinen Volksunfallversicherung

Die Frage, ob das geltende Haftpflichtrecht durch eine allgemeine Volksunfallversicherung (Eigenschadenversicherung) ersetzt werden soll, wird seit langem gestellt.[455] Im Vordergrund der Diskussion steht dabei der Gedanke, das heutige System der Ersatzpflicht des Schädigers nach den allgemeinen Regeln des Schadenersatzrechts in Verbindung mit einer Haftpflichtversicherung durch eine generelle Unfallversicherung zu ersetzen. Begründet wird dies vor allem mit der Mangelhaftigkeit des geltenden Schadenersatzrechts und mit der Notwendigkeit, sämtlichen Unfallopfern einen Anspruch auf Ersatz ihres Nachteils zu gewähren, selbst wenn nach dem geltenden System niemand ersatzpflichtig wäre.[456]

---

454 Das Problem der oftmals bereits eingetretenen Verjährung der zivilrechtlichen Ansprüche soll an dieser Stelle nur erwähnt werden.

455 Vgl vor allem *Schilcher*, Theorie der sozialen Schadensverteilung, 103 ff (mit vielen rechtsvergleichenden Hinweisen); *Koziol*, Haftpflichtrecht I, 1/20 ff; *Honsell*, Die Reform der Gefährdungshaftung, ZSR 1997, 1. Halbband, 297 ff; ein umfassendes Versicherungssystem ist in den Siebziger Jahren in Neuseeland geschaffen worden („Accident Compensation Scheme"), dazu *von Hippel*, Haftungsersetzung durch Volksunfallversicherung? – Das neuseeländische Beispiel, ZRP 1976, 252.

456 ZB *von Hippel*, Schadensausgleich bei Verkehrsunfällen, Haftungsersetzung durch Versicherungsschutz 3 ff und 41 ff.

Der Versicherungsgedanke ist freilich dem geltenden österreichischen Recht keineswegs fremd. Unfälle im Zuge der Erbringung der Arbeitsleistung werden von der Sozialversicherung abgedeckt.[457] Im Bereich des Kraftfahrrechts ist der Abschluss einer Haftpflichtversicherung zwingend vorgeschrieben.[458] Schließlich gibt es vor allem im privaten Bereich eine unüberschaubare Zahl von Versicherungsverhältnissen.

Zur Diskussion steht mithin, ob dieses partielle Versicherungsmodell durch ein umfassendes abgelöst werden soll.

Nach Meinung des Verfassers sprechen die gewichtigeren Argumente gegen die Einführung einer allgemeinen Volksunfallversicherung.[459] Primär ist zu sagen, dass das geltende Schadenersatzsystem grundsätzlich (tendenziell) präventiv wirkt.[460] Ein Schädiger, der damit rechnen muss, einen von ihm zugefügten Schaden aus eigener Tasche zu bezahlen,[461] wird eher „vorsichtig" durchs Leben gehen, als jemand, dessen Schäden von einer Versicherung gedeckt sind. Vor allem Erfahrungen in den USA stützen diese Aussage.[462] Würde auch in Österreich das System einer allgemeinen Haftpflichtversicherung eingeführt, so wäre es durchaus vorstellbar, dass auch hierzulande die Zahl der Schadensfälle deutlich steigen könnte.[463] Allein schon aus diesem Grund ist die Einführung einer allgemeinen Volksunfallversicherung nach Meinung des Verfassers abzulehnen.[464]

---

457 Siehe zu den möglichen aus einem Arbeitsverhältnis entspringenden Schadenersatzansprüchen *Schwarz/Löschnigg*, Arbeitsrecht 544 ff; zur Rechtslage bei Arbeitsunfällen im Bereich der Sozialversicherung vgl *Grillberger*, Österreichisches Sozialrecht, 52 ff.

458 Vgl dazu *Harrer*, Schadenersatzrecht, 61 f.

459 Dazu auch *Koziol*, Haftpflichtrecht I, 1/23 ff und *Tercier*, La réforme du droit de la responsabilité civile, ZSR 1997, 1. Halbband, 257, 271 f.

460 Skeptisch insoweit allerdings *Honsell*, Die Reform der Gefährdungshaftung, ZSR 1997, 1. Halbband, 297.

461 Natürlich müssen auch die Schäden eines Versicherungsnehmers letzten Endes von diesem in Form der Versicherungsprämien geleistet werden; allerdings ist die finanzielle Belastung durch die Verteilung auf viele Versicherungsnehmer eben viel geringer (dies ist vor allem bedeutsam, wenn man sich vor Augen hält, dass heutzutage schon fahrlässiges Verhalten extrem hohe Schadenssummen – Produktionsausfälle – zur Folge haben kann), als bei Schadenstilgung durch eine bzw. wenige Personen.

462 So stieg in jenen Bundesstaaten, die den Rückgriff auf den fahrlässigen Schädiger weitgehend abgeschafft hatten, die Zahl der tödlichen Verkehrsunfälle um 10 – 15 %; vgl auch *Schultz*, Überlegungen zur ökonomischen Analyse des Haftungsrechts, VersR 1984, 608, 618.

463 Ebenso *Harrer*, Schadenersatzrecht, 109.

464 Zu diesem Ergebnis mit ausführlicher Begründung auch *Koziol*, Haftpflichtrecht I, 1/20 ff.

9.2.2. Einführung einer allgemeinen Sportunfallversicherung

Wie soeben dargelegt, ist die Einführung einer allgemeinen Volksunfallversicherung nicht zu empfehlen. Überlegenswert erscheint jedoch die Etablierung einer allgemeinen Versicherung im Bereich des Sports oder zumindest in Teilbereichen[465] desselben. Diese müsste so ausgestaltet sein, dass jene Schadenersatzansprüche abgedeckt werden würden, die durch die Einnahme von Dopingmitteln entstehen können. Vor allem die Schäden des betroffenen Athleten, in weiterer Folge seiner Familie (Unterhalt der Ehefrau bzw. der Kinder), dem ohne seine Kenntnis Dopingsubstanzen verabreicht wurden, müssten jedenfalls vom Versicherungsschutz mitumfasst sein. Die Etablierung einer derartigen Dopinghaftpflichtversicherung sollte allerdings nach Ansicht des Verfassers ausschließlich im Bereich des Profisports überlegt werden. Grund dafür ist, dass die Administrierung einer derartigen Versicherung in Bezug auf sämtliche Sportler (samt Hobbysportler) wohl nicht durchführbar sein dürfte.

Das Versicherungsverhältnis selbst könnte derart ausgestaltet sein, dass sich an den zu leistenden Prämien die Athleten, Veranstalter, Vereine bzw. Sponsoren beteiligen. Da durch eine derartige Versicherung vor allem danach getrachtet werden soll, zumindest die durch Doping verursachten Schäden der Wettkämpfer tilgen zu können, sollten diese auch die Hauptlast der Prämien zu tragen haben. An zweiter Stelle sollten die Veranstalter, gefolgt von den Vereinen und in eventu den Sponsoren stehen.

9.2.3. Zusammenfassung

Abschließend ist zu sagen, dass die Einführung einer allgemeinen Volksunfallversicherung jedenfalls abzulehnen ist, die Etablierung einer Schäden aus der Einnahme von Dopingsubstanzen abdeckenden Haftpflichtversicherung im Sport allerdings gute Gründe für sich hat.

9.3. Einführung rigoroser Dopingkontrollen

Wie aufgezeigt wurde, kann es durch die Einnahme von verbotenen Dopingmitteln zu zahlreichen zivilrechtlichen Ansprüchen kommen.[466] Schadenersatzansprüche sollen erlittene Schäden abgelten. Vor allem im Bereich der Körperver-

---

465 Zu den Erwägungen, eine Pflichthaftpflichtversicherung im Bereich des Schisports einzuführen siehe *Harrer*, Reformerfordernisse im österreichischen Schadenersatzrecht, JBl 1996, 22.

466 Zur strafrechtlichen Beurteilung von Doping im österreichischen StGB vgl unten 124 ff.

letzung bzw. Gesundheitsschädigung sollte jedoch primär versucht werden, derartige Schäden zu vermeiden bzw. bestehende Schädigungen möglichst nicht zu vergrößern.

Zu fordern ist deshalb auf der einen Seite eine gesetzliche Bestimmung, bei Veranstaltungen im Bereich des Sports Dopingkontrollen zwingend vorzuschreiben.[467] Es ist wohl richtig, dass die Zahl derartiger Dopingtests gerade in den letzten Jahren massiv zugenommen hat; eine gesetzliche Verpflichtung ist allerdings, auch um das Auftreten von Gesundheitsschädigungen aus präventiven Gesichtspunkten zu verhindern, als verpflichtende Mindestvoraussetzung, zu fordern. Im Rahmen dieser Bestimmung sollte festgelegt werden auf welche Art und Weise die Dopingtests durchzuführen sind. Bei der Ausarbeitung des Gesetzesentwurfes sollten vor allem folgende Fragen beantwortet werden:

- Welche Athleten müssen sich einem Dopingtest unterziehen? (Auswahlverfahren)
- Welche Verfahrensschritte sind bei der Abnahme der Urin- oder Blutproben einzuhalten?
- Welche Institution ist zur Analyse der gesammelten Proben berufen?

Andererseits ist als noch wichtigere Bestimmung zu fordern, dass sich Berufsathleten auch außerhalb der Wettbewerbe regelmäßig Dopingkontrollen (out-of-competition-tests) unterziehen müssen.[468] Auf diese Weise wäre gewährleistet, dass der Gesundheitszustand der betroffenen Wettkämpfer nicht unter ein bestimmtes Niveau sinkt. Die Einführung derartiger Tests während der Trainingsphasen wäre auch deshalb empfehlenswert, da die gesundheitsschädigenden Wirkungen einer großen Anzahl der Dopingmittel erst nach Einnahme über einen längeren Zeitraum auftreten. Eine möglichst frühe Erkennung der Einnahme dieser Substanzen ist daher im Interesse des Gesundheitsschutzes der Athleten besonders wichtig.

Da die Erlassung von Gesetzen im Bereich des Gesundheitswesens von der Bundesverfassung[469] grundsätzlich dem Bund zugewiesen ist, wäre dieser berufen, eine derartige Bestimmung zu beschließen.

---

467 Auf das Problem der Verfassungsmäßigkeit (Gleichbehandlung iSv Art 7 B-VG) einer derartigen Bestimmung soll nur hingewiesen werden.

468 Die Einführung dieser Bestimmung könnte ebenfalls auf verfassungsrechtliche Probleme (Eingriff in die körperliche Integrität bei Abnahme von Blutproben) stoßen. In beiden Fällen wäre eine Absicherung in Form einer Verfassungsbestimmung denkbar.

469 Vgl Art 10 Abs 1 Z 12 B-VG.

3. Abschnitt: Doping aus Sicht des österreichischen Strafrechts[470]

I. Vorbemerkung

Im nun folgenden dritten Teil dieser Arbeit soll eingehend dargestellt werden, welche strafrechtlichen Delikte durch die Einnahme von Dopingsubstanzen verwirklicht werden können. Besonderes Augenmerk innerhalb des StGB gilt klarerweise den Delikten gegen Leib und Leben.[471] Aber auch Delikte im Bereich des Vermögensstrafrechts sind denkbar und lohnen eine vertiefende Darstellung. So erscheint es nicht weit hergeholt, im Falle einer Einnahme von Dopingmitteln an eine Strafbarkeit nach dem Delikt des Betrugs[472] zu denken. Allerdings stellt sich beim Betrug die Frage, wer betrogen wird. Sind es die Mitkonkurrenten, sind es die das Entgelt zahlenden Zuseher? All diese Aspekte sollen beleuchtet werden.

Neben den entsprechenden Bestimmungen des Kernstrafrechts (StGB) sollen auch die in Frage kommenden Nebengesetze auf ihre Anwendbarkeit auf Sachverhalte mit Dopingbezug überprüft werden. Vor allem das Suchtmittelgesetz (SMG) und das Arzneimittelgesetz (AMG) sollen mit den jeweils relevanten Regelungen dargestellt werden. So stellt sich die Frage, ob gängige Dopingsubstanzen wie EPO von diesen Gesetzen erfasst sind.

Den Abschluss bildet, neben Reformvorschlägen bezüglich des geltenden Kern- und Nebenstrafrechts, eine ausführliche Auseinandersetzung mit der Frage, ob ein eigenständiges Anti-Doping-Gesetz nach dem Vorbild Frankreichs bzw. Belgiens, das die Einnahme von Dopingmitteln unter gerichtliche Strafe stellt, sinnvoll in die österreichische Rechtsordnung integriert werden kann bzw. soll.[473]

Bevor allerdings auf die soeben genannten Punkte eingegangen wird, soll zu Beginn, wie dies auch im Bereich des Schadenersatzrechts der Fall war, ein Überblick über den Aufbau eines strafrechtlichen Delikts geboten werden.[474]

---

470 Paragraphen ohne nähere Angaben sind solche des StGB.

471 §§ 75 ff.

472 § 146.

473 Vgl zu dieser Problematik ausführlich unten 167 ff.

474 Dies erscheint deshalb sinnvoll, da sich die vorliegende Arbeit nicht nur an mit dem Strafrecht vertraute Leser, sondern auch an jene wendet, die sich über das Thema Doping informieren wollen, jedoch keine bzw. wenig Kenntnisse bezüglich des Strafrechts aufweisen.

II. Tatbestandsaufbau[475]

1. Objektiver Tatbestand

Tatbestand ist die gesetzliche Beschreibung eines strafrechtlich verbotenen Verhaltens.[476] Im Rahmen der Prüfung des objektiven Tatbestandes ist zu untersuchen, ob sich ein potentieller Täter jenes Verhaltens bedient hat, welches das StGB in einer seiner Bestimmungen des Besonderen Teils (§§ 75 ff) als verboten beschrieben hat. Ein Verhalten, das sämtliche Merkmale des objektiven Tatbestandes erfüllt, nennt man tatbestandsmäßig. Grundsätzlich können alle im StGB aufgeführten Delikte auch durch Unterlassen begangen werden. Die Vornahme einer Pflicht zum Handeln ergibt sich in diesen Fällen aus der sogenannten Garantenstellung des Täters.[477]

2. Subjektiver Tatbestand

Innerhalb des subjektiven Tatbestandes geht es darum, festzustellen, ob der jeweilige Täter vorsätzlich bzw. fahrlässig gehandelt hat. Der subjektive Tatbestand ist Träger des subjektiven, des personalen Unrechts.[478] Er kann als subjektives Spiegelbild des objektiven Tatbestandes angesehen werden. Nur wer bezüglich des gesamten objektiven Tatbestandes vorsätzlich bzw. fahrlässig handelt, ist wegen Begehung eines Deliktes zu bestrafen.

2.1. Vorsatz

Vorsätzlich handelt, wer einen Sachverhalt verwirklichen will, der einem gesetzlichen Tatbild entspricht.[479] Wie im Zivilrecht gibt es auch innerhalb des Strafrechts drei Vorsatzformen:[480]

Bedingt vorsätzlich handelt, wer die Verwirklichung eines Sachverhaltes, der einem gesetzlichen Tatbild entspricht ernsthaft für möglich hält und sich damit abfindet.[481]

---

475 Ein überaus anschauliches Schaubild des Tatbestandsaufbaues findet sich bei *Triffterer* AT 88 f.

476 *Kienapfel/Höpfel* AT Z 3 Rz 1.

477 Eine Garantenstellung ergibt sich gem § 2 aus Gesetz, Vertrag und gefahrenbegründendem Vorverhalten, näher dazu *Triffterer* AT 329 ff.

478 *Triffterer* AT 94.

479 § 5 Abs 1 1. Halbsatz.

480 Vgl zu den Vorsatzarten ausführlich *Triffterer* AT 171 ff.

Wissentlich handelt, wer den Umstand oder Erfolg, für den das Gesetz Wissentlichkeit voraussetzt, nicht bloß ernstlich für möglich hält, sondern sein Vorliegen oder Eintreten für gewiss hält.[482]

Absichtlich handelt, wem es darauf ankommt, den Umstand oder Erfolg zu verwirklichen, für den das Gesetz absichtliches Handeln voraussetzt.[483]

2.2. Fahrlässigkeit

Fahrlässig handelt nach der Legaldefinition des § 6, wer die Sorgfalt außer acht lässt, zu der er nach den Umständen verpflichtet (objektive Sorgfaltswidrigkeit) und nach seinen geistigen und körperlichen Verhältnissen befähigt ist (subjektive Sorgfaltswidrigkeit), und deshalb nicht erkennt, dass er einen Sachverhalt verwirklichen könne, der einem gesetzlichen Tatbild entspricht.

Im wesentlichen zerfällt der Fahrlässigkeitsbegriff des StGB somit in ein objektiv bzw. ein subjektiv sorgfaltswidriges Handeln. Objektiv sorgfaltswidrig handelt jemand, wenn sich ein einsichtiger und besonnener Mensch[484] aus dem Verkehrskreis des Täters in der konkreten Situation anders verhalten hätte.[485] Bezüglich der subjektiven Sorgfaltswidrigkeit ist nach hL ausschlaggebend, ob auch „ein anderer", ausgestattet mit den geistigen und körperlichen Verhältnissen des Täters, in dessen Situation fähig gewesen wäre, den objektiven Sorgfaltsanforderungen zu genügen.[486] Untersucht wird das Vorliegen der subjektiven Sorgfaltswidrigkeit in einem vereinfachten Prüfungsverfahren. Nach hM wird die subjektive Sorgfaltswidrigkeit durch die objektive indiziert, d.h., wer die objektive Sorgfaltswidrigkeit außer Acht lässt, handelt regelmäßig auch subjektiv sorgfaltswidrig.[487]

---

481 § 5 Abs 1 2. Halbsatz.

482 § 5 Abs 3.

483 § 5 Abs 2.

484 Zur Modellfigur des einsichtigen und besonnenen Menschen vgl *Leukauf/Steininger* § 6 Rz 6.

485 *Burgstaller* WK § 6 Rz 36 u. 38; *Bertel/Schwaighofer* BT I § 80 Rz 5; *Kienapfel* BT I § 80 Rz 14; auch die stRsp geht von einem derartigen Begriff der objektiven Sorgfaltswidrigkeit aus, vgl etwa JBl 1996, 193; JBl 1994, 124 und EvBl 1992/47.

486 Vgl *Burgstaller*, Das Fahrlässigkeitsdelikt im Strafrecht, 189.

487 Einer eingehenden Prüfung der subjektiven Sorgfaltswidrigkeit bedarf es daher nur, wenn im Sachverhalt konkrete Anhaltspunkte dafür gegeben sind, dass der Täter subjektiv nicht sorgfaltswidrig, somit unter Einhaltung der subjektiven Sorgfaltspflicht, gehandelt hat, vgl ZVR 1986/143 m Anm *Kienapfel*.

3. Kausalität und objektive Zurechnung

Auch im Rahmen des Strafrechts ist ein Täter nur dann zu bestrafen, wenn sein Verhalten für einen eingetretenen Erfolg (zB Körperverletzung) kausal gewesen ist und ihm der konkrete Erfolg auch objektiv zugerechnet werden kann.

3.1. Kausalität

Nach der Äquivalenztheorie[488] ist ein Tun dann für einen Erfolg kausal, wenn es nicht weggedacht werden kann, ohne dass auch der Erfolg in seiner konkreten Gestalt entfiele,[489] wobei Mitkausalität des Täters (es schadet nicht, wenn auch andere Umstände zum Erfolg beigetragen haben) ausreichend ist.

3.2. Objektive Zurechnung

Auch im Strafrecht geht eine alleinige Zurechnung mit Hilfe der Kausalitätsformel zu weit. Heute besteht in Wissenschaft und Praxis Einigkeit darüber, dass zwischen der Kausalitätsfrage und der Haftungsfrage (wer muss wofür [noch] haften) unterschieden werden muss. Für letztere hat sich mittlerweile der Begriff der objektiven Zurechnung durchgesetzt. Nach *Triffterer*[490] gliedert sich die objektive Zurechnung eines Verhaltens in eine generelle (Risikoherbeiführung) und eine spezielle (Risikoverwirklichung) objektive Zurechnung:

3.2.1. Generelle objektive Zurechnung

Bei der generellen objektiven Zurechnung ist zu prüfen, ob im Täterverhalten eine rechtlich missbilligte Gefahr der Tatbestandsverwirklichung enthalten war. Mit anderen Worten ist danach zu fragen, ob ein tatbildmäßiger Erfolg objektiv voraussehbar war bzw. ein unerlaubtes (objektiv sorgfaltswidriges) Risiko[491] geschaffen wurde.

3.2.2. Spezielle objektive Zurechnung

Im Rahmen der speziellen objektiven Zurechnung geht es darum, festzustellen, ob sich gerade das vom Täter herbeigeführte Risiko in dem konkreten Erfolg

---

488 Zur grundsätzlich gleichlautenden Theorie im Bereich des Zivilrechts vgl oben 52.

489 Vgl *Leukauf/Steininger* Vorbem § 1 Rz 19; *Burgstaller* WK § 80 Rz 59; *Moos* WK § 75 Rz 12; aus der Rsp SSt 57/69; JBl 1984, 326 m Anm *Fuchs*.

490 AT 144 ff.

491 Vgl auch *Burgstaller*, Das Fahrlässigkeitsdelikt im Strafrecht, 39 ff.

verwirklicht hat. Dieser Teil der objektiven Zurechnung gliedert sich in drei Punkte:

a) Adäquanzzusammenhang

Im Rahmen dieses Punktes ist zu klären, ob der eingetretene Kausalverlauf nicht atypisch ist, d.h. nicht gänzlich außerhalb des allgemeinen Erfahrungswissens liegt.[492] Liegt eine Verkettung besonders ungünstiger Umstände vor, so entfällt die objektive Zurechnung an den Täter und somit auch eine Bestrafung desselben.

b) Risikozusammenhang – Schutzzweck der Norm

Wie aufgezeigt, scheiden Bestrafungen aufgrund atypischer Kausalzusammenhänge regelmäßig aus. Aber auch bei einem typischen Kausalverlauf ist darüber hinaus zu fordern, dass sich „die in der Handlung angelegte objektive Sorgfaltswidrigkeit gerade im Erfolgseintritt niedergeschlagen hat".[493] Beim Risikozusammenhang kommt es nach hM[494] auf den Schutzzweck der verletzten Sorgfaltsnorm an. Der Schutzzweck der übertretenen Norm ist wiederum[495] durch Auslegung zu ermitteln.

c) Risikoerhöhung gegenüber rechtmäßigem Alternativverhalten

Der Grundgedanke dieses Zurechnungskriteriums liegt darin, dass sich dann, wenn der Erfolg in seiner konkreten Gestalt auch eingetreten wäre, falls sich der Täter sorgfaltsgemäß verhalten hätte, das in der sorgfaltswidrigen Handlung angelegte Risiko im konkreten Fall nicht verwirklicht hat.[496] Der Erfolg ist somit objektiv nicht zurechenbar und der Täter nicht zu bestrafen. In diesem Zusammenhang ist weiter die heute allgemein anerkannte Risikoerhöhungstheorie zu erwähnen.[497] Bei dieser Theorie wird untersucht, ob das sorgfaltswidrige Verhalten des Täters ein auch bei rechtmäßigem Verhalten bestehendes Risiko wesentlich erhöht hat; ist dies der Fall, ist dem Täter der eingetretene Erfolg zuzurechnen, ansonsten nicht.[498] Die Frage nach der Risikoerhöhung ist unter

492 *Leukauf/Steininger* Vorbem § 1 Rz 33; *Kienapfel/Höpfel* AT Z 25 Rz 29.
493 *Triffterer* AT 150.
494 Statt vieler *Moos* WK § 75 Rz 15.
495 Vgl schon oben 56.
496 Siehe dazu *Fuchs* AT I 93 ff.
497 *Bertel/Schwaighofer* BT I § 80 Rz 16; *Leukauf/Steininger* § 80 Rz 29; *Hörburger*, Zum Begriff der Fahrlässigkeit des § 6 StGB, ÖJZ 1974, 567; *Fuchs* AT I 94 f.
498 *Kienapfel* BT I § 80 Rz 93.

sorgfältiger Berücksichtigung aller Umstände des Einzelfalles zu untersuchen und ex post zu beurteilen.[499]

4. Rechtswidrigkeit[500]

Der Begriff der Rechtswidrigkeit bezeichnet auch im Strafrecht jene Verhaltensweisen, die gegen die Rechtsordnung (hier gegen das StGB)[501] verstoßen.[502] Die strafrechtliche Prüfung der Rechtswidrigkeit folgt heutzutage dem Regel-Ausnahme-Prinzip.[503] Dies bedeutet, dass die Tatbestandsmäßigkeit eines Verhaltens dessen Rechtswidrigkeit indiziert und das Vorliegen eines Rechtfertigungsgrundes[504] als Ausnahme anzusehen ist.

5. Schuld[505]

Das österreichische Strafrecht ist seit jeher vom Schuldprinzip geprägt. Dies äußert sich einerseits darin, dass eine Strafe nur verhängt werden darf, wenn dem Täter ein schuldhaftes Verhalten nachgewiesen werden kann;[506] schuldhaftes Handeln ist somit notwendige Voraussetzung jeder Bestrafung. Andererseits ist die Schuld als Grundlage für die Strafbemessung anzusehen.[507]

Wie auch bei der Prüfung der Rechtswidrigkeit ist bei der strafrechtlichen Beurteilung der Schuld grundsätzlich davon auszugehen, dass der Täter schuldhaft gehandelt hat. Die Fähigkeit schuldhaft zu handeln liegt vor, wenn der Täter in der Lage ist, das Unrecht der Tat einzusehen (Diskretionsfähigkeit) und nach

---

499 *Burgstaller* WK § 80 Rz 75; *Triffterer* AT 154.

500 Die Rechtswidrigkeit wird bei der Darstellung der einzelnen Delikte nur erwähnt, falls es dem Verfasser notwendig erscheint.

501 *Triffterer* AT 199 spricht insoweit von Strafrechtswidrigkeit.

502 *Leukauf/Steininger* Vorbem § 1 Rz 50. *Kienapfel/Höpfel* AT Z 6 Rz 7 definieren die Rechtswidrigkeit negativ, nämlich im Vorliegen einer Tat, die nicht durch Rechtfertigungsgründe gerechtfertigt ist.

503 *Kienapfel/Höpfel* AT Z 5 Rz 9.

504 Als Rechtfertigungsgründe kommen im wesentlichen jene (Einwilligung etc.) in Betracht, die auch im Rahmen der Schadenersatzansprüche diskutiert wurden, vgl dazu oben 78 ff.

505 Auch das Merkmal der Schuld wird bei der Untersuchung der einzelnen Delikte nur ausnahmsweise erwähnt (vgl FN 500).

506 Nach § 4 ist nur strafbar, wer schuldhaft handelt.

507 Siehe § 32 Abs 1: „Grundlage für die Bemessung der Strafe ist die Schuld des Täters.“.

dieser Einsicht zu handeln (Dispositionsfähigkeit).[508] Nur bei Vorliegen bestimmter Umstände ist von einem Ausschluss der Schuldfähigkeit auszugehen. Nicht schuldfähig sind Unmündige[509] und Jugendliche bei verzögerter Reife[510] sowie Geisteskranke, Schwachsinnige und Personen, die unter einer tiefgreifenden Bewusstseinsstörung oder einer gleichwertigen seelischen Störung leiden.[511]

Im Rahmen eines fahrlässigen Verhaltens ist innerhalb der Schuldkomponente jedenfalls die Zumutbarkeit[512] sorgfaltsgemäßen Verhaltens zu untersuchen. Sorgfaltsgemäßes Verhalten ist unzumutbar, wenn auch von einem maßgerechten Menschen in der Lage des Täters die Einhaltung der gebotenen Sorgfalt realistischerweise nicht erwartet werden kann.[513]

6. Zusammenfassung

Abschließend ist festzuhalten, dass für eine Bestrafung eines Täters sämtliche soeben überblicksartig aufgezeigten Tatbestandsmerkmale erfüllt sein müssen. Auf eventuelle Besonderheiten wird im Rahmen der nun folgenden Analyse der einzelnen, durch Dopingmissbrauch möglicherweise verwirklichten Delikte, eingegangen.

508 Vgl § 11.
509 § 4 Abs 1 JGG.
510 § 4 Abs 2 JGG.
511 Vgl zu all dem näher *Triffterer* AT 256 ff.
512 Die Zumutbarkeit wird ausdrücklich in § 6 genannt.
513 Vgl *Nowakowski*, Das österreichische Strafrecht in seinen Grundzügen, 77; *Fuchs* AT I 196 f; *Mayerhofer/Rieder* § 6 Anm 6 sowie *Burgstaller*, Das Fahrlässigkeitsdelikt im Strafrecht, 200; *ders* WK § 6 Rz 97.

III. Doping mit Einwilligung[514] des Sportlers[515]

A. Folgenlose körperliche Misshandlung

1. Körperverletzung nach § 83 Abs 2 StGB

1.1. Objektiver Tatbestand

Nach § 83 Abs 2 wird bestraft, wer einen anderen am Körper misshandelt und dadurch fahrlässig verletzt oder an der Gesundheit schädigt.

Misshandlung am Körper wird definiert als „jede üble, unangemessene Behandlung, welche das körperliche Wohlbefinden eines anderen nicht unerheblich beeinträchtigt, aber nicht die Qualität einer Körperverletzung iSd § 83 Abs 1[516] erreicht.[517] Der Hauptfall einer körperlichen Misshandlung ist zweifelsfrei das vorsätzliche Zufügen weder ganz rasch vorübergehender noch völlig unerheblicher Schmerzen.[518]

Es stellt sich die Frage, ob durch das Verabreichen von Dopingmitteln eine Beeinträchtigung des körperlichen Wohlbefindens bzw. ein Hervorrufen von Schmerzen verursacht werden kann. Wird eine Dopingsubstanz dem Körper eines Athleten auf dem Wege einer Injektion verabreicht, können bereits durch diesen Einstich nicht ganz unerhebliche Schmerzen auftreten und eine körperli-

---

514 Vgl zur Einwilligung eines Athleten in eine Dopingmaßnahme oben 78 ff.

515 Bei den nun zu behandelnden Delikten wird davon ausgegangen, dass sie von einem potentiellen Täter in Form der unmittelbaren Täterschaft begangen werden. Weder auf die Bestimmungstäterschaft (§ 12 2. Fall) noch auf die Beitragstäterschaft (§ 12 3. Fall) wird im Rahmen dieser Arbeit eingegangen. Dies soll selbstverständlich nicht heißen, dass es nicht auch im Zusammenhang mit dem Verabreichen von Dopingmitteln zu diesen beiden Täterschaftsformen kommen kann. Im Gegenteil, wenn zB ein Arzt ein Dopingmittel verabreicht, das ein medizinischer Betreuer auf dem „Schwarzmarkt" besorgt hat, wäre letzterer regelmäßig als Beitragstäter zu bestrafen. Das begangene Delikt wäre aber wiederum beispielsweise jenes der Körperverletzung; daran ändert sich in allen drei Täterschaftsformen nichts. Dies ist auch der Grund dafür, warum nur die unmittelbare Täterschaft dargestellt werden soll.

516 Siehe zu dieser Bestimmung die Erläuterungen unten 134 ff.

517 Heute hM; vgl *Kienapfel* BT I § 83 Rz 65; *Leukauf/Steininger* § 83 Rz 14; *Burgstaller* WK § 83 Rz 23; *Foregger/Fabrizy* § 83 Rz 4; aus der Rsp siehe SSt 57/13 sowie LSK 1975/228. *Lewisch* BT I 27 definiert die körperliche Misshandlung als jede Einwirkung physischer Kraft auf den Körper, die das körperliche Wohlbefinden des Opfers nicht ganz unerheblich trübt.

518 *Kienapfel* aaO; *Bertel/Schwaighofer* BT I § 83 Rz 5 wollen den Misshandlungsbegriff des § 83 Abs 2 auf die Fälle des Zufügens von Schmerzen bzw. schwerer Übelkeit beschränken.

che Misshandlung iSd § 83 Abs 2 vorliegen.[519] Jedoch auch durch die Wirkungen der Dopingsubstanzen selbst ist es vorstellbar, dass es zu Beeinträchtigungen kommen kann, die das körperliche Wohlbefinden eines Athleten nicht unerheblich verschlechtern und somit eine körperliche Misshandlung darstellen.

Da eine Strafbarkeit nach § 83 Abs 2 neben der körperlichen Misshandlung zusätzlich eine fahrlässige Körperverletzung bzw. Gesundheitsschädigung voraussetzt, in diesem Kapitel aber lediglich jene Fälle behandelt werden sollen, in denen durch das Doping keinerlei Folgen (bezogen auf die Gesundheit des Athleten) auftreten, ist bereits der objektive Tatbestand des § 83 Abs 2 als nicht erfüllt anzusehen und eine Strafbarkeit zu verneinen.

Verabreicht somit eine Person einer anderen Dopingmittel und tritt dadurch „nur" eine körperliche Misshandlung iSd § 83 Abs 2 zu Tage, so entfällt eine Strafbarkeit nach dem StGB und es bleibt bei eventuellen vereinsrechtlichen Sanktionen wie zB Disqualifikation bzw. Sperre des Athleten.

2. Gefährdung der körperlichen Sicherheit nach § 89 StGB

2.1. Objektiver Tatbestand

Eine Bestrafung nach dieser Norm setzt voraus, dass der Täter eine Gefahr für das Leben, die Gesundheit oder die körperliche Sicherheit eines anderen, unter besonders gefährlichen Verhältnissen[520] bzw. in einem die Zurechnungsfähigkeit nicht ausschließenden Rauschzustand,[521] wenn auch nur fahrlässig, herbeiführt.[522]

Die Tathandlung der ersten Variante des § 89 besteht darin, dass der Täter eine objektiv sorgfaltswidrige Handlung unter besonders gefährlichen Verhältnissen vornimmt. Nach hL handelt unter besonders gefährlichen Verhältnissen, wer die Tat unter Umständen begeht, welche – ex ante betrachtet – nach allgemeiner Erfahrung die außergewöhnlich hohe Wahrscheinlichkeit[523] eines Unfalls

---

519 So für das österreichische Recht auch *Hagn*, Die rechtliche Beurteilung des Dopings, ÖJZ, 1993, 405; vgl für das deutsche Recht *Jung*, Der praktische Fall – Strafrecht: Der listige Sportler, JuS 1992, 132.

520 Vgl § 81 Z 1.

521 Siehe § 81 Z 2.

522 Im Rahmen dieser Norm wird eine „Gefährdung durch gefährliches Verhalten" zum Tatbestandsmerkmal erklärt; vgl zur Kritik *Kienapfel* BT I § 89 Rz 4 und *Kunst*, § 431 StG und die sogenannte konkrete Gefährdung, ÖJZ 1960, 630.

523 Bei Beurteilung der außergewöhnlich hohen Unfallwahrscheinlichkeit greifen die Gerichte in erster Linie auf die Mosaiktheorie zurück, d.h., die hohe Unfallwahrscheinlichkeit wird im Wege wertender Gesamtschau aus der Häufung mehrerer unfallträchtiger Faktoren abgeleitet, vgl zur Mosaiktheorie näher *Kienapfel*, Zur Auslegung des § 81 Z 1 StGB, ÖJZ 1977, 657.

mit tödlichem Ausgang oder schweren Folgen (§ 84) begründen, wobei die Gefährdung einer einzigen Person als ausreichend angesehen wird.[524] Die besonders gefährlichen Verhältnisse betreffen ausschließlich die besondere Gefährlichkeit der Handlung, nicht den Erfolg.[525] Gefährlichkeit bedeutet, dass „ein Verhalten ... die ernstzunehmende Möglichkeit in sich trägt, einen unwerthaften Erfolg herbeizuführen".[526] Zur Einschränkung der gegenüber der früheren Gemeingefährlichkeit erweiterten Strafbarkeit des § 81 Z 1 fordert *Kienapfel*[527] das Vorliegen einer auffallenden Sorgfaltswidrigkeit.

Die zweite Variante dieser Bestimmung (Z 2) zerfällt in zwei Unrechtskomponenten: Dem Sich-Berauschen trotz Bevorstehens gefahrengeneigter Tätigkeit und der Vornahme einer in diesem Zustand für andere gefährlichen Tätigkeit. Der Täter muss sich also primär in einen die Zurechnungsfähigkeit nicht ausschließenden Rauschzustand[528] versetzen. Die Herbeiführung dieses Rauschzustandes hat zu erfolgen, obwohl dem Täter die Vornahme einer gefährlichen Tätigkeit iSd Z 2[529] bevorsteht.[530]

Die Tathandlung beider soeben erläuterten Bestimmungen des § 89 besteht in der Herbeiführung einer „Gefahr für das Leben, die Gesundheit oder die körperliche Sicherheit eines anderen", maW ist als zentrales Tatbildmerkmal jede Herbeiführung, Aufrechterhaltung oder Vergrößerung einer Gefahr für die geschützten Rechtsgüter (Leben usw.) anzusehen. Lehre und Rsp beschränken den Taterfolg mit Recht auf konkrete Gefährdungen.[531] Eine derartige konkrete Gefährdung liegt nach der Rsp[532] vor, wenn sich eine bestimmte Situation bereits so bedrohlich zugespitzt hat, dass sie für den davon Betroffenen erfahrungsgemäß

---

524 Vgl *Foregger/Fabrizy* § 81 Rz 2; *Leukauf/Steininger* § 81 Rz 6 ff; *Bertel/Schwaighofer* BT I § 81 Rz 3 sowie *H. Steininger*, „Besonders gefährliche Verhältnisse" (§ 81 Z 1 StGB) und „fahrlässige Gemeingefährdung" (§ 177 StGB), 439, in: *Pallin*-FS.

525 *Kienapfel*, Zur Auslegung des § 81 Z 1 StGB, ÖJZ, 1977, 656.

526 *Burgstaller* WK § 81 Rz 13.

527 BT I § 81 Rz 14; zustimmend *Bertel/Schwaighofer* BT I § 81 Rz 10 und das OLG Wien in zahlreichen Entscheidungen (zB ZVR 1990/25 u. ZVR 1995/162); ablehnend *Burgstaller* WK § 81 Rz 41 und *Leukauf/Steininger* § 81 Rz 9.

528 Dafür hat sich die Bezeichnung Minderrausch eingebürgert; vgl *Burgstaller* WK § 81 Rz 54; *Leukauf/Steininger* § 81 Rz 18 sowie *Lewisch* BT I 57.

529 Diese Tätigkeit muss auch im Rauschzustand geeignet sein, eine Gefahr für das Leben, die Gesundheit oder die körperliche Sicherheit eines anderen herbeizuführen oder zu vergrößern.

530 Diese Variante mag zwar im Zusammenhang mit der Verabreichung von Dopingmitteln durchaus denkmöglich erscheinen, wird aber in der Praxis nach Ansicht des Verfassers gegenüber der erstgenannten eine nur untergeordnete Rolle spielen.

531 *Foregger/Fabrizy* § 89 Rz 1; *Mayerhofer/Rieder* § 89 Anm 2; LSK 1996/354; ZVR 1992/107.

532 Vgl zB OLG Wien ZVR 1985/71; siehe auch *Bertel/Schwaighofer* BT I § 89 Rz 1.

nahezu zwangsläufig zu einer Beeinträchtigung von Leib oder Leben führt. Herkömmlicherweise wird von einer solchen Gefahr dann gesprochen, wenn der Täter durch sein Verhalten eine Situation herbeiführt, in der das Eintreten eines schädigenden Ereignisses für Leib und Leben mehr oder weniger vom Zufall abhängt.[533]

Vor allem durch das Verabreichen von „neuen", in der medizinischen Wissenschaft noch wenig bzw. nicht getesteten Dopingsubstanzen ist der Eintritt derartiger Situationen denkbar, da unter solchen Umständen Gesundheitsschädigungen durchaus als naheliegend bezeichnet werden können. Der objektive Tatbestand kann somit uU als erfüllt anzusehen sein.

2.2. Subjektiver Tatbestand

§ 89 kann sowohl vorsätzlich als auch fahrlässig begangen werden. Der Vorsatz muss sich auch auf die besonders gefährlichen Verhältnisse des § 81 Z 1 beziehen; er darf sich allerdings lediglich auf die Gefährdung als solche beschränken, da andernfalls die vorsätzlichen Verletzungsdelikte (§§ 75 ff, § 83 ff) einschlägig wären. Aus Beweisgründen arbeitet die Praxis nahezu ausschließlich mit der Fahrlässigkeitsvariante, obwohl konkreter Gefährdungsvorsatz manchmal naheliegt.[534]

3. Eigenmächtige Heilbehandlung nach § 110 StGB

3.1. Objektiver Tatbestand

Nach § 110 wird derjenige bestraft, der „einen anderen ohne dessen Einwilligung behandelt". Zur Rechtswirksamkeit dieser Einwilligung wird in diesem Zusammenhang allerdings nicht wie in § 90 Abs 1 auf die Sittenwidrigkeit[535] der Handlung abgestellt. Erforderlich ist lediglich, dass alle sonstigen Wirksamkeitsvoraussetzungen einer Einwilligung, vor allem eine ausreichende Aufklärung[536] vorliegen; in diesem Fall ist bereits das Tatbestandsmerkmal „ohne Einwilligung" nicht erfüllt und es kann zu keiner Bestrafung nach dieser Norm kommen.[537]

---

533 Die Rsp stellt mitunter explizit auf den rettenden Zufall ab, vgl ZVR 1992/107, 1990/137; SSt 55/30; siehe ferner *Leukauf/Steininger* § 89 Rz 7 sowie *Foregger/Fabrizy* § 89 Rz 1.

534 Vgl etwa EvBl 1984/127.

535 Vgl dazu oben 79 f.

536 Oben 78 f.

537 Die Regelung des § 110 wird noch ausführlich im Kapitel „Doping ohne Einwilligung des Athleten" darzustellen sein, siehe unten 145 f.

B. Folgen einer Verabreichung von Dopingmitteln

1. Tötungsdelikte

Wie bereits einleitend ausgeführt, ist es im Zusammenhang mit Dopingmissbräuchen auch immer wieder zu tödlichen Folgen gekommen.[538] Vor allem durch das verstärkte Bewusstsein um die Gefahren des Dopings und der damit zusammenhängenden erhöhten Zahl der Dopingkontrollen der letzten Jahre, konnte wahrscheinlich so mancher tödlicher Ausgang eines Dopingmissbrauchs verhindert werden.[539]

1.1. Mord nach § 75 StGB[540]

1.1.1. Objektiver Tatbestand

Der objektive Tatbestand des § 75 liegt in der Herbeiführung des Todes einer vom Täter verschiedenen Person.[541] Das Verabreichen der dem Körper eines Athleten zugeführten Dopingmittel muss also dessen Tod bewirkt haben. Denkbar ist auch ein Töten durch Unterlassen, etwa wenn der Mannschaftsarzt einem Wettkämpfer eine zu hohe Dosis einer Substanz verabreicht hat und keine Gegenmaßnahmen ergreift, der Athlet aber ohne diese stirbt.[542]

1.1.2. Subjektiver Tatbestand

Für eine Strafbarkeit nach § 75 ist erforderlich, dass der Täter vorsätzlich, zumindest mit dolus eventualis, handelt.[543] Dolus eventualis liegt vor, wenn der Täter den Tod des Sportlers ernstlich für möglich hält und sich damit abfindet.[544] Ernstlich für möglich halten heißt an dieser Stelle, dass der Täter das mit dem Dopen verbundene Risiko erkennt und so hoch veranschlagt, dass er die Tatbestandsverwirklichung (Verursachung des Todes) als naheliegend ansieht.[545] Die

538 Siehe oben 25.

539 Vgl *L. Prokop*, Einführung in die Sportmedizin, 148.

540 § 76 (Totschlag) ist zwar auch im Zusammenhang mit dem Verabreichen von Dopingmitteln grundsätzlich vorstellbar, wird aber im Rahmen dieser Untersuchung nicht dargestellt, vgl zum Totschlag näher *Bertel/Schwaighofer* § 76.

541 *Kienapfel* BT I § 75 Rz 4.

542 Die Garantenstellung würde sich in diesem Fall aus dem gefahrenbegründenden Vorverhalten (Verabreichen einer zu hohen Dosis an Dopingsubstanzen) ergeben.

543 *Kienapfel* BT I § 75 Rz 21.

544 § 5 Abs 1.

545 *Hagn*, Die rechtliche Beurteilung des Dopings, ÖJZ, 1993, 406.

Gefahr der Deliktsverwirklichung muss dabei als akut erkannt werden.[546] Dass bei Beurteilung des Risikos der Todesherbeiführung entscheidend auf den Wissensstand des Täters hinsichtlich der Wirkungsweise der einzelnen Präparate abzustellen ist, liegt auf der Hand.

Von einem Arzt darf man verlangen, dass ihm die von der medizinischen Wissenschaft anerkannten Wirkungen sämtlicher auf dem Markt befindlicher Medikamente bekannt sind.[547] Für ihn kann beispielsweise schon vor Verabreichung einer bestimmten Substanz erkennbar sein, dass das Verabreichen die ernstzunehmende Gefahr des Todes mit sich bringt. Vorstellbar ist auch die Situation, dass einem Wettkämpfer bereits bestimmte Substanzen verabreicht wurden und, zwecks nochmaliger Leistungssteigerung, ein weiteres Präparat verabreicht werden soll. Besteht durch die im Körper dadurch hervorgerufene Vermischung dieser Substanzen die Gefahr einer tödlichen Wirkungsweise, muss dies ein Mediziner ebenfalls wissen.

Neben dem Umstand, dass der Eintritt des Todes ernstlich für möglich gehalten wird, muss sich der Arzt mit diesem auch abfinden, wobei bloße Gleichgültigkeit[548] nicht ausreichend ist. Erforderlich ist vielmehr, dass der Täter positiv gewillt ist, den Erfolg hinzunehmen.[549] Die Abgrenzung dieses bedingten Vorsatzes von der bewussten Fahrlässigkeit vollzieht sich nach *Leukauf/Steininger*[550] im wesentlichen auf der Willensebene: Im Rahmen des bedingten Vorsatzes findet sich der Täter mit dem Tod des gedopten Sportlers ab. Bewusste Fahrlässigkeit liegt hingegen vor, wenn der Täter das Unrecht (Tod) nicht will, maW im, wenn auch leichtfertigen Vertrauen darauf handelt, dass der verpönte Erfolg nicht eintreten werde.[551]

1.2. Fahrlässige Tötung nach § 80 StGB[552]

1.2.1. Objektiver Tatbestand

Auch im Rahmen der fahrlässigen Tötung besteht der Erfolg in der Verursachung des Todes einer vom Täter verschiedenen Person.[553] Wiederum ist sowohl

---

546 *Leukauf/Steininger* § 5 Rz 16.
547 Vgl dazu bereits oben 82.
548 *Kienapfel* BT I § 75 Rz 21.
549 *Leukauf/Steininger* § 5 Rz 17; *Kienapfel/Höpfel* AT Z 27 Rz 25 mwN.
550 Vgl § 5 Rz 17 u. § 6 Rz 21.
551 *Leukauf/Steininger* § 5 Rz 17.
552 Im wesentlichen wird es sich im Rahmen der Tötungsdelikte bei Auftreten eines Todes durch Dopingmittel um eine fahrlässige Tötung handeln; einerseits, weil tatsächlich kein Vorsatz bestand, andererseits ein solcher in einem gerichtlichen Verfahren nicht nachweisbar ist, vgl dazu *Sehling/Pollert/Hackfort*, Doping im Sport, 143.

eine Begehung durch Tun als auch durch Unterlassen denkbar.[554] Jedenfalls muss der Erfolg durch ein objektiv sorgfaltswidriges Verhalten herbeigeführt worden sein. Wie bereits ausgeführt,[555] ist ein Verhalten dann objektiv sorgfaltswidrig, wenn sich ein einsichtiger und besonnener Mensch aus dem Verkehrskreis des Täters in der konkreten Situation anders verhalten hätte. Werden die Dopingmittel von einem Mannschaftsarzt verabreicht, ist bezüglich der Sorgfaltswidrigkeit beim Zuführen der Substanzen nicht schlicht auf einen Arzt, sondern im speziellen auf einen Mannschaftsarzt, d.h., auf einen mit der Betreuung von Wettkämpfern besonders in Kontakt stehenden Arzt, abzustellen. Hätte ein solcher mit den rechtlich geschützten Werten vertrauter Mannschaftsarzt ein Medikament nicht oder nicht mehr bzw. nicht in der Menge verabreicht, ist das Verabreichen durch den Täter als objektiv sorgfaltswidrig anzusehen. In gleicher Weise verhält es sich mit Tätern, die keine Ärzte sind. Abgestellt wird zB auf einen einsichtigen und besonnenen medizinischen Betreuer usw. Überdurchschnittliche Fähigkeiten und Kenntnisse, eventuell vorhandenes Sonderwissen und Sonderkönnen, erhöhen nach hL[556] die objektive Sorgfaltspflicht.

Unter dem Gesichtspunkt des erlaubten Risikos stellt die Lehre heutzutage verstärkt die Frage, ob die objektive Sorgfaltspflicht nicht durch das Verhalten desjenigen, der sich offensichtlich in Gefahr begibt, eingeschränkt wird.[557] Die heute hM[558] geht zutreffend davon aus, dass die bloße Veranlassung, Förderung oder Ermöglichung eigenverantwortlicher fremder Selbstgefährdung die objektive Zurechnung des Erfolgs, insbesondere auch des Todes, ausschließen kann. Für diese Ansicht hat sich der Begriff des Autonomieprinzips durchgesetzt.[559] Dieses Prinzip findet seine Grenzen dort, wo der Mitwirkende das dem anderen drohende Risiko kraft überlegenen Sachwissens besser erfasst bzw. leichtsinnig vergrößert oder wenn die Selbstgefährdung des anderen erkennbar auf gravierenden Beurteilungsmängeln beruht.[560] Im Falle eines Arztes wird man annehmen können, dass ihm wegen seines besonderen Fachwissens die Tatherrschaft zuzuschreiben ist. Man kann daher insoweit nicht von einem eigenverantwortli-

---

553 *Kienapfel* BT I § 80 Rz 46.

554 Vgl zu § 75 oben 128.

555 Oben 119.

556 *Leukauf/Steininger* § 6 Rz 13.

557 *Kienapfel* BT I § 80 Rz 64. Die Parallele zur Selbstgefährdung durch Drogenmissbrauch (Heroin etc.) ist unübersehbar, vgl SSt 47/42 (Romilartabletten-Fall).

558 *Rudolphi*, SK Vor § 1 Rz 79; *Schmoller*, Fremdes Fehlverhalten im Kausalverlauf, StPdG XXII, 71; *Lewisch*, Mitverschulden im Fahrlässigkeitsstrafrecht, ÖJZ, 1995, 298; idS erstmals auch explizit der OGH in JBl 1996, 804.

559 *Kienapfel* BT I § 80 Rz 64.

560 *Kienapfel* BT I § 80 Rz 65.

chen Handeln des Sportlers sprechen.[561] Dies entspricht auch der hM, da der Arzt eben über ein besonderes Fachwissen verfügt, welches das Autonomieprinzip an seine Grenzen führt. Anders kann sich die Situation darstellen, wenn die Dopingmittel von einem medizinischen Betreuer oder von einer Person ohne jegliche medizinische Fachkenntnisse verabreicht werden. In diesem Fall kommt es zu keiner Bestrafung dieser Personen, da mangels Haupttat auch keine Bestimmung bzw. Beteiligung iSv § 12 2. u. 3. Fall möglich ist.[562]

Die objektive Zurechenbarkeit der Todesfolge setzt weiters voraus, dass der Erfolg nicht gänzlich außerhalb der allgemeinen Lebenserfahrung, also innerhalb des Adäquanzzusammenhanges liegt, somit objektiv voraussehbar ist. Für einen Mediziner kommt es wiederum darauf an, ob die durch Dopingmittel hervorgerufenen Wirkungsweisen bereits in der medizinischen Wissenschaft beschrieben wurden.

1.2.2. Subjektiver Tatbestand

Neben dem Vorliegen der objektiven Sorgfaltswidrigkeit ist für eine Bestrafung erforderlich, dass der Täter auch subjektiv sorgfaltswidrig gehandelt hat., d.h., es muss ihm möglich gewesen sein, die objektive Sorgfaltswidrigkeit einzuhalten. Wie ausgeführt,[563] wird die subjektive Sorgfaltswidrigkeit von der objektiven indiziert. Eine gesonderte Prüfung ist deshalb nur dann erforderlich, wenn sich in einem Sachverhalt besondere Anhaltspunkte für das Fehlen der subjektiven Sorgfaltswidrigkeit ergeben würden.

Zusammenfassend ist festzuhalten, dass das Delikt der fahrlässigen Tötung als dasjenige anzusehen ist, nach welchem die Gerichte im Falle des Todes eines Sportlers durch Doping regelmäßig bestrafen werden.

561 So auch *Hagn*, Die rechtliche Beurteilung des Dopings, ÖJZ, 1993, 406.

562 Vgl *Linck*, Doping und staatliches Risiko, NJW, 1987, 2548; ähnlich *Derleder/Deppe*, Die Verantwortung des Sportarztes gegenüber Doping, JZ 1992, 121. Vgl zum Autonomieprinzip im Falle des Verabreichens von Dopingmitteln *Otto*, Zur Strafbarkeit des Doping – Sportler als Täter und Opfer, SpuRt 1994, 12 f, der eine Strafbarkeit des Dopingsubstanzen verabreichenden Dritten im Falle der eigenverantwortlichen Einnahme durch den Athleten ebenfalls ablehnt. Siehe zur eigenverantwortlichen Selbstgefährdung durch die Einnahme von Dopingsubstanzen weiters *Haas/Prokop C.*, Sind Staatsanwälte verpflichtet, gegen Doping-Ärzte Ermittlungsverfahren einzuleiten?, SpuRt 1997, 57 f.

563 Oben 119.

1.3. Fahrlässige Tötung unter besonders gefährlichen Verhältnissen nach § 81 StGB

1.3.1. Objektiver Tatbestand

Durch § 81 werden zwei Fälle erfasst, in denen eine fahrlässige Tötung einer strengeren Strafdrohung unterliegt: Einerseits handelt es sich dabei um eine fahrlässige Tötung unter besonders gefährlichen Verhältnissen (Z 1), andererseits in einem die Zurechnungsfähigkeit nicht ausschließenden Rauschzustand (Z 2).[564] Da der Tod des Opfers auch innerhalb des § 81 fahrlässig verursacht worden sein muss, hat der Täter in Bezug auf den Erfolgseintritt objektiv sorgfaltswidrig[565] zu handeln. Schließlich darf der Todeseintritt nicht auf einer Verkettung ungünstiger und somit außerhalb der allgemeinen Lebenserfahrung liegenden Umständen beruhen.[566]

1.3.2. Subjektiver Tatbestand

Neben der subjektiven Sorgfaltswidrigkeit hinsichtlich der Tötung, muss der Täter hinsichtlich der ersten Variante dieser Bestimmung darüber hinaus auch subjektiv sorgfaltswidrig in Bezug auf jene Umstände handeln, die die besonders gefährlichen Verhältnisse bedingen. Der Täter muss sich sämtlicher Umstände und ihrer qualifizierten Gefährlichkeit bewusst gewesen sein. Er verhält sich subjektiv sorgfaltswidrig, wenn er trotz dieser ihm bekannten oder für ihn erkennbaren Gefahrenmomente handelt.[567]

Im Rahmen der Z 2 des § 81, die, wie bereits erwähnt, bei Fällen, in denen es um die strafrechtliche Beurteilung von Dopingmissbräuchen geht, kaum eine Rolle spielen dürfte, ist hinsichtlich der Versetzung in einen Minderrausch sowohl Vorsatz (arg „wenn auch nur fahrlässig“) als auch Fahrlässigkeit rechtlich möglich.[568] In Bezug auf das Bevorstehen einer im Rausch für andere gefährlichen Tätigkeit ist subjektive Voraussehbarkeit ausreichend, d.h., es genügt, dass der Täter spätestens bei der Einnahme des berauschenden Mittels hätte erkennen können, dass ihm eine in diesem Zustand für andere gefährliche Tätigkeit bevor-

564 Beide Varianten des § 81 wurden bereits im Rahmen der Darstellung des § 89 (Gefährdung der körperlichen Sicherheit) erörtert, vgl dazu oben 125 f.

565 Erwähnt sei noch einmal, dass *Kienapfel* BT I § 81 Rz 14, § 81 nur dann zur Anwendung kommen lassen will, wenn den Täter eine auffallende Sorglosigkeit trifft, vgl dazu bereits oben 126.

566 Vgl oben 121 (Adäquanzzusammenhang).

567 *Burgstaller* WK § 81 Rz 40; *Leukauf/Steininger* § 81 Rz 16.

568 Vgl aus der Rsp zB OLG Innsbruck ZVR 1991/149.

steht.[569] Erst recht ist § 81 Z 2 als erfüllt anzusehen, wenn der Täter davon positives Wissen hatte.[570]

Zusammenfassend ist zu sagen, dass vor allem die Begehung der ersten Variante des § 81 im Zuge der Verabreichung von Dopingmitteln in praxi möglich erscheint.

1.4. Körperverletzung mit tödlichem Ausgang nach § 86 StGB

1.4.1. Objektiver Tatbestand

Die Tathandlung des § 86 liegt regelmäßig in der Herbeiführung einer Körperverletzung oder Gesundheitsschädigung;[571] in Betracht kommt aber auch eine körperliche Misshandlung[572] iSd § 83 Abs 2. Um eine Bestrafung nach § 86 vornehmen zu können, ist weiter erforderlich, dass die Verletzung (Gesundheitsschädigung) bzw. Misshandlung den Tod des Opfers nach sich gezogen hat. Denkbar ist beispielsweise das Verabreichen von Dopingsubstanzen, die eine Gesundheitsschädigung des Sportlers und in weiterer Folge dessen Tod bewirkt haben. Der Eintritt des Todes muss dem Täter wiederum objektiv zugerechnet werden können.[573] Neben dem ursächlichen Zusammenhang zwischen der Tat iSd § 86 Abs 1 oder Abs 2 und dem Tod muss insbesondere der Adäquanz- und der Risikozusammenhang gegeben sein. Dies ist zB dann nicht der Fall, wenn ein Athlet aufgrund der Verabreichung einer zu hohen Dosis eines Dopingpräparates mit dem Krankenwagen in ein Krankenhaus transportiert wird und dem Fahrer des Einsatzwagens auf dem Weg dorthin ein Fahrfehler unterläuft, es zu einem Unfall kommt und der Wettkämpfer deswegen sterben musste.[574]

Bezüglich der objektiven Sorgfaltswidrigkeit hinsichtlich der Tatbestandsmerkmale des § 86 Abs 1 ist festzuhalten, dass das Vorliegen einer erfolgsspezifischen Sorgfaltswidrigkeit zu prüfen ist. Es ist also zu untersuchen, ob der Eintritt einer dermaßen schweren (tatinadäquaten) Folge – ex-ante betrachtet – in den generellen Gefahrenradius der konkreten Tat fällt, d.h., ein derartiger Erfolg der Art nach überhaupt zu den objektiv voraussehbaren Folgen der Tat zählt.[575]

---

569 Siehe OLG Wien ZVR 1996/53, 1995/103, 1976/121.

570 *Kienapfel* BT I § 81 Rz 90.

571 Siehe zu beiden Begriffen sogleich die Ausführungen unten 134 f.

572 Dazu oben 124.

573 *Burgstaller* WK § 86 Rz 4; *Leukauf/Steininger* § 86 Rz 3.

574 Denkbar ist auch ein nachträgliches Fehlverhalten des Verletzten, das den Tod herbeigeführt hat, vgl dazu die GrundsatzE EvBl 1987/142 und *Kienapfel* BT I § 86 Rz 15.

575 JBl 1989, 395 m Anm *Kienapfel*; eingehend *Burgstaller*, Spezielle Fragen der Erfolgszurechnung und der objektiven Sorgfaltswidrigkeit, 54, in: *Pallin*-FS.

1.4.2. Subjektiver Tatbestand

Im Unterschied zu den §§ 75 bzw. 80 ist im Rahmen des § 86 der Tod nicht Tatbildmerkmal, sondern qualifizierendes Moment. Bei § 86 handelt es sich um ein erfolgsqualifiziertes Delikt[576] des § 83. Als Folge dessen kommt die Sonderbestimmung des § 7 Abs 2 zur Anwendung, d.h., dass der Täter vorsätzlich bezüglich der Tatbildmerkmale des § 83[577] und fahrlässig hinsichtlich des Todes[578] gehandelt haben muss. Dabei ist das sorgfaltswidrige Verhalten in der Regel bereits wegen der Verwirklichung des Grunddelikts (Körperverletzung) zu bejahen. In Bezug auf die tödliche Folge darf der Täter ausschließlich fahrlässig handeln. Kann ihm das Vorliegen eines, wenn auch nur bedingten Vorsatzes nachgewiesen werden, so ist er wegen Mordes (§ 75) zu bestrafen.[579] Der Akzent der Prüfung der subjektiven Sorgfaltswidrigkeit liegt hier auf der Frage der subjektiven Voraussehbarkeit des Todes. Dafür reicht es nach hL[580] aus, dass der Täter die Möglichkeit erkennen kann, dass sein Verhalten den Tod des Opfers in einer den Anforderungen des Adäquanz- und Risikozusammenhanges entsprechenden Weise zur Folge hat; subjektive Voraussicht des konkreten Erfolges ist hingegen nicht erforderlich.[581]

2. Körperverletzung

2.1. Einfache Körperverletzung nach § 83 Abs 1 StGB[582]

2.1.1. Objektiver Tatbestand

Gem § 83 Abs 1 wird bestraft, wer einen anderen am Körper verletzt oder an der Gesundheit schädigt. Der Begriff der Körperverletzung umfasst alle nicht ganz unerheblichen Eingriffe in die körperliche Integrität, welche über bloße körperli-

576 Ein derartiges Delikt liegt vor, wenn bei einem selbständig strafbaren Grundtatbestand eine schwerere Strafe für den Fall angedroht wird, dass die Tat zu einer im Gesetz genannten besonderen Folge geführt hat. Die schwerere Strafe greift bereits dann, wenn die besondere Folge wenigstens fahrlässig herbeigeführt wurde, vgl zum Ganzen näher *Triffterer* AT 320 f.

577 Eine körperliche Misshandlung gem § 83 Abs 2 genügt, siehe *Burgstaller* WK § 86 Rz 3.

578 *Leukauf/Steininger* § 86 Rz 3; *Burgstaller* WK § 86 Rz 3; *Foregger/Fabrizy* § 86 Rz 1; *Kienapfel* BT I § 86 Rz 7 f.

579 *Burgstaller* WK § 86 Rz 7; *Leukauf/Steininger* § 86 Rz 6.

580 *Burgstaller* WK § 86 Rz 9; *Leukauf/Steininger* § 86 Rz 7.

581 *Kienapfel* BT I § 86 Rz 19.

582 Zur Körperverletzung iSd § 1325 ABGB siehe oben 60 f.

che Misshandlungen[583] hinausgehen.[584] Bei den „nicht ganz unerheblichen“ Eingriffen in die körperliche Integrität geht es vorwiegend darum, Bagatellfälle aus der Strafbarkeit nach § 83 Abs 1 auszuscheiden. Äußerlich erkennbare Beeinträchtigungen (Hautabschürfungen etc.) der körperlichen Integrität sind nach dem StGB nicht mehr Voraussetzung einer Strafbarkeit wegen Körperverletzung, sondern bloß Indizien dafür. Im Gegensatz zum Zivilrecht sind jedoch Beeinträchtigungen des Aussehens (Abschneiden des Bartes[585]) nicht tatbestandsmäßig.[586]

Gesundheitsschädigungen werden definiert als Herbeiführung (auch iS von Aufrechterhaltung oder Verschlimmerung) einer körperlichen oder seelischen Störung.[587] Vorausgesetzt wird der Eintritt einer Funktionsstörung, die Krankheitswert im medizinischen Sinn besitzt.[588] Eine scharfe Abgrenzung zur Körperverletzung ist nach hM[589] weder möglich noch nötig, da beide Fälle des § 83 Abs 1 als gleichwertig anzusehen sind. Insoweit handelt es sich bei Abs 1 um ein alternatives Mischdelikt.[590] Die Ausführungen zur Bagatellschwelle (siehe dazu die soeben gemachten Erläuterungen innerhalb der Körperverletzung) gelten auch für die Begehungsform der Gesundheitsschädigung.[591]

Es stellt sich die Frage, ob durch das Verabreichen von Dopingmitteln eine Körperverletzung bzw. Gesundheitsschädigung in der erläuterten Art und Weise verursacht werden kann. Wie bereits im Rahmen der Darstellung des Vorliegens einer Körperverletzung nach Zivilrecht ausgeführt,[592] greifen Dopingsubstanzen regelmäßig über die Neben- oder Folgewirkungen in die körperliche Integrität des Sportlers ein. Schädigungen der Leber[593] bzw. anderer Organe sind jedenfalls als Gesundheitsschädigung anzusehen.[594] Auch das Infizieren mit ei-

---

583 Dazu oben 124.

584 *Burgstaller* WK § 83 Rz 7; *Leukauf/Steininger* § 83 Rz 5; *Foregger/Fabrizy* § 83 Rz 2; *Bertel/Schwaighofer* BT I § 83 Rz 1 f sowie *Kienapfel* BT I § 83 Rz 6.

585 SSt 22/79.

586 *Rittler* II 23; *Leukauf/Steininger* § 83 Rz 8.

587 *Burgstaller* WK § 83 Rz 10; *Foregger/Fabrizy* § 83 Rz 3; *Leukauf/Steininger* § 83 Rz 9; enger *Bertel/Schwaighofer* BT I § 83 Rz 3 f, die seelische Beeinträchtigungen ausklammern.

588 *Kienapfel* BT I § 83 Rz 15.

589 *Leukauf/Steininger* § 83 Rz 11.

590 *Kienapfel* BT I § 83 Rz 15.

591 *Lewisch* BT I 26; OLG Wien ZVR 1987/86.

592 Dazu oben 61.

593 UU kann es sich dabei auch um eine schwere Gesundheitsschädigung iSd § 84 handeln, siehe dazu die Ausführungen unten 140.

594 Für weitere gesundheitliche Schädigungen durch das Verabreichen von Dopingsubstanzen siehe *Soyez*, Die Verhältnismäßigkeit des Dopingkontrollsystems, 136 f.

ner Krankheit (zB. AIDS)[595] im Rahmen von Bluttransfusionen zwecks verbesserter Sauerstoffaufnahmefähigkeit des Blutes ist als tatbestandsmäßig anzusehen.

2.1.2. Subjektiver Tatbestand

Im Rahmen des § 83 Abs 1 muss der Täter zumindest dolu eventuali hinsichtlich der Verletzung bzw. der Gesundheitsschädigung handeln. Hält er den Erfolg ernstlich für möglich und findet er sich billigend mit dessen Eintritt ab, so kommt eine Bestrafung nach dieser Bestimmung in Betracht.[596]

2.1.3. Rechtswidrigkeit[597]

Der Begriff „ärztliche Heilbehandlung" ist nach hL[598] weit auszulegen. Er umfasst sämtliche ärztliche Eingriffe und Behandlungen, die aufgrund einer medizinischen Indikation vorgenommen werden, um Krankheiten, Leiden, Körperschäden, körperliche Beschwerden oder seelische Störungen zu erkennen, zu heilen oder zu lindern. Nach dem überwiegenden Teil der Lehre[599] ist die sachgemäße Heilbehandlung schon begrifflich keine Körperverletzung (sogenannte „Tatbestandslösung"), wenn sie von einem Arzt vorgenommen wird, medizinisch indiziert ist bzw. de lege artis ausgeführt wird.[600] Schon auf den ersten

---

595 Vgl dazu auch unten 140.

596 Wiederum kommt es bei der Beurteilung dessen, ob der Erfolgseintritt ernstlich für möglich gehalten wird, entscheidend auf den Ausbildungsgrad (Mediziner etc.) des Täters an.

597 An dieser Stelle sollen nicht sämtliche Rechtfertigungsgründe dargestellt werden (erinnert sei daran, dass in diesem Kapitel die mit der Verabreichung von Dopingsubstanzen zusammenhängenden Delikte des StGB unter der Voraussetzung dargestellt werden, dass der betroffene Athlet in die Dopingmaßnahme eingewilligt hat). Hier soll lediglich erläutert werden, ob das Dopen durch einen Arzt auch als ärztliche Heilbehandlung angesehen werden kann.

598 *Zipf*, Die strafrechtliche Haftung des Arztes, StPdG VI, 4; *Kienapfel*, Arzthaftung und Aufklärungspflicht im österreichischen Strafrecht, 34, in: *Gramberg-Danielsen* (Hrsg.) Rechtsophthalmologie; *Brandstetter/Zahrl*, Die strafrechtliche Haftung des Arztes, RdM 1994, 17.

599 *Burgstaller* WK § 83 Rz 30 u. § 90 Rz 87; *Leukauf/Steininger* § 83 Rz 21; *Bertel/Schwaighofer* BT I § 110 Rz 12; dagegen (Rechtfertigungsgrund mit unterschiedlichen Begründungen) *Nowakowski*, Das österreichische Strafrecht in seinen Grundzügen, 61; *ders* WK Nachbem § 3 Rz 28 f; *Edlbacher*, Körperliche, besonders ärztliche, Eingriffe an Minderjährigen aus zivilrechtlicher Sicht, ÖJZ 1982, 366; *Fuchs* AT I 125 f sowie *Loebenstein*, Die strafrechtliche Haftung des Arztes bei operativen Eingriffen, ÖJZ 1978, 309.

600 Vgl dazu näher *Kienapfel* BT I § 83 Rz 28 ff.

Blick wird deutlich, dass das Verabreichen von Dopingpräparaten zwecks Steigerung der Leistungsfähigkeit eines Wettkämpfers, nicht unter die Definition der Heilbehandlung fällt.[601, 602] Bei medizinischen Eingriffen, die keine Heilbehandlung darstellen, ist somit eine „Rechtfertigung der durch sie verwirklichten Körperverletzungstatbestände ausschließlich durch eine Einwilligung gemäß § 90 möglich".[603]

2.1.4. Bisher erfolgte Verurteilungen

Vor allem vor dem Hintergrund der möglichen gravierenden Schädigungen durch das Verabreichen von Dopingmitteln, erscheint es verwunderlich, dass es in Österreich bisher zu keinerlei Verurteilungen nach § 83 Abs 1 in Zusammenhang mit Doping gekommen ist. Anders stellt sich die Situation in Deutschland dar – es gibt bereits einige Verurteilungen wegen Körperverletzung aufgrund von Doping:[604]

So verurteilte das LG Berlin im August 1998 (512-8/98) einen früheren Schwimmtrainer und zwei Sportärzte wegen ihrer Beteiligung am systematischen Doping im DDR-Sport aufgrund von medizinisch nicht indizierter Verabreichung männlicher Sexualhormone (Testosteron-Tabletten) an minderjährige Schwimmerinnen zur Leistungssteigerung wegen vorsätzlicher Körperverletzung bzw. Beihilfe zur Körperverletzung zu Geldstrafen bis zu DM 27.000,--, weil sie entsprechend ihrem Geständnis die möglichen gesundheitlichen Folgeschäden kannten bzw. billigend in Kauf nahmen. Gegen zwei weitere geständige Schwimmtrainer wurde das Verfahren gegen Zahlung einer Geldbuße eingestellt.[605]

Am 7.12.1998 verurteilte ebenfalls das LG Berlin einen 56jährigen Sport- und Chefarzt des DDR-Ministeriums für Sicherheit (MfS) wegen Beihilfe zur Körperverletzung. Der Arzt hatte an mindestens neun minderjährige Schwimmerinnen im Alter von 12 – 17 Jahren Dopingmittel (männliche Sexualhormone) verabreicht und wurde deswegen zu 180 Tagessätzen à DM 80,-- (DM 14.400,--) verurteilt.[606]

---

601 So auch *Hagn*, Die rechtliche Beurteilung des Dopings, ÖJZ 1993, 407.

602 Ob im Verabreichen eine Behandlung iSd § 110 gesehen werden kann, wird unten, 145 f, geklärt.

603 *Burgstaller* WK § 90 Rz 145.

604 Zu betonen ist allerdings, dass es sich bei diesen Sachverhalten ausschließlich um Dopingfälle handelt, die im Zusammenhang mit DDR-Sportlern aufgetreten sind.

605 *Körner*, Betäubungsmittelgesetz, Arzneimittelgesetz, AMG Anhang D II Rz 154.

606 Vgl BGH NJW 2000, 1506 ff.

Im April 1999 verurteilte das AG Berlin-Tiergarten den ehemaligen Leiter des Sportmedizinischen Dienstes der DDR (SMD) ebenfalls wegen Beihilfe zur Körperverletzung in 109 Fällen zu insgesamt DM 45.000,-- wegen Doping mit Anabolika in den Bereichen Schwimmsport und Leichtathletik. Durch die Verabreichung der Anabolika kam es zu der bereits beschriebenen Vermännlichung der Athletinnen.[607]

Im Juni 1999 verurteilte wiederum das AG Berlin-Tiergarten einen geständigen Abteilungsleiter der Abteilung Leistungssport im Sportmedizinischen Dienst (SMD) der DDR in 72 Fällen wegen Beihilfe zur Körperverletzung zu sechs Monaten Freiheitsstrafe auf Bewährung. Der Täter sorgte über viele Jahre für die Beschaffung von Anabolika sowie deren Verteilung. Im Unterschied zu den bisher erwähnten Urteilen wurde in diesem Fall also eine Freiheitsstrafe, wenn auch auf Bewährung, ausgesprochen.

Im September 1999 wurde der Präsident des Deutschen Turn- und Sportbundes der DDR *Manfred Ewald* wegen Körperverletzung in zahlreichen Fällen durch Organisierung des Staatsdopings angeklagt.[608] Am 22.12.1999 verurteilte das Berliner LG 3 ehemalige DDR-Sportfunktionäre wegen der Verabreichung angeblich harmloser (blauer) Vitaminpillen, die jedoch Dopingmittel (Oral-Turinabol) enthielten, zu Freiheitsstrafen von 1 Jahr auf Bewährung und einer Geldbuße von DM 5.000,-- wegen Körperverletzung. Wiederum kam es bei den geschädigten Athletinnen zu einer starken Vermännlichung (tiefere Stimme, starker Haarwuchs, Zurückbildung der Brüste etc.).

Anfang Mai 2000 begann vor dem LG Berlin das Verfahren gegen den zuvor bereits erwähnten Sportchef der DDR *Manfred Ewald* sowie gegen den von *Ewald* beauftragten medizinischen Leiter des DDR-Staatsdoping-Programms, den Leiter Leistungssport des Sportmedizinischen Dienstes *Manfred Höppner*, wegen Körperverletzung durch heimliche Vergabe von Dopingmitteln an jugendliche Sportlerinnen in 142 Fällen mit teilweise erheblichen Gesundheitsschädigungen. Die 38. Große Strafkammer des Berliner Landgerichts verurteilte am 18.7.2000 den 74jährigen *Ewald* wegen Beteiligung am Hormondoping minderjähriger Sportlerinnen in 20 Fällen zu 22 Monaten Freiheitsstrafe auf Bewährung (Beihilfe zur Körperverletzung). Der 66jährige Sportarzt *Höppner* erhielt 18 Monate Freiheitsstrafe – ebenfalls auf Bewährung – wegen Verabreichung des Hormonpräparates Oral-Turinabol. Den Ausführungen im Urteil zufolge rechneten beide Angeklagten mit Schädigungen und Nebenwirkungen der blauen Pillen, nahmen diese aber dennoch billigend in Kauf.[609]

---

607 Dazu oben 40.

608 Siehe *Körner*, Betäubungsmittelgesetz, Arzneimittelgesetz, AMG Anhang D II Rz 158.

609 *Körner*, aaO.

Mitte Juni 2000 verurteilte schließlich das AG Berlin-Tiergarten drei ehemalige Leichtathletik-Trainer eines DDR-Sportclubs wegen Hormondopings in den Jahren 1974 – 1985 wegen Körperverletzung in sieben Fällen zu Bewährungsstrafen von 7 bzw. 10 Monaten.

Aufgrund dieser Verurteilungen ist zunächst festzuhalten, dass es als positiv gewertet werden muss, wenn das systematische Verabreichen von Dopingmitteln in der früheren DDR zu strafrechtlichen Konsequenzen, insbesondere nach den Körperverletzungsdelikten, führt. Auffallend ist, dass die Täter mE nur zu relativ geringen Geldstrafen bzw. bedingten Freiheitsstrafen verurteilt worden sind. Gerade vor dem Hintergrund der schwerwiegenden und oftmals sehr lange andauernden gesundheitlichen Beeinträchtigungen durch Dopingpräparate erscheint dies problematisch zu sein. Vor allem auch deswegen, da – wie ausgeführt – Schädigungen der Athletinnen vorsätzlich in Kauf genommen worden sind. Bedauerlich ist, dass derartige strafrechtliche Verurteilungen bisher – soweit ersichtlich – auf den Raum der früheren DDR beschränkt geblieben sind. Vor allem die Delikte gegen Leib und Leben sind es, die durch das Verabreichen von Dopingmitteln betroffen sind. Sind durch dieses Verabreichen die entsprechenden Delikte als erfüllt anzusehen, muss es auch zu entsprechenden Verurteilungen nach den jeweiligen Strafgesetzbüchern kommen. Die Zeiten, in denen man Doping vielleicht als Kavaliersdelikt angesehen hat, müssen endgültig vorbei sein.

2.2. Schwere Körperverletzung nach § 84 Abs 1 StGB

2.2.1. Objektiver Tatbestand

Der objektive Tatbestand dieser Bestimmung ist erfüllt, wenn eine Körperverletzung bzw. Gesundheitsschädigung iSd § 83 Abs 1[610] eine länger als vierundzwanzig Tage dauernde Gesundheitsschädigung oder Berufsunfähigkeit zur Folge hat oder eine derartige Verletzung bzw. Gesundheitsschädigung an sich schwer ist.

Im Hinblick auf die länger als 24 Tage dauernde Gesundheitsschädigung ist bezüglich der Frist zu betonen, dass es dabei allein darauf ankommt, wie lange es dauert, bis die Krankheitserscheinungen (Schmerzen, Fieber, etc.) im wesentlichen abgeklungen sind.[611] Der Zeitraum der Gesundheitsschädigung ist nicht mit jenem der Heilungsdauer identisch.[612] Die von einem Arzt verordnete Zeit

---

610 Vgl dazu oben 134 f.

611 *Kienapfel* BT I § 84 Rz 36.

612 *Leukauf/Steininger* § 84 Rz 5.

des Krankenstandes ist als Maßstab für die Zeitspanne in § 84 Abs 1 ebenfalls abzulehnen.[613] Es kommt allein auf den Zeitraum an, in welchem der Sportler durch die Dopingmittel in seinem körperlichen Wohlbefinden beeinträchtigt ist.

Auch hinsichtlich der Berufsunfähigkeit kommt es weder auf die Länge des verordneten Krankenstandes noch auf die Dauer seiner tatsächlichen Inanspruchnahme an. Entscheidend ist vielmehr wie lange der Verletzte nicht in der Lage ist, den wesentlichen Anforderungen seines Berufs ohne Gefährdung des weiteren Heilungsverlaufs und ohne unzumutbare Erschwernisse zu genügen.[614] Ein Sportler darf somit seiner beruflichen Tätigkeit solange nicht nachgehen, als der Heilungsverlauf gefährdet erscheint. Mit Beruf ist das gesamte soziale Tätigkeitsfeld des Opfers gemeint.[615] Maßgebend ist allein der zur Tatzeit tatsächlich ausgeübte Beruf (zB Fußballprofi).

Eine an sich schwere Körperverletzung liegt vor, wenn wichtige Organe oder Körperteile in einer Weise beeinträchtigt werden, dass damit wesentliche Funktionseinbußen oder erhebliche Veränderungen des äußeren Erscheinungsbildes verbunden sind.[616] Ein beispielsweise durch Dopingsubstanzen herbeigeführter Herzfehler (Rhythmusstörungen) kann wegen der Wichtigkeit des betroffenen Organs als schwere Körperverletzung zu qualifizieren sein.

Eine Gesundheitsschädigung ist an sich schwer, wenn sie mit lebensgefährlichen Gesundheitsstörungen, der Gefahr einer schweren Dauerfolge oder mit beträchtlichen, die Lebensqualität deutlich herabsetzenden Folgebeschwerden, verbunden ist.[617] Denkbar ist im gegebenen Zusammenhang ein durch Dopingmittel verursachter lebensgefährlicher Fieberzustand oder die Infizierung mit dem tödlichen AIDS-Virus,[618] unabhängig vom Ausbruch der Krankheit. Ob eine an sich schwere Körperverletzung oder Gesundheitsschädigung vorliegt, hat letztlich der Richter durch Heranziehung eines medizinischen Sachverständigen in freier Beweiswürdigung zu beurteilen.

Abschließend ist zu sagen, dass durch das Zuführen von Dopingmitteln sämtliche in § 84 Abs 1 genannten Möglichkeiten der Deliktsverwirklichung vorliegen können.

---

613 *Burgstaller* WK § 84 Rz 14.

614 So die Definition der hL und Jud, vgl *Leukauf/Steininger* § 84 Rz 6; *Bertel/Schwaighofer* BT I § 84 Rz 2; EvBl 1994/61.

615 *Kienapfel* BT I § 84 Rz 37.

616 *Foregger/Fabrizy* § 84 Rz 3 ff; *Leukauf/Steininger* § 84 Rz 7; *Burgstaller* WK § 84 Rz 18; etwas enger *Bertel/Schwaighofer* BT I § 84 Rz 4 f.

617 *Kienapfel* BT I § 84 Rz 17; ähnlich *Mayerhofer/Rieder* § 84 Anm 4.

618 *Lewisch* BT I 36.

2.2.2. *Subjektiver Tatbestand*

Nach Ansicht der stRsp[619] handelt es sich bei den in § 84 Abs 1 aufgezählten Tatbeständen um reine Erfolgsqualifikationen iSd § 7 Abs 2;[620] das bedeutet, dass hinsichtlich der Bestrafung nach dieser Norm eine fahrlässige Herbeiführung der Tatbestände ausreichend ist. Dagegen geht *Kienapfel*[621] von einer doppelfunktionalen Auslegung des § 84 Abs 1 aus. Einerseits als reine Vorsatzvariante iS einer selbständigen Deliktsqualifikation für den Fall von bedingtem Vorsatz bzw. Wissentlichkeit, andererseits als Erfolgsqualifikation iS von § 7 Abs 2. Je nachdem welcher Ansicht man folgen will, ist im Rahmen des § 84 Abs 1 eine fahrlässige Begehungsweise in Form einer Erfolgsqualifikation bzw. daneben eine rein vorsätzliche schwere Körperverletzung möglich.[622]

Abschließend ist zu betonen, dass vor allem durch das langjährige Verabreichen von Dopingsubstanzen schwere Körperverletzungen bzw. Gesundheitsschädigungen in der Praxis vorstellbar sind, diese dem Wettkämpfer jedoch in den meisten Fällen nicht vorsätzlich,[623] sondern fahrlässig beigebracht werden.

2.3. *Körperverletzung mit schweren Dauerfolgen nach § 85 StGB*[624]

2.3.1. *Objektiver Tatbestand*

Eine Bestrafung nach dieser Bestimmung hat zu erfolgen, wenn die Tat (Körperverletzung oder Gesundheitsschädigung gem § 83 Abs 1 sowie körperliche Misshandlung iSd § 83 Abs 2) schwere Dauerfolgen nach sich gezogen hat. Diese müssen die Lebensqualität des Verletzten entweder für immer oder doch (im Verhältnis zur verbleibenden Lebenserwartung) für lange Zeit empfindlich trüben.[625] Im Rahmen der Z 1 kommt bei Dopingmissbräuchen vor allem der Ver-

---

619 Vgl die GrundsatzE SSt 47/84.

620 Vgl dazu bereits oben 134.

621 BT I § 84 Rz 8.

622 Da es sich dabei um ein grundsätzliches dogmatisches Problem handelt, soll ein Lösungsvorschlag im Rahmen dieser Arbeit nicht erörtert werden.

623 Auch aus diesem Grund kann die „richtige" Auslegung des § 84 Abs 1 (nur Erfolgsqualifikation bzw. auch reine Vorsatzvariante) innerhalb dieser Arbeit dahingestellt bleiben.

624 Eine absichtliche schwere Körperverletzung nach § 87 wird im Rahmen der Verabreichung von Dopingmitteln wohl kaum in Betracht kommen. Dies und die Tatsache, dass sich diese Bestimmung nur hinsichtlich der Vorsatzform von der Regelung des § 85 unterscheidet, lässt eine eigenständige Behandlung innerhalb dieser Untersuchung nicht notwendig erscheinen.

625 HM; *Burgstaller* WK § 85 Rz 19; EvBl 1979/147 (eine dreijährige Berufsunfähigkeit eines 40jährigen ist noch keine lange Zeit).

lust oder die schwere Schädigung der Fortpflanzungsfähigkeit in Betracht. Im Bereich der Dopingpräparate sind es vorwiegend die im Spitzensport häufig eingesetzten Anabolika, die für derartig gravierende Schädigungen verantwortlich sind. Anabolika werden im Stoffwechsel teilweise in Androgene umgewandelt. Durch diesen Vorgang kann es bei Frauen zu einer zum Teil irreversiblen Virilisierung (Vermännlichung), bei Männern zu Prostataveränderungen, Potenzstörungen sowie im Extremfall zu einem gänzlichen Verlust der Zeugungsfähigkeit (d.i. die Fähigkeit zur natürlichen biologischen Fortpflanzung), kommen.[626] Jugendliche Sportler sehen sich durch die Einnahme von Hormonen darüber hinaus der Gefahr eines verminderten Größenwachstums, verursacht durch einen vorzeitigen Schluss der Epiphysenfugen, ausgesetzt.[627] Der letztgenannte Fall (Wachstumshemmung) kann sowohl als auffallende Verunstaltung als auch als schweres Leiden bzw. Siechtum qualifiziert werden. Eine auffallende Verunstaltung liegt nach der Definition der Rsp[628] bei einer „– unter Zugrundelegung eines ästhetischen Maßstabs – nach allgemeiner Lebensanschauung erheblich nachteiligen Veränderung des Verletzten, die geeignet ist, die Aufmerksamkeit Dritter hervorzurufen“, vor. Ein erheblich vermindertes Wachstum ist durchaus geeignet, die Aufmerksamkeit Dritter zu erwecken; darüber hinaus kann es als nachteilige Veränderung des Verletzten betrachtet werden.[629] Durch das Verabreichen von Dopingmitteln können auch Folgen eintreten, die ein schweres Leiden, Siechtum bzw. Berufsunfähigkeit[630] nach sich ziehen. Ein Leiden ist als schwer zu bezeichnen, wenn es sich dabei um eine „den Daseinswert des Betroffenen“[631] nachhaltig schmälernde Gesundheitsbeeinträchtigung handelt.[632] Die Qualifikation als schweres Leiden hängt von der in einer Gesamtschau zu würdigenden Erheblichkeit und Wichtigkeit der Gesundheitsschädigung ab.[633] Von einem Siechtum ist zu sprechen, wenn das Opfer darnieder liegt.[634] Das Krankheitsbild ist das der Hinfälligkeit (etwa im Fall des Unvermögens zu situationsgemäßem Handeln).[635] Zu Recht weist *Kienapfel*[636] darauf hin, dass die

---

626 Offensichtlich ist, dass derartige Beeinträchtigungen nicht von heute auf morgen auftreten. Solche schwerwiegenden Gesundheitsschädigungen sind meist die Folge jahrelangen Medikamentenmissbrauchs.

627 *Lünsch*, Doping im Sport, 27 f.

628 SSt 50/22.

629 Nach Meinung des Verfassers ist auch die Ansicht vertretbar, dass es sich bei einem verminderten Wachstum ausschließlich um ein schweres Leiden bzw. Siechtum handelt; eine eindeutige Qualifikation ist vom Einzelfall abhängig.

630 Vgl dazu oben 139 f.

631 *Mayerhofer/Rieder* § 85 E 13 b.

632 *Lewisch* BT I 38.

633 *Leukauf/Steininger* § 85 Rz 15.

634 *Lewisch* aaO.

635 EvBl 1973/109.

Grenzen zwischen schwerem Leiden und Siechtum fließend sind und das eine oftmals Folge des anderen ist.

Wie bei § 86 ist im Rahmen der Prüfung der objektiven Sorgfaltswidrigkeit auf das Vorliegen einer erfolgsspezifischen Sorgfaltswidrigkeit[637] abzustellen.

2.3.2. Subjektiver Tatbestand

Bei § 85 handelt es sich um eine Erfolgsqualifikation iSv § 7 Abs 2. Der Täter muss die besondere Folge somit zumindest fahrlässig herbeigeführt haben. Im Bereich des vorsätzlichen Verhaltens ist das Vorliegen bedingten Vorsatzes ausreichend; Wissentlichkeit wird von § 85 noch erfasst.

2.4. Fahrlässige Körperverletzung nach § 88 StGB

2.4.1. Objektiver Tatbestand

Objektiver Tatbestand dieser Norm ist eine Körperverletzung bzw. Gesundheitsschädigung[638] durch ein objektiv sorgfaltswidriges[639] Verhalten. Das Vorliegen von Körperverletzungen und Gesundheitsschädigungen durch das Zuführen von Dopingsubstanzen wurde bereits bejaht.[640] § 88 Abs 3 enthält die Bestimmungen über die fahrlässige Körperverletzung unter besonders gefährlichen Verhältnissen bzw. in einem die Zurechnungsfähigkeit nicht ausschließenden Rauschzustand; diese bilden das Gegenstück zu § 81 und bedienen sich derselben dogmatischen Konstruktion.[641] Schließlich regelt noch § 88 Abs 4 1. F. den Fall einer fahrlässigen schweren Körperverletzung;[642] der 2. u. der 3. Fall dieser Bestimmung bestrafen eine schwere Körperverletzung, die unter den Voraussetzungen des § 81 begangen wird.

---

636 BT I § 85 Rz 12.
637 Vgl dazu bereits die Ausführungen oben 133.
638 Zur Definition der Begriffe Körperverletzung bzw. Gesundheitsschädigung im strafrechtlichen Sinn vgl im einzelnen die Ausführungen oben 134 f.
639 Zur subjektiven Sorgfaltswidrigkeit, die innerhalb dieser Norm nicht mehr erläutert wird, vgl oben 119.
640 Dazu oben 135 f.
641 *Kienapfel* BT I § 88 Rz 63; vgl auch oben 125 f.
642 Vgl zur schweren Körperverletzung oben 139 f.

2.4.2. Strafausschließungsgründe[643]

a) Allgemeines

Hinsichtlich der fahrlässigen Körperverletzung nach § 88 enthält dessen Abs 2 verschiedene Strafausschließungsgründe, vorausgesetzt, dass den Täter kein schweres Verschulden trifft. Weiters ist für einen Ausschluss der Strafe das Vorliegen eines in § 88 Abs 1 Z 1 – 4 genannten Privilegierungsgrundes notwendig. Schweres Verschulden bedeutet gesteigerte, qualifizierte Fahrlässigkeit.[644] Nach einer gängigen Definition liegt schweres Verschulden vor, wenn dem Täter eine ungewöhnliche und auffallende Sorglosigkeit zur Last fällt und der Eintritt eines Schadens für ihn als wahrscheinlich und nicht nur als entfernt möglich voraussehbar war.[645] Von den einzelnen Privilegierungsgründen kommen im gegebenen Zusammenhang vor allem das Ärzte- und das Bagatellfolgenprivileg in Frage:

b) Ärzteprivileg (Abs 1 Z 2)

Um eine Bestrafung aufgrund dieser Privilegierung auszuschließen ist erforderlich, dass ein Arzt in Ausübung der Heilkunde keine Gesundheitsschädigung von mehr als 14tägiger Dauer verursacht hat. Es stellt sich somit die grundlegende Frage, ob das Verabreichen von Dopingmitteln „in Ausübung der Heilkunde" erfolgt. Ungeklärt ist dabei vor allem, ob sich dieser Begriff auf Heilbehandlungen[646] beschränkt, bei denen dem Arzt ein Fehler unterlaufen ist, oder sich darüber hinaus auch sonstige ärztliche Behandlungen (vgl § 110)[647] darunter subsumieren lassen. Die hM[648] geht zu Recht von einem weiten Begriff der „Ausübung der Heilkunde" aus und versteht darunter neben Heilbehandlungen auch alle sonstigen ärztlichen Behandlungen.

Neben dem Erfordernis des Zufügens einer fahrlässigen Körperverletzung in Ausübung der Heilkunde ist für einen Strafausschluss, wie bereits erwähnt, erforderlich, dass keine Gesundheitsschädigung bzw. Berufsunfähigkeit von mehr

---

643 Vgl zu den Strafausschließungsgründen generell *Triffterer* AT 100 ff.

644 *Kienapfel* BT I § 88 Rz 35; *Lewisch* BT I 67 weist auf die Parallele zur groben Fahrlässigkeit im Zivilrecht hin.

645 *H. Steininger*, Zur Auslegung des Begriffs „schweres Verschulden" im § 431 Abs 2 StG nF, ZVR 1972, 67; *Foregger/Fabrizy* § 88 Rz 3; *Leukauf/Steininger* § 88 Rz 11; kritisch *Schick*, Problemaspekte des Verkehrsstrafrechts, ZVR 1974, 361.

646 Siehe dazu oben 136.

647 Dazu unten 145 f.

648 *Kienapfel* BT I § 88 Rz 45; im Ergebnis auch *Mayerhofer/Rieder* § 88 Anm 2; vgl weiters *Leukauf/Steininger* § 88 Rz 17.

als 14tägiger Dauer[649] auftritt. Es ist daher in jedem Einzelfall genau zu prüfen, ob diese Voraussetzung gegeben ist oder eine entsprechend lange Beeinträchtigung vorliegt.[650]

IV. Doping ohne Kenntnis des Sportlers

1. Tötungs- und Körperverletzungsdelikte

Hat ein Athlet keine Kenntnis von der Dopingmaßnahme seines Trainers, Betreuers etc. und liegt somit keine Einwilligung vor, ist im Falle einer Körperverletzung davon auszugehen, dass diese nicht gerechtfertigt ist.[651]

2. Eigenmächtige Heilbehandlung nach § 110 StGB

Im Fall einer Verabreichung von Dopingmitteln ohne Kenntnis des Wettkämpfers ist die Frage zu klären, ob das Delikt der eigenmächtigen Heilbehandlung (§ 110) als erfüllt anzusehen ist. Nach dieser Vorschrift ist zu bestrafen, wer einen anderen ohne dessen Einwilligung, wenn auch nach den Regeln der medizinischen Wissenschaft, behandelt. In diesem Zusammenhang stellt sich vor allem die Frage, ob in dem Verabreichen von Dopingmitteln eine Behandlung iSd § 110 gesehen werden kann. Der vom Gesetzgeber gezielt verwendete Begriff der Behandlung erfasst nach hL einerseits[652] den gesamten Bereich der Heilbehandlung ieS,[653] andererseits[654] auch alle sonstigen ärztlichen Eingriffe und

---

649 Erfolgt durch den Dopingmissbrauch keine Gesundheitsschädigung oder Berufsunfähigkeit von mehr als 3tägiger Dauer, ist der Strafausschließungsgrund des Bagatellfolgenprivilegs (Abs 2 Z 4), bei dem jedoch nicht vorausgesetzt ist, dass der Täter ein Arzt ist, heranzuziehen.

650 Der Strafausschließungsgrund des Medizinalpersonals für die in Abs 2 Z 3 ausdrücklich genannten Personen (zB Personal von Krankenpflegeanstalten) ist an jene Voraussetzungen geknüpft, die dem Ärzteprivileg entsprechen, dürfte aber im Rahmen des Verabreichens von Dopingmitteln kaum zur Anwendung kommen.

651 Wie bereits ausgeführt, vgl oben 78, ist eine Einwilligung in eine Tötung mangels Disponibilität des Rechtsgutes Leben rechtlich unwirksam und somit eine Bestrafung nach dem entsprechenden Delikt möglich.

652 *Leukauf/Steininger* § 110 Rz 4; *Bertel/Schwaighofer* BT I § 110 Rz 2.

653 Vgl zu diesem Begriff oben 136.

654 *Bertel/Schwaighofer* BT I § 110 Rz 3; *Lewisch* BT I 116; *Triffterer*, Zu den verfassungs- und strafrechtlichen Grenzen einer Sexualerziehung in den Schulen, JBl 1990, 409; dagegen für eine Beschränkung des Begriffs Behandlung auf *Heil*behandlungen *Bertel* WK § 110 Rz 6; *Schmoller* in *Triffterer* StGB-Komm § 110 Rz 31 geht davon aus, dass der objektive Tatbestand des § 110 auch durch nicht der Heilung dienende körperliche Eingriffe erfüllt sein kann.

Maßnahmen, „insbesondere solche, die mangels medizinischer Indikation keine Heilbehandlungen sind und im Falle fehlender Einwilligung primär die Anwendbarkeit der §§ 83 ff begründen".[655] Primär ist festzuhalten, dass das Verabreichen von Dopingmitteln, wenn es ausschließlich dem Zweck der verbotenen Leistungssteigerung dient, jedenfalls keine Heilbehandlung ieS darstellt. Wie soeben dargestellt, fallen aber nach hL auch jene ärztlichen Eingriffe unter den Begriff der Behandlung, die ohne medizinische Indikation erfolgen und eine Strafbarkeit nach den §§ 83 ff begründen würden. Genau dies trifft beim leistungssteigernden Dopen zu; auf der einen Seite erfolgt es ohne medizinische Indikation, auf der anderen Seite kann der Eingriff eine Körperverletzung bzw. Gesundheitsschädigung darstellen. Folgt man der Ansicht der hL, fällt das Zuführen von Dopingmitteln unter den Begriff der Behandlung in § 110.[656]

Hagn[657] geht allerdings von der gegenteiligen Auffassung aus. Ihrer Ansicht nach fällt das Verabreichen von Dopingmitteln, wenn es ohne medizinische Indikation vorgenommen wird, keinesfalls unter den Begriff der Behandlung des § 110.[658] Der Verfasser schließt sich der Meinung der hL an. Dies vor allem aufgrund der bewussten Verwendung des Wortes „Behandlung" durch den Gesetzgeber in § 110, das neben Heilbehandlungen auch alle sonstigen ärztlichen Eingriffe umfassen soll.[659]

Schließlich ist noch zu erwähnen, dass eine Bestrafung nach § 110 nicht auf Behandlungen beschränkt ist, die von einem Arzt durchgeführt wurden. Vor allem aus der Wendung „wenn auch nach den Regeln der medizinischen Wissenschaft" schließt die hL[660] zu Recht, dass das Delikt der eigenmächtigen Heilbehandlung auch von Nichtärzten verwirklicht werden kann, was im Zusammenhang mit Doping (medizinisches Personal) von Bedeutung ist.

---

655 *Kienapfel* BT I § 110 Rz 7.

656 *Kienapfel* aaO führt als Beispiel einer Behandlung iSv § 110 das Verabreichen von Dopingmitteln explizit an.

657 Die rechtliche Beurteilung des Dopings, ÖJZ 1993, 407, 409.

658 Offenbar geht die genannte Autorin davon aus, dass sich der Begriff der Behandlung in § 110 ausschließlich auf Heilbehandlungen ieS bezieht. Folgt man dieser Ansicht, liegt es auf der Hand, dass sich das Verabreichen von Dopingsubstanzen nicht unter den Begriff der Behandlung iSd § 110 subsumieren lässt; auch die hL sieht im Doping keine Heilbehandlung ieS; vgl *Soyez*, Die Verhältnismäßigkeit des Dopingkontrollsystems, 140 f.

659 Die Ausnahmefälle des § 110 Abs 2, die den Arzt zu eigenmächtigen Handlungen berechtigen, weil er irrtümlich von einer ernstlichen Gefahr für das Leben oder die Gesundheit des Behandelten ausging, liegen im Bereich des Verabreichens von Dopingmitteln im Sport gerade nicht vor (vgl *Kohlhaas*, Das Doping aus rechtlicher Sicht, 51, in: *Schroeder/Kaufmann* [Hrsg.], Sport und Recht).

660 *Leukauf/Steininger* § 110 Rz 6; *Bertel/Schwaighofer* § 110 Rz 4; *Mayerhofer/Rieder* § 110 Anm 3.

3. Strafbare Handlungen gegen die Ehre

3.1. Vorbemerkung

Untersucht man die Strafbarkeit des Verabreichens von Dopingsubstanzen unter der Prämisse, dass der gedopte Sportler davon keine Kenntnis hatte, kommen auch die Delikte der „strafbaren Handlungen gegen die Ehre“, insbesondere die Tatbestände der Beleidigung[661] sowie der üblen Nachrede[662] als Untersuchungsgegenstand innerhalb dieser Arbeit in Frage.

Das geschützte Rechtsgut der §§ 111 ff, die Ehre, ist eines jener Rechtsgüter, die durch das Strafrecht schwer zu erfassen sind.[663] Die hL[664] versteht unter dem Begriff der Ehre den unverzichtbaren, aus der Menschenwürde entspringenden, jedermann zukommenden Anspruch auf achtungsvolle Behandlung durch andere. Stets ist durch die §§ 111 ff nur die objektive und nicht die subjektive Ehre, das Ehrgefühl also, geschützt.[665]

Werden einem Sportler verbotene Dopingsubstanzen verabreicht, stellt sich in diesem Zusammenhang die Frage, ob der Wettkämpfer dadurch, dass er des Dopingmissbrauchs überführt wird, in seiner sportlichen Ehre gekränkt worden ist.[666] Von sportlicher Ehre ist nach Ansicht des Verfassers zu sprechen, wenn ein Athlet die erbrachte sportliche Leistung auf seine tatsächlichen mentalen und körperlichen Fähigkeiten zurückführen kann und nicht leistungssteigernde Mittel die Ursache für seinen Erfolg waren. Konsequent ist es, geht man von einem derartigen Begriff der sportlichen Ehre aus, eine sportliche Leistung, wenn sie unter Zuhilfenahme von leistungssteigernden Präparaten erbracht wird, als Verstoß gegen die sportliche Ehre anzusehen. Verabreicht jemand dem Wettkämpfer verbotene Substanzen ohne dessen Kenntnis bzw. Zustimmung, so ist in diesem Verhalten ein Angriff auf die sportliche Ehre zu sehen und die Tatbestände der §§ 111 ff als Folge dessen auf ihre Anwendbarkeit hin zu untersuchen.

---

661 Vgl § 115 und unten 148.

662 Siehe § 111 und ebenfalls unten 148 ff.

663 *Maurach/Schroeder/Mailwald* BT 1 § 24 Rz 1; *Kienapfel* BT I Vorbem §§ 111 ff Rz 1.

664 Vgl grundlegend *Kadecka*, Drei alte Fragen der Strafrechtsdogmatik in neuem Licht, ÖJZ 1952, 397; idS auch *Roeder*, Der Schutz der Intimsphäre de lege ferenda, RZ 1972, 57; vgl weiters *Berka*, Aktuelle Probleme des Persönlichkeitsschutzes im Medienbereich, JRP 1996, 241.

665 Zur Unterscheidung vgl im einzelnen *Foregger* WK² Vorbem §§ 111 ff Rz 1.

666 So jedenfalls *Kohlhaas*, Zur Anwendung aufputschender Mittel im Sport, NJW 1970, 1960.

3.2. Beleidigung nach § 115 StGB

3.2.1. Objektiver Tatbestand

Nach dem Wortlaut des § 115 ist zu bestrafen, wer „einen anderen beschimpft, verspottet, am Körper misshandelt oder mit einer körperlichen Misshandlung bedroht". Die Tatbestandsmerkmale des Beschimpfens[667] bzw. des Verspottens[668] scheiden von vornherein aus, da das Verabreichen von Dopingmitteln nicht als tatbestandsmäßig angesehen werden kann.[669] Wie aufgezeigt,[670] kann jedoch im Verabreichen von Dopingpräparaten mittels Injektion eine körperliche Misshandlung gesehen werden. Zumindest dieses Tatbildmerkmal wird somit in der Praxis verhältnismäßig häufig als erfüllt angesehen werden können. Zu einer Bestrafung desjenigen, der die Injektion verabreicht, wird es aber trotzdem regelmäßig nicht kommen, da es am für eine Strafbarkeit nach § 115 notwendigen beleidigenden Erklärungswert[671] fehlen wird.

3.3. Üble Nachrede nach § 111 StGB

3.3.1. Objektiver Tatbestand

Im Rahmen des § 111, der die üble Nachrede mit Strafe bedroht, geht es darum, „einen anderen in einer für einen Dritten wahrnehmbaren Weise einer verächtlichen Eigenschaft oder Gesinnung zu zeihen oder eines unehrenhaften Verhaltens oder eines gegen die guten Sitten verstoßenden Verhaltens zu beschuldigen, das geeignet ist, ihn in der öffentlichen Meinung verächtlich zu machen oder herabzusetzen." Es stellt sich die Frage, ob im Verabreichen von Medikamenten ein „Zeihen" oder ein „Beschuldigen" liegen kann; vor allem an eine konkludente Verwirklichung dieser beiden Tatbestandsmerkmale ist zu denken. Für eine Strafbarkeit nach dieser Norm ist entscheidend, welchen zeitlichen Anknüpfungspunkt man für eine Untersuchung der Verwirklichung der Tatbildmerkmale wählt. Verabreicht ein Dritter eigenmächtig verbotene Medikamente an einen Wettkämpfer, wird dadurch der objektive Tatbestand des § 111 in der Regel nicht als erfüllt anzusehen sein. Zu begründen ist dies vor allem durch den Um-

---

667 Eine Beschimpfung liegt vor, wenn der Täter durch Worte bzw. sonstige beleidigende Handlungen in derber Form seine Missachtung für den Beleidigten zum Ausdruck bringt, vgl *Foregger* WK² § 115 Rz 7.

668 Das Wesen der Verspottung besteht darin, dass der Täter einen anderen lächerlich macht oder als minderwertig verhöhnt, *Kienapfel* BT I § 115 Rz 8.

669 IdS auch *Hagn*, Die rechtliche Beurteilung des Dopings, ÖJZ 1993, 409.

670 Vgl oben 124 f.

671 Vgl *Foregger* WK² § 115 Rz 17 und *Kienapfel* BT I § 115 Rz 12.

stand, dass Dopingmittel zumeist „im Geheimen“ verabreicht werden und es daher schon an der von § 111 geforderten Mindestpublizität[672] fehlt. Anders kann sich die Situation darstellen, wenn man bezüglich der Strafbarkeit nach § 111 nicht auf den Zeitpunkt des Verabreichens der Dopingsubstanz, sondern auf jenen Zeitpunkt abstellt, zu welchem der gedopte Athlet offiziell des Dopings überführt wurde. Geprüft werden muss an dieser Stelle, ob durch ein Schweigen des Dritten, der die Medikamente verabreicht hat, ein Zeihen oder Beschuldigen durch Unterlassen zu sehen ist. Man kann argumentieren, dass der Dritte den Tatbestand der üblen Nachrede nur dann nicht erfüllt, wenn er den Wettkämpfer entlastet, also öffentlich bekannt gibt, dass er die Dopingmittel ohne Kenntnis des Sportlers verabreicht hat. Schweigt er, ist zumindest an eine üble Nachrede durch Unterlassen zu denken. Primär ist aber zu prüfen, ob die Begriffe des Zeihens bzw. Beschuldigens als erfüllt anzusehen sind. Gleich zu Beginn ist festzuhalten, dass zwischen beiden Begriffen kein grundsätzlicher sachlicher Unterschied besteht.[673] Sowohl durch das Zeihen als auch durch das Beschuldigen wird behauptet, dass man dem anderen Eigenschaften oder Einstellungen zuschreibt, die auf einen nichtswürdigen Charakter schließen lassen.[674] Eine verächtliche Eigenschaft oder Gesinnung liegt vor, wenn sie nach dem Durchschnittsempfinden eines sozial integrierten wertbewussten Menschen nichtswürdig ist und daher Verachtung verdient.[675] Kern der Schmähung bzw. Beleidigung ist in diesem Fall ein charakterbezogenes Unwerturteil.[676] Unehrenhaft ist ein Verhalten, das der Vorstellung vom moralisch richtigen Verhalten in einem Maße zuwider läuft, dass die soziale Wertschätzung darunter leidet.[677] Ein gegen die guten Sitten verstoßendes Verhalten liegt schließlich vor, wenn es nach dem Durchschnittsempfinden eines sozial integrierten wertbewussten Menschen den allgemeinen Anstand empfindlich verletzt.[678] Das Gesetz fordert allerdings einen qualifizierten Sittenverstoß iSd Eignung des Verhaltens, den Beleidigten in der öffentlichen Meinung verächtlich zu machen oder herabzusetzen.[679] Es ist nun zu untersuchen, ob durch das Schweigen des Dritten ein Zeihen oder Beschuldigen in Form einer der soeben dargestellten Definitionen vorliegen kann. Durch das Schweigen behauptet der Dritte, der Athlet selbst habe die Dopingmittel ein-

---

672 Das Zeihen bzw. Verspotten muss in einer für einen Dritten wahrnehmbaren Weise erfolgen; vgl dazu sogleich unten 150 (FN 682).

673 *Kienapfel* BT I § 111 Rz 10.

674 *Leukauf/Steininger* § 111 Rz 4; *Bertel/Schwaighofer* BT I § 111 Rz 3 ff.

675 OLG Wien, MR 1995, 52.

676 *Foregger/Fabrizy* § 111 Rz 6.

677 *Foregger*, Ehrenbeleidigungen und Ehrenkränkungen, 34; *Foregger/Fabrizy* § 111 Rz 8.

678 *Bertel/Schwaighofer* BT I § 111 Rz 8; *Kienapfel* BT I § 111 Rz 22.

679 Vgl zu diesen Begriffen *Mayerhofer/Rieder* § 111 Anm 6.

genommen. Liegt darin beispielsweise ein charakterbezogenes Unwerturteil? Die Beantwortung dieser Frage hängt, wie dies im Bereich der ausfüllungsbedürftigen Tatbestandsmerkmale[680] regelmäßig der Fall ist, davon ab, welchen grundsätzlichen Wertvorstellungen man nahe steht. Nach Ansicht des Verfassers ist gerade in der heutigen Zeit der Sensibilisierung gegenüber der Dopingproblematik davon auszugehen, dass ein Großteil der Bevölkerung (der sozial integrierten wertbewussten Menschen also) im Doping uU generell einen Charaktermangel und somit eine verächtliche Eigenschaft bzw. Gesinnung erblicken kann.[681] Das weitere Tatbestandsmerkmal der Mindestpublizität[682] ist regelmäßig als erfüllt anzusehen, wenn ein Athlet nach einem Wettkampf disqualifiziert wird. Zumeist wird davon auszugehen sein, dass sogar die Qualifikation des Abs 2 (breite Öffentlichkeit) vorliegt. Dies vor allem dann, wenn die Disqualifikation eines Wettkämpfers über Lautsprecher oder die Medien (Zeitung, Fernsehen etc.) bekannt gegeben wird.

Zu klären ist noch, aus welchem Grund der Dritte durch Unterlassen zur strafrechtlichen Verantwortung herangezogen werden kann. Ein Unterlassen ist grundsätzlich nur dann strafbar, wenn eine Pflicht zum Handeln besteht.[683] Es ist also zu prüfen, ob den Dritten eine Pflicht zum Handeln (Kundmachen der Wahrheit) getroffen hat. Gleich vorweg ist zu sagen, dass vom Vorliegen einer derartigen Pflicht auszugehen ist. Sie ergibt sich aus der Garantenstellung des Dritten. Das Vorliegen einer Garantenstellung ist wiederum deshalb zu bejahen, da der Dritte durch das Verabreichen von Dopingmitteln ein gefahrenbegründendes Vorverhalten gesetzt hat. Durch das vorhergehende Tun hat er eine Gefahr für den Eintritt gerade dieses Erfolges geschaffen (Ingerenzprinzip).[684] Nach hM[685] lösen jedenfalls objektiv sorgfaltswidrige Verhaltensweisen, die nicht kraft eines Rechtfertigungsgrundes erlaubt sind, eine Verpflichtung zur Abwendung der herbeigeführten Gefahr aus. Das Verabreichen von Dopingmitteln wird, wenn der Sportler davon nichts weiß, oftmals vorsätzlich, zumindest aber fahrlässig und damit objektiv sorgfaltswidrig erfolgen. Liegt auch keine Einwilligung, also kein Rechtfertigungsgrund vor, so ist vom Vorliegen einer Garantenstellung auszugehen.

---

680 Vgl dazu die Problematik beim Sittenwidrigkeitsbegriff oben 55.

681 Genausogut lässt sich aber in die gegenteilige Richtung argumentieren; vgl auch *Hagn*, Die rechtliche Beurteilung des Dopings, ÖJZ 1993, 410, die im Zweifel auf die Sittenwidrigkeit des Dopings abstellt.

682 Kurz gesagt, ist vom Vorliegen einer Mindestpublizität dann auszugehen, wenn die Aussage in einer für einen Dritten wahrnehmbaren Weise erfolgt ist; vgl dazu im einzelnen *Kienapfel* BT I § 111 Rz 24 ff u. 37 ff.

683 *Leukauf/Steininger* § 2 Rz 5.

684 Vgl *Triffterer* AT 336.

685 *Triffterer* aaO.

Neben der Garantenstellung ist gem § 2 weiters notwendig, dass „die Unterlassung der Erfolgsabwendung einer Verwirklichung des gesetzlichen Tatbildes durch ein Tun gleichzuhalten ist" (sog Gleichwertigkeitskorrektiv[686]). Vieles ist im Rahmen dieser dogmatischen Konstruktion noch umstritten.[687] Nach hM[688] hat die Prüfung des Gleichwertigkeitskorrektivs nur bei den verhaltensgebundenen Delikten, d.s. jene Delikte, die eine besondere Handlungsmodalität voraussetzen (zB § 144 „mit Gewalt oder durch gefährliche Drohung"), zu erfolgen. Da § 111 lediglich ein Zeihen bzw. ein Beschuldigen fordert, jedoch darauf verzichtet, die tatbildmäßige Handlung im Gesetz selbst näher zu umschreiben, hat eine Prüfung der Gleichwertigkeit von Tun und Unterlassen im Rahmen dieser Bestimmung nicht zu erfolgen.

3.3.2. Subjektiver Tatbestand

Ein animus iniurandi,[689] also ein gefärbter[690] Vorsatz, ist nicht notwendig. Tatvorsatz in Form des bedingten Vorsatzes wird als ausreichend angesehen.[691] Der Täter muss also mit Kundgabewillen handeln, um die Wahrnehmbarkeit seiner Aussage durch einen Dritten wissen und sich des diffamierenden Charakters seines Vorwurfs bewusst sein.

Festzuhalten ist somit, dass das Verabreichen von Dopingsubstanzen ohne Wissen des Wettkämpfers als üble Nachrede zu qualifizieren sein kann und als Folge dessen, vor allem in Form der Qualifikation des Abs 2, durchaus empfindliche Strafen ausgesprochen werden können.

4. Kreditschädigung nach § 152 StGB

4.1. Objektiver Tatbestand

Im Zusammenhang mit der Untersuchung der strafrechtlichen Tatbestände, die bei der Verabreichung von Dopingmitteln ohne Kenntnis des Wettkämpfers in Frage kommen, ist auch an eine Bestrafung nach § 152 zu denken. Der objektive Tatbestand der Kreditschädigung besteht darin, durch Behaupten unrichtiger Tatsachen den Kredit, den Erwerb oder das berufliche Fortkommen eines ande-

---

686 Dazu *Kienapfel/Höpfel* AT Z 29 Rz 17 ff.
687 *Triffterer* AT 339.
688 Vgl *Kienapfel*, Zur Gleichwertigkeit von Tun und Unterlassen, ÖJZ 1976, 199; *H. Steininger*, Die moderne Strafrechtsdogmatik und ihr Einfluß auf die Rechtsprechung, ÖJZ 1981, 371.
689 *Foregger* WK² § 111 Rz 30.
690 *Kienapfel* BT I § 111 Rz 35.
691 *Leukauf/Steininger* § 111 Rz 22.

ren zu schädigen oder zu gefährden. Wiederum ist, wie bei der Anwendbarkeit von § 111 (üble Nachrede), auf jenen Zeitpunkt abzustellen, zu dem der Athlet mit Dopingvorwürfen konfrontiert wird. Schweigt nämlich der Dopingsubstanzen verabreichende Dritte ab diesem Zeitpunkt, kann in diesem Schweigen[692] ein „Behaupten" iSd § 152 gesehen werden.

Um von einer Verwirklichung des objektiven Tatbestandes sprechen zu können, ist notwendig, dass unrichtige Tatsachen behauptet (verbreitet)[693] werden. Unter Tatsachen versteht man „Umstände, welche dem Beweis zugänglich sind, mithin alle Geschehnisse und Zustände der Gegenwart oder Vergangenheit".[694] Wesentlicher Bestandteil einer Tatsachenbehauptung ist somit ihr Tatsachenkern, dessen Vorliegen für eine Tatsache essentiell ist. Derartige Tatsachen müssen weiters als unrichtig dargestellt werden, d.h., sie müssen objektiv unwahr sein. Durch das Schweigen „behauptet" der Dritte, der Wettkämpfer habe die Dopingmittel selbst eingenommen. Wurden sie ihm tatsächlich ohne dessen Kenntnis vom einem Dritten verabreicht, ist diese Behauptung in Form des Schweigens über den wahren Sachverhalt als objektiv unwahr und somit unrichtig iSv § 152 zu werten. Als Taterfolg kommt eine Verletzung in Form der Schädigung bzw. Gefährdung[695] in wirtschaftlicher oder finanzieller Hinsicht in Betracht. Es ist nun zu klären, welche der drei Alternativen hinsichtlich des Taterfolges durch das Verabreichen von Dopingmedikamenten als erfüllt anzusehen sein können.[696] Der Aussage der in FN 696 zitierten Autorin ist grundsätzlich zuzustimmen; abzustellen ist auf die jeweilige Situation. Am relativ häufigsten dürfte eine Schädigung oder Gefährdung des Erwerbes in Frage kommen. Darunter versteht man die Möglichkeit einer natürlichen (Sportler) oder juristischen Person, legales Einkommen (Preisgelder, Einkommen aus Sponsoringverträgen etc.) zu erzielen.[697] Der objektive Tatbestand der Kreditschädigung kann also in Fällen des Verabreichens von Dopingpräparaten erfüllt werden.

---

692 Auch bei dieser Konstruktion handelt es sich somit um eine Deliktsverwirklichung durch Unterlassen; vgl dazu bereits die Ausführungen oben 150, die im Rahmen der Darstellung der üblen Nachrede auf Dopingsachverhalte gemacht wurden.

693 Auch das Verbreiten fällt nach hM unter den Begriff des Behauptens, vgl *Foregger/ Fabrizy* § 152 Rz 2.

694 *Kienapfel* BT II § 146 Rz 26 ff; vgl näher zum Tatsachenbegriff *Schönherr*, Kreditschädigende Tatsachenbehauptungen, ÖBl 1975, 78.

695 Bei der Gefährdungsvariante des § 152 handelt es sich nach hL (*Bertel/ Schwaighofer* BT I § 152 Rz 2; *Leukauf/Steininger* § 152 Rz 5 a f sowie OLG Wien MR 1990, 19) um ein konkretes Gefährdungsdelikt.

696 *Hagn*, Die rechtliche Beurteilung des Dopings, ÖJZ 1993, 410, geht davon aus, dass bei Berufssportlern sämtliche Erfolgsvarianten auf jeden Fall heranzuziehen sein können.

697 *Liebscher* WK § 152 Rz 6.

4.2. Subjektiver Tatbestand

Hinsichtlich dieses Tatbestandserfordernisses ist gem § 5 Abs 1 ausreichend, wenn der Dritte dolu eventuali handelt, wobei sich der Vorsatz sowohl auf die Unrichtigkeit der Tatsachenbehauptung als auch auf die Schädigung bzw. konkrete Gefährdung beziehen muss.[698]

V. Einfacher Betrug nach § 146 StGB

1. Vorbemerkung

Untersucht man die Strafbarkeit des Dopingmissbrauchs näher, darf eine Prüfung des Straftatbestandes des Betruges nicht fehlen. Es ist gerade der Betrugstatbestand, der sich mit seinem Erfordernis der Täuschung über Tatsachen für eine Strafbarkeit geradezu „anbietet". Umso unverständlicher ist, dass es in der österreichischen Literatur, anders als in Deutschland,[699] in Zeiten einer verstärkten Beachtung der Dopingproblematik, kaum Arbeiten gibt, die sich mit der Thematik Doping einerseits und Betrug andererseits, auseinander setzen.

2. Objektiver Tatbestand

Beim Betrugstatbestand, dessen geschütztes Rechtsgut das Vermögen ist,[700] geht es darum, dass jemand

- eine Täuschungshandlung vornimmt; dadurch
- ein themagleicher Irrtum hervorgerufen wird; dadurch
- eine irrtumsbedingte Vermögensverfügung vorgenommen wird; und dadurch
- ein Vermögensschaden eintritt.[701]

2.1. Vornahme einer Täuschungshandlung

Die Tathandlung besteht in einer Täuschung über Tatsachen.[702] Der Begriff der Täuschung wird definiert als jedes irreführende Einwirken auf die Vorstellung

---

698 *Kienapfel* BT II § 152 Rz 17.

699 ZB *Otto*, Zur Strafbarkeit des Doping – Sportler als Täter und Opfer, SpuRt 1994, 15.

700 *Leukauf/Steininger* § 146 Rz 1.

701 Zwischen diesen vier Tatbestandserfordernissen muss jeweils Kausalität iSd Äquivalenztheorie vorliegen, d.h., das jeweils nächste Tatbestandsmerkmal muss vom vorangegangenen zumindest mitverursacht worden sein; vgl *Kienapfel* BT II § 146 Rz 106 und JBl 1990, 329 m Anm *Kienapfel*.

702 Zum Tatsachenbegriff vgl oben 152.

eines anderen,[703] wobei nach hL[704] neben der ausdrücklichen Täuschung auch jene durch konkludentes (schlüssiges) Verhalten in Frage kommt. Zu prüfen ist, worin die Täuschungshandlung liegt, wenn ein Athlet in gedoptem Zustand an den Start geht. Diese besteht in der Einnahme der verbotenen Substanzen in Kombination mit der Teilnahme an dem Wettbewerb. In diesem Fall kommt ein Täuschen durch konkludentes Handeln[705] in Betracht. Die Situation ist vergleichbar mit einem Restaurantbesucher, der eine Bestellung vornimmt und bereits zu diesem Zeitpunkt den Entschluss gefasst hat, kein Entgelt zu leisten. Dieser täuscht das Personal durch das Bestellen konkludent über seine Zahlungsfähigkeit. Der Sportler nimmt eine Täuschungshandlung bezüglich seiner körperlichen und (oder) geistigen Leistungsfähigkeit vor. Konkludent deshalb, weil es im redlichen Verkehr[706] stillschweigend als miterklärt gilt, dass ein Athlet ungedopt an den Start geht.[707] Das Vorliegen einer Täuschungshandlung durch den gedopten Athleten ist also zu bejahen.

2.2. Verursachung eines themagleichen Irrtums

Ergebnis der Täuschungshandlung muss das Vorliegen eines themagleichen[708] Irrtums beim Getäuschten sein. Primär ist zu prüfen, welche Personen überhaupt zum getäuschten Personenkreis zählen können. Vor allem die Zuseher, der Veranstalter sowie die ebenfalls am Wettbewerb teilnehmenden Wettkampfkonkurrenten sind als jene Personen anzusehen, denen gegenüber der Tatbestand des Betruges in Frage kommt.[709] Gleich vorweg ist zu sagen, dass nach Ansicht des Verfassers alle drei genannten Personenkreise grundsätzlich einem, durch den gedopten Sportler hervorgerufenen Irrtum unterliegen können. Unter Irrtum versteht man jede unrichtige Vorstellung von der Wirklichkeit.[710] Es ist davon aus-

---

703 *Kienapfel* BT II § 146 Rz 39; vgl zur Täuschung auch *Lewisch* BT I 228 ff.

704 *Leukauf/Steininger* § 146 Rz 16; *Liebscher* WK § 146 Rz 13.

705 Dies ist auch der Grund dafür, warum es sich beim Doping nicht etwa um einen Betrug durch Schweigen (Unterlassen der Aufklärung) handelt; vgl zu dieser Problematik bereits *Rittler* II 207.

706 Zur Problematik, was im redlichen Verkehr als stillschweigend miterklärt gilt vgl *Lackner* LK[10] § 263 Rz 28 sowie *Tiedemann* LK[11] § 263 Rz 8 iVm Rz 29 ff.

707 Auch *Mestwerdt*, Doping – Sittenwidrigkeit und staatliches Sanktionsbedürfnis, 64 f sieht bereits in der schlichten Wettkampfteilnahme eines gedopten Sportlers eine Täuschungshandlung.

708 Ein Irrtum ist themagleich, wenn er sich auf die Tatsachen bezieht, über die getäuscht worden ist.

709 *Linck*, Doping und staatliches Recht, NJW 1987, 2551; *Turner*, Rechtsprobleme beim Doping im Sport, MdR 1991, 574.

710 *Kienapfel* BT II § 146 Rz 79.

zugehen, dass Veranstalter, Zuseher und sportliche Konkurrenten regelmäßig von der Prämisse ausgehen dürfen, dass sich ein an den Start gehender Athlet regelgemäß verhält und somit sein Körper frei von Dopingmitteln ist. Manche Autoren[711] verneinen bereits die Irrtumserregung bei den getäuschten Personen mit dem Hinweis auf die weite Verbreitung und allgemeine Kenntnis des Dopings. Dieser Argumentation ist in ihrer Allgemeinheit nicht zu folgen. Zwar mögen durchaus große Teile der angesprochenen Personengruppen vom heutzutage generell weit verbreiteten Dopingmissbrauch Kenntnis haben, deshalb aber gleich davon auszugehen, dass es als Folge dessen zu keiner Irrtumserregung mehr kommen kann, erscheint zu weitgehend und ist abzulehnen.[712] *Schneider-Grohe*[713] anerkennt, allerdings mit problematischer Begründung (Strafbarkeitslücke), ebenfalls die prinzipielle Möglichkeit einer Irrtumserregung durch Doping. Nach Ansicht des Verfassers ist eine Irrtumserregung nicht grundsätzlich abzulehnen und hinsichtlich ihres Vorliegens auf den Einzelfall abzustellen.[714]

2.3. Vornahme einer Vermögensverfügung

Die Bedeutung dieses Tatbestandsmerkmals liegt darin, dass es infolge der Irrtumserregung zu einer Vermögensverfügung des Getäuschten[715] kommen muss. Vermögensverfügung ist nicht nur im rechtlichen, sondern auch im rein faktischen Sinn zu verstehen. Die hM[716] subsumiert unter diesen, nunmehr bereits eingebürgerten terminus technicus, alle Handlungen, Duldungen oder Unterlassungen, durch die der Getäuschte unmittelbar auf das eigene Vermögen oder das eines Dritten[717] einwirkt. Es stellt sich die Frage, worin innerhalb des zuvor eingegrenzten Personenkreises (Zuseher, Veranstalter, Konkurrenten) eine Vermögensverfügung in Folge einer Täuschung gesehen werden kann. Bezüglich des Personenkreises der Zuseher ist zu sagen, dass diese eine Vermögensverfügung vornehmen, wenn sie das Entgelt für eine entsprechende Eintrittskarte leisten. In diesem Fall liegt zwar eine Vermögensverfügung vor, jedoch besteht zwischen

711 *Linck* aaO; *Turner* aaO.
712 In diesem Sinn auch *Hagn*, Die rechtliche Beurteilung des Dopings, ÖJZ 1993, 410.
713 Doping, 147 f.
714 Grundsätzlich ähnlich *Soyez*, Die Verhältnismäßigkeit des Dopingkontrollsystems, 132, der auf die einzelnen Sportarten abstellen will.
715 Nach hL muss zwischen Getäuschtem und Verfügendem Identität bestehen, vgl statt vieler *Kienapfel* BT II § 146 Rz 109.
716 *Leukauf/Steininger* § 146 Rz 34.
717 Keine Identität muss also zwischen getäuschter und geschädigter Person bestehen, vgl EvBl 1977/181; *Foregger/Fabrizy* § 146 Rz 11.

Vermögensverfügung und Täuschung kein ursächlicher Zusammenhang,[718] da ein Zuseher das Entgelt auch geleistet hätte, wenn er keinem Irrtum unterlegen wäre, sodass Betrug gegenüber dem Publikum regelmäßig ausscheiden wird. Bezüglich der Mitkonkurrenten könnte man die Vermögensverfügung in dem Verzicht[719] auf die Gewinnprämie erblicken.[720] Doch selbst bei dieser Betrachtungsweise fehlt es nach einem Teil der Lehre[721] ebenfalls an der Kausalität zwischen Vermögensverfügung einerseits und Irrtumserregung andererseits. *Hagn*[722] bejaht das Vorliegen einer Vermögensverfügung; ihrer Ansicht nach besteht sie darin, dass ein Veranstalter einem gedopten Sportler die Gewinnprämie überlässt und sie auf diese Weise gleichzeitig den „ehrlichen", also den ungedopten Sportlern, entzieht. Dieses Überlassen bzw. Entziehen stelle die täuschungsbedingte Vermögensverfügung dar.

Nach Ansicht des Verfassers ist weiter zu differenzieren. Nur in dem Fall, dass ein über seine körperliche Leistungsfähigkeit täuschender Athlet auch tatsächlich die Gewinnprämie erhält und zwar auf eine Weise, dass das Dopen zumindest mitursächlich für den sportlichen Erfolg war, ist in dem Überlassen der Gewinnprämie an diesen Wettkämpfer, eine Vermögensverfügung iSd § 146 zu sehen. Festzuhalten ist also, dass eine irrtumsbedingte Vermögensverfügung nur vorliegt, wenn die leistungssteigernden Präparate auch tatsächlich kausal iSd Äquivalenztheorie für den eingetretenen Erfolg eines Sportlers waren. Es handelt sich also letztlich um ein beweisrechtliches Problem.

Ist das Vorliegen eines kausalen Verhältnisses zwischen Täuschung und Vermögensverfügung nicht zu ermitteln bzw. zu beweisen, ist an eine Strafbarkeit wegen Versuchs gem § 15 zu denken. Dafür ist es notwendig, dass der Täter eine Ausführungshandlung oder eine ausführungsnahe[723] Handlung gesetzt hat und gleichzeitig hinsichtlich aller Tatbestandsmerkmale des Betruges Vorsatz vorliegt. Bei der Ausführungshandlung ist darauf abzustellen, „ob die Handlung aus wertender Sicht ex ante und unter Berücksichtigung der konkreten Vorstellungen des Täters unmittelbar, d.h., ohne weitere selbständige Zwischenakte in die Tatbestandsverwirklichung einmünden sollte".[724] Zu prüfen ist also, ab wann eine derartige Ausführungshandlung im gegebenen Zusammenhang vorliegt.

718 Dazu oben 153 (FN 701).

719 Vermögensverfügungen durch Unterlassen ergeben sich bereits aus dem Wortlaut des § 146 und sind allgemein anerkannt, vgl etwa *Kienapfel* BT II § 146 Rz 102.

720 *Soyez*, Die Verhältnismäßigkeit des Dopingkontrollsystems, 133.

721 Siehe *Kohlhaas*, Das Doping aus rechtlicher Sicht, 55, in: *Schroeder/Kaufmann* (Hrsg.), Sport und Recht sowie *Soyez*, aaO.

722 Die rechtliche Beurteilung des Dopings, ÖJZ 1993, 410.

723 Dazu *Triffterer* AT 357 f.

724 *Kienapfel/Höpfel* AT Z 21 Rz 19; vgl auch *Leukauf/Steininger* § 15 Rz 9 f.

Tritt ein Athlet an einem Wettkampf an und beendet er diesen auch, ist jedenfalls von einer Ausführungshandlung im soeben erläuterten Sinn auszugehen. Von einer ausführungsnahen Handlung kann man sprechen, wenn sich der Wettkämpfer bereits am Veranstaltungsort befindet, der Wettkampf aber beispielsweise erst in einigen Stunden beginnt. Eine endgültige Beurteilung, ab wann eine ausführungsnahe Handlung bzw. bereits eine Ausführungshandlung vorliegt, ist der Einzelfallentscheidung vorzubehalten und kann nicht allgemein beantwortet werden. Vollendet ein an einem Wettbewerb teilnehmender gedopter Athlet diesen (er überläuft z.B. die Ziellinie), so ist darin ein beendeter Versuch zu sehen. Dies deshalb, weil davon auszugehen ist, dass der Sportler ab diesem Zeitpunkt glaubt, alles zur Vollendung des Betruges Erforderliche getan zu haben.[725] Schließlich ist noch zu erwähnen, dass dieser Versuch nicht als absolut untauglich anzusehen ist.[726]

Zusammenfassend ist zu sagen, dass dann, wenn nicht vom Vorliegen einer irrtumsbedingten Vermögensverfügung auszugehen ist, zumindest eine Versuchsstrafbarkeit in Frage kommen kann.

2.4. Eintritt eines Vermögensschadens

Als letzte Voraussetzung des objektiven Tatbestandes ist erforderlich, dass es durch die Vornahme der Vermögensverfügung zu einer Schädigung des eigenen Vermögens oder das eines Dritten gekommen ist. Bevor allerdings der Vermögensschaden definiert wird, ist zum besseren Verständnis der dem österreichischen Vermögensstrafrecht zugrunde liegende Vermögensbegriff zu erörtern. Gleich vorweg ist zu sagen, dass das österreichische Vermögensstrafrecht durch einen wirtschaftlichen Vermögensbegriff[727] geprägt ist. Unter Vermögen versteht die österreichische hL[728] die Gesamtheit aller wirtschaftlich ins Gewicht fallenden und rechnerisch feststellbaren Werte. Als Folge dessen wird der Begriff des Vermögensschadens definiert als Differenz, um die sich der wirtschaftliche Wert des Gesamtvermögens durch die Verfügung verringert hat (= sog Differenzschaden).[729] Das Vorliegen einer tatsächlichen Verminderung des Gesamtvermögens ist also durch Vergleich der Vermögenslage vor und nach der

725 *Kienapfel/Höpfel* AT Z 23 Rz 3; abgestellt wird also auf rein subjektive Kriterien; ebenso *Leukauf/Steininger* § 16 Rz 7.

726 Näher dazu *Kienapfel/Höpfel* AT Z 24 Rz 13 mwN.

727 Vgl zur Kontroverse zwischen juristischem und wirtschaftlichem Vermögensbegriff *Kienapfel* BT II § 146 Rz 114 ff.

728 *Leukauf/Steininger* § 146 Rz 39; *Foregger/Fabrizy* § 146 Rz 8; *Liebscher* WK § 146 Rz 20.

729 *Kienapfel* BT II § 146 Rz 145.

Verfügung im Wege der Gesamtsaldierung zu ermitteln; abzustellen ist nach Praxis und Schrifttum auf den effektiven Verlust an Vermögenssubstanz.[730]

Es ist nun zu untersuchen, bei welchen Personengruppen ein wirtschaftlicher Vermögensschaden eintreten kann. Zu denken ist wohl primär an die sportliche Konkurrenz des gedopten Wettkämpfers. Fraglich ist, ob ein Schaden darin liegen könnte, dass der gedopte Athlet die Gewinnprämie kassiert und seine Konkurrenten „leer ausgehen".[731] Zur Beantwortung dieser Frage muss untersucht werden, ob man der Gewinnchance auf die Siegesprämie überhaupt Vermögenscharakter zuerkennen kann. Damit einer Gewinnchance Vermögenscharakter zugesprochen werden kann, ist es erforderlich, dass sie ausreichend konkretisiert und verfestigt ist. Zur Beurteilung der Höhe des „Verfestigungsgrads" von Gewinnchancen im Rahmen eines sportlichen Wettkampfes lohnt ein Blick auf die zivilrechtliche Konstruktion der Gewinnausschüttungen. Diese können beispielsweise in Form der Auslobung erfolgen. Wer also einen bestimmten Erfolg (Gewinn eines Turniers) erzielt, hat Anspruch auf eine gewisse Leistung (Siegesprämie). Durch die Verbindlichkeit der Auslobung ist nach Ansicht des Verfassers grundsätzlich davon auszugehen, dass jene tatsächliche Konkretisierung bzw. Verfestigung vorliegt, die für das Eintreten eines konkreten Vermögensschadens bezüglich einer Gewinnchance ausschlaggebend ist. Ähnlich stellt sich die Situation dar, wenn die Siegesprämie zivilrechtlich etwa in Form eines bedingten schuldrechtlichen Schenkungsversprechens ausgestaltet ist. Bei Vorliegen dieser Voraussetzungen ist es gerechtfertigt, von einer Gewinnchance zu sprechen, der Vermögenscharakter zukommen kann.[732]

3. Subjektiver Tatbestand

Neben dem Vorsatz bezüglich der soeben dargestellten objektiven Tatbestandsmerkmale ist beim Delikt des Betruges darüber hinaus erforderlich, dass der Täter mit einem spezifizierten Bereicherungsvorsatz (erweiterter Vorsatz)[733] handelt. Mit dem erweiterten Vorsatz des § 146 handelt, wer durch das Verhalten des Getäuschten sein wirtschaftliches Vermögen oder das eines Dritten unrechtmäßig und zumindest zeitweilig um den abgelisteten Vermögenswert vermehren will.[734] Bezüglich dieses Bereicherungsvorsatzes ist dolus eventualis ausreichend; in praxi wird jedoch zumeist von Absicht auszugehen sein. Es erscheint durchaus möglich, dass ein Wettkämpfer, der in gedoptem Zustand an einem

730 JBl 1990, 262, 1988, 659; SSt 57/42, 55/71; *Liebscher* WK § 146 Rz 21 u. 27.
731 IdS *Hagn*, Die rechtliche Beurteilung des Dopings, ÖJZ 1993, 410.
732 Auch die gegenteilige Meinung ist vertretbar.
733 Dazu *Fuchs* AT I 111.
734 *Kienapfel* BT II § 146 Rz 205; *Leukauf/Steininger* § 146 Rz 57.

Wettbewerb teilnimmt, einen derartigen Vorsatz in sein Bewusstsein aufgenommen haben kann. Weiters muss der Sportler vorsätzlich in Bezug auf die Unrechtmäßigkeit der Bereicherung handeln. Dabei wird regelmäßig von Wissentlichkeit auszugehen sein, da der Athlet weiß, dass er auf die Überlassung der Gewinnprämie keinen Anspruch hat, wenn er leistungssteigernde Mittel verwendet. Schließlich ist, zumindest in der geschilderten Variante der Vermögensschädigung durch Verzicht auf die Gewinnprämie der übrigen Konkurrenten, davon auszugehen, dass zwischen Schädigung und Bereicherung Stoffgleichheit vorliegt, d.h. „die Bereicherung unmittelbar, auf Kosten des geschädigten Vermögens erfolgt".[735]

Abschließend ist zu sagen, dass der Tatbestand des Betruges, vor allem auch aus Beweisschwierigkeiten in der Praxis, im Rahmen der Problematik rund um den Missbrauch von Dopingsubstanzen, verhältnismäßig selten verwirklicht sein wird, seine grundsätzliche Anwendbarkeit jedoch unter bestimmten Umständen zu bejahen ist.

VI. Suchtmittelgesetz – Arzneimittelgesetz – Lebensmittelgesetz

1. Suchtmittelgesetz

Wie in der Einleitung angekündigt, soll im Rahmen dieser Untersuchung auch dargestellt werden, ob das Verabreichen von Dopingpräparaten unter die Normen des Nebenstrafrechts (SMG[736]), das das SGG 1951 ablöste, fallen kann. Bevor jedoch darauf im einzelnen eingegangen wird, sollen wichtige Änderungen des neuen SMG, soweit es für diese Arbeit notwendig erscheint, dargestellt werden. Die wohl bedeutendste Änderung des SMG gegenüber dem SGG ist in der Einbeziehung einer Fülle neuer Stoffe und Substanzen zu sehen. Die Einführung des SMG bringt eine Neueinteilung in drei große Stoffgruppen mit sich. Gem § 1 leg cit unterliegen dem SMG Suchtgifte, psychotrope Stoffe und Vorläuferstoffe;[737] nur die beiden erstgenannten sind jedoch gem § 1 Abs 2 SMG als Suchtmittel iSd SMG anzusehen.

Unter dem Begriff der Suchtgifte sind unter anderem alle Stoffe und Zubereitungen zu verstehen, die durch die Einzige Suchtgift Konvention (ESK) Beschränkungen hinsichtlich der Erzeugung, des Besitzes, des Verkehrs, der Ein-, Aus- und Durchfuhr, der Gebarung oder Anwendung unterworfen sind und durch eine vom Bundesminister für Arbeit, Gesundheit und Soziales erlassene

735 *Kienapfel* BT II § 146 Rz 223.
736 BGBl. I 1997/112 i.d.F. BGBl. I 2001/98.
737 Siehe zur neuen Begriffsbildung des SMG *Köck*, Entwicklung und Stand des Drogenstrafrechts in Österreich, ÖJZ 1998, 98.

Verordnung als Suchtgifte bezeichnet werden.[738, 739] Derartige Suchtgifte sind im allgemeinen dadurch gekennzeichnet, körperliche Abhängigkeit, also „Sucht" ieS, hervorzurufen.

Psychotrope Stoffe iSd SMG sind jene Stoffe und Zubereitungen, die in den Anhängen III und IV des VNPsychÜbk[740] aufgezählt und darüber hinaus in einer vom Bundesminister für Arbeit, Gesundheit und Soziales erlassenen Verordnung als psychotrope Stoffe bezeichnet werden.[741] Kennzeichnend für psychotrope Stoffe ist einerseits das Herbeiführen einer Abhängigkeit (allerdings nicht im Sinn einer körperlichen Abhängigkeit), andererseits das Hervorrufen einer Dämpfung des Zentralnervensystems, wodurch es zu Halluzinationen oder Störungen der motorischen Funktion, des Denkens, des Verhaltens, der Wahrnehmung oder der Stimmung kommen kann.[742] Bedeutsame Vertreter der psychotropen Stoffe sind LSD und einige Ecstasy-Substanzen.

Vorläuferstoffe[743] im Sinn des SMG sind Stoffe, die zur Herstellung von Suchtmitteln benötigt werden. Es handelt sich dabei vor allem um Stoffe der chemischen und pharmazeutischen Industrie, wie zB Schwefel- und Salzsäure, Azeton etc. Substanzen dieser Stoffgruppe sind keinen derart rigorosen Beschränkungen unterworfen, wie dies bei den Suchtmitteln ieS der Fall ist; vorgesehen sind nur Überwachungs- und Kontrollmaßnahmen.[744]

Es stellt sich die Frage, ob es unter den heute am Markt befindlichen Dopingpräparaten Stoffe gibt, die unter eine der drei aufgezählten Stoffgruppen fallen und daher dem SMG unterliegen. Diese Frage ist eindeutig mit ja zu beantworten.[745] Je nachdem, zu welchen Stoffen ein Dopingmittel zu zählen ist, sieht das SMG unterschiedliche gerichtliche Strafen vor. Hinsichtlich der Suchtgifte und der psychotropen Stoffe macht sich strafbar, wer derartige Stoffe erwirbt, besitzt, erzeugt, einführt, ausführt oder einem anderen überlässt oder verschafft.[746] Bezüglich der Vorläuferstoffe ist mit gerichtlicher Strafe zu belegen, wer einen solchen Stoff, von dem er weiß, dass dieser bei einer verbotenen Erzeugung eines Suchtmittels in großer Menge (§§ 28 [6], 31 [3] SMG) verwendet werden soll, erwirbt oder besitzt.[747]

738 Vgl § 2 Abs 1 SMG.
739 Vgl zu den Suchtgiften *Schwaighofer*, Das neue Suchtmittelrecht, 32 f sowie *Bischof/Soyer*, Suchtmittelgesetz – Kommentar § 2.
740 Übereinkommen aus dem Jahr 1971 über psychotrope Stoffe samt Anhängen und Erklärung.
741 § 3 Abs 1 SMG.
742 Art 2 Abs 4 lit a VNPsychÜbk.
743 § 4 SMG.
744 *Schwaighofer*, Das neue Suchtmittelrecht, 35.
745 Vgl dazu näher *Körner*, Drogenmißbrauch im Sport und im Stall, ZRP 1989, 419.
746 §§ 27 Abs 1 und 30 Abs 1 SMG.
747 § 32 Abs 1 SMG.

Gemäß § 6 Abs 1 SMG ist weiters die Erzeugung, Umwandlung, der Erwerb und Besitz von Suchtmitteln nur Gewerbetreibenden mit entsprechender Berechtigung (Z 1) und wissenschaftlichen Instituten oder öffentlichen Lehr-, Versuchs-, Untersuchungs- oder sonstigen Fachanstalten nach Maßgabe einer Bestätigung der zuständigen Aufsichtsbehörde, dass sie die Suchtmittel zur Erfüllung ihrer Aufgaben benötigen (Z 2), gestattet. Im letztgenannten Fall ist zB an naturwissenschaftliche Institute von Universitäten zu denken. Auch auf diesem Wege dürfen keinerlei Dopingmittel an Sportler, Trainer, Betreuer usw. gelangen.

Schließlich dürfen einerseits auch Apotheken gem § 7 f SMG Suchtmittel (also Suchtgifte und psychotrope Stoffe) nur unter gewissen Voraussetzungen an Dritte abgeben, sowie andererseits Ärzte, suchtmittelhaltige Arzneimittel nur nach den Erkenntnissen und Erfahrungen der medizinischen ... Wissenschaft verschreiben, abgeben ... oder im menschlichen oder tierischen Körper unmittelbar zur Anwendung bringen. Auch ein Dopingmittel verabreichender Arzt macht sich somit im Falle einer Weitergabe dieser Substanzen ohne wissenschaftliche Notwendigkeit (medizinische Indikation) nach dem SMG strafbar.[748]

Zusammenfassend ist somit festzuhalten, dass aufgrund der Tatsache, dass verhältnismäßig viele Dopingpräparate Wirkstoffe enthalten können, die unter das SMG fallen, eine nicht zu unterschätzende Strafbarkeit nach diesem Gesetz besteht.[749]

2. Arzneimittelgesetz

Vorweg ist zu betonen, dass der Umfang der Strafbarkeit in Bezug auf das Verabreichen von Dopingmitteln im Anwendungsbereich des Arzneimittelgesetzes ungleich geringer war, als dies im Falle einer Subsumierbarkeit unter das Suchtmittelgesetz der Fall ist. Gem § 1 Abs 1 AMG sind Arzneimittel Stoffe oder Zubereitungen aus Stoffen, die nach der allgemeinen Verkehrsaufassung dazu dienen oder nach Art und Form des Inverkehrbringens dazu bestimmt sind, bei Anwendung am oder im menschlichen oder tierischen Körper unter anderem vom menschlichen oder tierischen Körper erzeugte Wirkstoffe oder Körperflüssigkeiten zu ersetzen (Z 3) oder die Beschaffenheit, den Zustand oder die Funktion des Körpers oder seelische Zustände zu beeinflussen (Z 5). Dopingsubstan-

748 Ebenso für die deutsche Rechtslage *Linck*, Doping und staatliches Recht, NJW 1987, 2551; *Turner*, Rechtsprobleme beim Doping im Sport, MdR 1991, 574 sowie *Schneider-Grohe*, Doping, 145 ff.

749 Zur Frage, ob das SMG zur Dopingbekämpfung als ausreichend angesehen werden kann, oder Vorschläge de lege ferenda nach Ansicht des Verfassers notwendig erscheinen, vgl unten 170 ff.

zen haben im allgemeinen die Funktion, den physischen oder psychischen Zustand zu beeinflussen (Erhöhung der Leistungsfähigkeit).

Sind diese nicht als Lebensmittel oder Verzehrprodukte iSd LMG anzusehen (dazu sogleich 3.), konnten Dopingsubstanzen auch bislang unter die Bestimmungen des AMG subsumiert werden. Die zuvor beschriebene Strafbarkeitslücke ergab sich vor allem daraus, dass der Erwerb und die missbräuchliche Verschreibung von Dopingpräparaten straffrei war.[750] Lediglich der Täter, der mit der Absicht des wiederholten Verkaufs rezeptpflichtiger Medikamente an die Konsumenten handelte, fiel unter die Strafbarkeit des AMG. Da nur das zuletzt genannte Abgeben von Medikamenten an die Endverbraucher strafbar war, wurden „weder der typische (illegale) Arzneimittelhändler noch (legale) verantwortungslose Ärzte und Apotheker vom Anwendungsbereich des AMG erfasst".[751] Das AMG enthielt keinerlei Vorschriften, die § 27 SMG entsprechen, obwohl sowohl das illegale Handeln als auch das grundlose Verschreiben von suchterzeugenden Arzneimitteln den gleichen Unrechtsgehalt aufweisen, wie dies bei Suchtgiften der Fall ist.[752] Die dadurch entstehende Gesetzeslücke konnte durch die Tatbestände der Körperverletzung nur in unzureichendem Maße geschlossen werden.

Mit Inkrafttreten von BGBl. I Nr. 33/2002 per 1. März 2002 wurde das Arzneimittelgesetz ua durch Einfügen von § 5 a novelliert. Nach Abs 1 dieser Bestimmung ist es nun explizit verboten,

1. Arzneimittel, die Stoffe der im Anhang der Anti-Doping-Konvention, BGBl. Nr. 451/1991, aufgeführten Gruppen von Dopingwirkstoffen enthalten, oder
2. Stoffe oder Zubereitungen aus Stoffen gemäß einer Verordnung nach Abs 3[753] zu Zwecken des Dopings im Sport in den Verkehr zu bringen oder bei anderen anzuwenden.

Nach Abs 2 leg cit findet Abs 1 keine Anwendung, wenn das Inverkehrbringen oder Anwenden zur Behandlung von Krankheiten erfolgt oder erfolgen soll.

Die neu in das AMG eingefügte Bestimmung, die beinahe wortgleich zur Parallelbestimmung des deutschen Arzneimittelgesetzes ist,[754] verbietet also nach

---

750 *Körner*, Drogenmißbrauch im Sport und im Stall, ZRP 1989, 420; *Turner*, Rechtsprobleme beim Doping im Sport, MdR 1991, 574.

751 *Hagn*, Die rechtliche Beurteilung des Dopings, ÖJZ 1993, 411.

752 *Körner*, Straffreiheit für Arzneimitteldealer?, Hilflose Staatsanwälte, ZRP 1986, 172.

753 Gem § 5 a Abs 3 AMG kann der Bundesminister für öffentliche Leistung und Sport durch Verordnung weitere Stoffe oder Zubereitungen aus Stoffen bestimmen, auf die Abs 1 Anwendung findet, soweit dies geboten ist, um eine unmittelbare oder mittelbare Gefährdung der Gesundheit durch Doping im Sport zu verhüten.

754 Vgl § 6 a dAMG; siehe dazu zB *Heger*, Die Strafbarkeit von Doping nach dem Arzneimittelgesetz, SpuRt 2001, 92 ff sowie *Koch*, Straf- und arzneimittelrechtliche Probleme aus rechtsvergleichender Sicht, 55, in: *Röhricht/Vieweg* (Hrsg.), Doping-Forum – Aktuelle rechtliche und medizinische Aspekte.

Abs 1 das Inverkehrbringen von Arzneimitteln bzw. Anwenden derselben bei anderen, wenn sie Stoffe enthalten, die in der Anti-Doping-Konvention angeführt sind und zu Zwecken des Dopings im Sport verwendet werden sollen. Bestraft werden daher sowohl das Inverkehrbringen als auch das Anwenden von Dopingmitteln bei anderen – immer unter der Voraussetzung, dass es sich bei den Substanzen auch um Arzneimittel iSd Arzneimittelgesetzes handelt. Das Zuführen von Dopingmitteln in den eigenen Körper bleibt nach wie vor straffrei.[755] Um eine Strafbarkeit nach § 5 a AMG zu rechtfertigen, muss es sich bei dem Dopingmittel um ein Arzneimittel handeln, das Stoffe von Dopingwirkstoffen enthält, die in der Konvention aufgeführt sind. Dies hat zur Folge, dass eine Bestrafung nur dann in Frage kommt, wenn das Arzneimittel einen Wirkstoff enthält, der bereits vor der Tatzeit auf der Dopingliste aufgeführt ist – ein zeitliches Hinterherhinken der Strafbarkeit gegenüber den Neuentwicklungen auf dem Dopingmarkt ist daher unausweichlich.[756] Weiters ist erforderlich, dass Arzneimittel zum Zweck des Dopings,[757] also zur Leistungssteigerung, verabreicht werden. Folge davon ist, dass weder der Einsatz von Arzneimitteln zur Behandlung von Krankheiten[758] noch das Doping außerhalb des Sports,[759] beispielsweise die Medikamenteinnahme von Schülern und Studenten vor Prüfungen[760] unter § 5 a AMG zu subsumieren sind. Unerheblich ist allerdings, ob die intendierte Leistungssteigerung auf sportliche Aktivitäten im Wettkampf, im Training oder in

755 So für das deutsche Recht auch *Fritzweiler*, Gesetzliche Bestimmungen zur Ahndung von Doping, 156, in: *Fritzweiler* (Hrsg.), Doping – Sanktionen, Beweise, Ansprüche; *Körner*, Betäubungsmittelgesetz, Arzneimittelgesetz, AMG § 95 Rz 26; *Steiner*, Doping aus verfassungsrechtlicher Sicht, 128, in: *Röhricht/Vieweg* (Hrsg.), Doping-Forum – Aktuelle rechtliche und medizinische Aspekte sowie *Soyez*, Die Verhältnismäßigkeit des Dopingkontrollsystems, 157 und *Pelchen*, A 188 § 6 a Rz 2 AMG, in: *Erbs/Kohlhaas*, Strafrechtliche Nebengesetze. Vgl auch EBRV 777 BlgNR XXI. GP 16, wonach die neuen Vorschriften des § 5 a AMG nicht dazu dienen sollen, in den selbstverantwortlichen Umgang des einzelnen Sportlers mit seinem Körper einzugreifen sowie den Einführungserlass vom 8. April 2002 zur Novelle des Arzneimittelgesetzes (Doping) und zum Tierarzneimittelkontrollgesetz sowie zur (neuerlichen) Novellierung des Finanzstrafgesetzes, zu § 35 SMG und den Behandlungskosten nach § 41 SMG (JMZ 712.523/3-II.2/2002), JABl 4/2002, 63.

756 Vgl *Heger*, Die Strafbarkeit von Doping nach dem Arzneimittelgesetz, SpuRt 2001, 92.

757 Zu diesem Begriff *Pelchen*, A 188 § 6 a Rz 2 AMG, in: *Erbs/Kohlhaas*, Strafrechtliche Nebengesetze.

758 Explizit ausgenommen von § 5 a Abs 2 AMG.

759 Einführungserlass vom 8. April 2002 zur Novelle des Arzneimittelgesetzes (Doping) und zum Tierarzneimittelkontrollgesetz sowie zur (neuerlichen) Novellierung des Finanzstrafgesetzes, zu § 35 SMG und den Behandlungskosten nach § 41 SMG (JMZ 712.523/3-II.2/2002), JABl 4/2002, 63.

760 *Heger*, Die Strafbarkeit von Doping nach dem Arzneimittelgesetz, SpuRt 2001, 93.

der Freizeit gerichtet ist;[761] auch der Breitensport ist somit von § 5 a AMG erfasst.[762] Als Täter kommt jeder in Betracht, der ein entsprechendes Arzneimittel in Verkehr bringt[763] oder bei einem anderen anwendet. Anwenden kann nur das Verabreichen von Dopingmitteln an einen Sportler mit oder ohne dessen Wissen bedeuten.[764]

„Zur Absicherung der Schutzvorschriften des § 5 a ..."[765] wurde § 68 a in das Arzneimittelgesetz eingefügt. Dessen Abs 1 ermächtigt die Organe des Bundesministers für öffentliche Leistung und Sport sowie vom Bundesminister für öffentliche Leistung und Sport beauftragte Sachverständige zum Zweck der Überwachung des Verbots nach § 5 a in sämtlichen Räumen von Vereinen oder anderen juristischen oder natürlichen Personen, die der Ausübung des Sports oder der Förderung der Gesundheit oder Fitness gewidmet sind oder wo Sportveranstaltungen und Wettkämpfe stattfinden, Nachschau zu halten, wobei diese Amtshandlungen, außer bei Gefahr im Verzug, während der üblichen Geschäfts-, Betriebs- oder Wettkampfzeiten durchzuführen sind. Die Organe sind nach Abs 3 weiter befugt, von den gelagerten Arznei- und sonstigen Mitteln, bei denen der Verdacht besteht, dass sie Stoffe im Sinne des § 5 a AMG enthalten, Proben zu fordern oder zu entnehmen. Die Proben sind amtlich zu verschließen oder zu versiegeln, mit dem Datum zu versehen und der amtlichen Untersuchung zuzuführen. Korrespondierend zu diesen Rechten der befugten Kontrollorgane sieht Abs 4 eine Duldungspflicht der vertretungsbefugten Organe der Vereine, der Geschäfts- und Betriebsinhaber, der für die Veranstaltung eines Wettkampfs Verantwortlichen sowie ihrer Stellvertreter und Beauftragten vor. Diese haben die befugten Organe bei ihrer Tätigkeit zu unterstützen, Zutritt zu gestatten bzw. Auskünfte zu erteilen.

Mittels dieser Vorschriften wurden umfangreiche Rechte und Kontrollmöglichkeiten des Ministeriums statuiert. Durch die Umschreibung der Kontrollmöglichkeit „in sämtlichen Räumen von Vereinen oder anderen juristischen oder natürlichen Personen, die der Ausübung des Sports oder der Förderung der Gesundheit oder Fitness gewidmet sind oder wo Sportveranstaltungen und Wettkämpfe stattfinden" sind von dieser Regelung insbesondere betroffen: Örtlichkeiten, Lokale, Stätten, Einrichtungen oder Anstalten, in denen ein von einem

761 Vgl EBRV 777 BlgNR XXI. GP 15.

762 *Körner*, Betäubungsmittelgesetz, Arzneimittelgesetz, AMG § 95 Rz 24.

763 Dazu § 2 Abs 11 AMG; danach bedeutet Inverkehrbringen das Vorrätighalten, das Feilhalten oder die Abgabe von Arzneimitteln. Ein Inverkehrbringen liegt hingegen nicht vor, wenn durch geeignete Maßnahmen sichergestellt ist, dass ein Arzneimittel, das dem Gesetz nicht entspricht, nicht zum Verbraucher oder Anwender gelangt.

764 Siehe *Heger*, Die Strafbarkeit von Doping nach dem Arzneimittelgesetz, SpuRt 2001, 93 mwN.

765 So der Wortlaut der EBRV 777 BlgNR XXI. GP 18.

Verband veranstalteter Wettbewerb oder eine Veranstaltung stattfindet oder ein Training hiefür sowie sämtliche Räumlichkeiten von Vereinen oder anderen juristischen oder natürlichen Personen, die der Ausübung des Sports oder der Förderung der Fitness oder Gesundheit (Vereine, Fitnessstudios) gewidmet sind;[766] nach den EBRV fallen darunter etwa auch der Rezeptionsbereich, Lagerräume und ähnliches.[767]

Entsprechend der Konzeption des Gesetzgebers, Doping auch im Breitensport zu bekämpfen, ist dieses umfangreiche Recht auf Kontrolle nur konsequent. Gerade in der gewohnten Umgebung des Vereins, dem ein Athlet vielleicht schon über viele Jahre angehört, kann die Versuchung, Dopingmittel einzunehmen, besonders groß sein. ME erscheinen diese umfangreichen Kontrollbefugnisse, wenn sie auch entsprechend vollzogen werden, durchaus geeignet, die Dopingproblematik zu entschärfen. Klar ist, dass gerade Spitzenathleten besonders darauf bedacht sind, Dopingmittel im Geheimen einzunehmen und keine Proben an den Wettkampfort mitzunehmen (obwohl auch das schon passiert ist). Vor allem aber für die Dopingbekämpfung im Bereich der breiten Masse (Sport im Fitnessstudio oder in Vereinen) bzw. der jugendlichen Athleten erscheinen diese umfangreichen Kontrollbefugnisse notwendig zu sein.[768]

Abzuwarten bleibt, ob diese Bestimmungen insgesamt geeignet sein können, dem Doping auf nationaler Ebene Herr zu werden. Immerhin ist mit dem Einfügen von § 5 a AMG ein vielleicht noch sensibleres Verständnis für die Dopingproblematik in der Bevölkerung, vor allem aber bei aktiven (Vereins-) Wett-

766 EBRV 777 BlgNR XXI. GP 18 f.

767 Vgl EBRV 777 BlgNR XXI. GP 19.

768 Wie es um die Verfassungsmäßigkeit dieser einschneidenden Kontrollermächtigungen steht, soll an dieser Stelle nicht untersucht werden. Dies deshalb, da diese Untersuchung vor allem für die Praxis erfolgt und die neu eingefügten Regelungen des AMG als gegeben hinzunehmen sind.
Dass es gerade in den Fitnessstudios zu sehr häufigen Missbräuchen von Dopingmitteln kommt, beweist eine aktuelle Studie der EU-Kommission, die in Deutschland, Belgien, Italien und Portugal durchgeführt wurde. Danach versorgen sich von den gut 16 Millionen regelmäßigen Besuchern der 22.000 europäischen Fitnessstudios bis zu sechs Prozent, das entspricht einer Zahl von 960.000 Menschen, regelmäßig mit Anabolika, Steroiden, Hormonpräparaten uä. Die für Sport zuständige Kommissarin *Viviane Redding* meinte, dass die Verfolgung von Dopingsündern im professionell ausgeübten Sport heute mit großem Engagement betrieben werde, sich aber hinter den verschlossenen Türen der Fitnessstudios sehr Besorgnis erregende Dinge abspielten, vgl dazu Salzburger Nachrichten vom 16. Mai 2002 (Bereich Chronik). Vor diesem Hintergrund scheinen rigorose Kontrollbefugnisse notwendig zu sein. An der Verfassungsmäßigkeit des § 6 a dAMG zweifelnd *Soyez*, Die Verhältnismäßigkeit des Dopingkontrollsystems, 157 (Bedenken gegen die Gesetzgebungskompetenz und die Bestimmtheit der Norm).

kämpfern und Hobbysportlern erreicht worden.[769] Nach Ansicht des Verfassers sind diese Bestimmungen ein Schritt in die richtige Richtung.[770]

Weiters sieht das Rezeptpflichtgesetz[771] in seinem § 1 Abs 1 vor, dass Arzneimittel, die auch bei bestimmungsgemäßem Gebrauch das Leben oder die Gesundheit gefährden können, wenn sie ohne ärztliche Überwachung angewendet werden, nur aufgrund ärztlicher Verschreibung in Apotheken abgegeben werden dürfen. Gem § 2 Abs 1 hat der Bundesminister für Gesundheit und Umweltschutz unter Bedachtnahme auf den jeweiligen Stand der medizinischen Wissenschaft durch Verordnung unter anderem zu bestimmen, welche Arzneimittel auch bei bestimmungsgemäßem Gebrauch das Leben oder die Gesundheit von Menschen gefährden können.

Ebenfalls mit BGBl. I Nr. 33/2002 (Inkrafttreten mit 1. März 2002) wurde das Rezeptpflichtgesetz geändert. Nach dessen neu eingefügtem § 2 a ist es nunmehr verboten, Arzneimittel iSd § 5 a AMG zu Zwecken des Dopings zu verschreiben. Seit 01.03.2002 ist es also ua Ärzten (Mannschaftsärzten) ausdrücklich verboten, Arzneimittel iSd § 5 a AMG zur Leistungssteigerung im Sport zu verschreiben. Die entsprechenden Strafbestimmungen bei Übertreten der Vorschrift des § 2 a RezeptpflichtG finden sich in dessen § 6 a.

3. Lebensmittelgesetz

Schließlich ist noch der Frage nachzugehen, ob das Verabreichen von Dopingsubstanzen eine Strafbarkeit nach dem LMG nach sich ziehen kann. Das LMG ist nach dessen § 1 Abs 1 auf das Inverkehrbringen von Lebensmitteln, Verzehrprodukten, Zusatzstoffen, kosmetischen Mitteln und Gebrauchsgegenständen anzuwenden, wobei nach Abs 2 unter Inverkehrbringen unter anderem jedes Überlassen dieser Stoffe zu verstehen ist, sofern es zu Erwerbszwecken[772] oder

---

769 Darauf zielt auch die Intention des Gesetzgebers ab; die neuen Regelungen wurden ua eingeführt, um eine besondere Verantwortung im alltäglichen Umgang der Betreuer mit den Athleten bzw. Athletinnen zu entwickeln, vgl EBRV 777 BlgNR XXI. GP 16.

770 Zu den gerichtlichen Strafbestimmungen idZ vgl den Einführungserlass vom 8. April 2002 zur Novelle des Arzneimittelgesetzes (Doping) und zum Tierarzneimittelkontrollgesetz sowie zur (neuerlichen) Novellierung des Finanzstrafgesetzes, zu § 35 SMG und den Behandlungskosten nach § 41 SMG (JMZ 712.523/3-II.2/2002), JABl 4/2002, 63 f.

771 BGBl. I 1972/413 i.d.F. BGBl. I 2002/33.

772 Unter Erwerbszwecken versteht man jede im Rahmen eines Gewerbes oder zu gewerblichen Zwecken vorgenommene, nicht einem rein privaten Bedürfnis dienende Tätigkeit. Nicht erforderlich ist dabei, dass die Tätigkeit entgeltlich, mit der Absicht einer Gewinnerzielung oder in Wiederholungsabsicht erfolgt, vgl *Barfuß/Smolka/Onder*, Österr. Lebensmittelrecht, Teil I, I A Komm zu § 1, 6.

für Zwecke der Gemeinschaftsversorgung (Werksküchen, Küchen von Heimen, Krankenhäusern etc.) geschieht. Nach § 7 Abs 1 lit a LMG[773] ist es verboten, Lebensmittel, Verzehrprodukte oder Zusatzstoffe in Verkehr zu bringen, die gesundheitsschädlich sind. Gem § 8 lit a LMG sind Lebensmittel, Verzehrprodukte und Zusatzstoffe dann gesundheitsschädlich, wenn sie geeignet sind, die Gesundheit zu gefährden oder zu schädigen.[774] Wie bereits dargelegt, können Dopingmittel massiv in die Gesundheit eines Menschen eingreifen. Um eine Subsumtion unter § 7 Abs 1 vornehmen zu können, ist primär zu klären, ob Dopingmittel als Lebensmittel oder Verzehrprodukte oder als Zusatzstoffe angesehen werden können. Nach Ansicht des Verfassers handelt es sich bei Dopingpräparaten am ehesten um Verzehrprodukte. Diese werden in § 3 LMG definiert als Stoffe, die dazu bestimmt sind, von Menschen gegessen, gekaut oder getrunken zu werden, ohne überwiegend Ernährungs- oder Genusszwecken zu dienen oder Arzneimittel zu sein. Offensichtlich ist, dass Dopingsubstanzen einerseits dem menschlichen Körper in Form des Essens bzw. Trinkens zugeführt werden können, andererseits nicht überwiegend Ernährungs- oder Genusszwecken dienen. Ist ein Dopingpräparat weiters nicht als Arzneimittel zu qualifizieren, ist eine Subsumtion unter den Begriff der Verzehrprodukte möglich.[775] Folgt man dieser Auffassung und geht somit davon aus, dass durch das Verabreichen gesundheitsschädlicher Dopingmittel, Verzehrprodukte iSd LMG in Verkehr gebracht werden können, so ist dieses Inverkehrbringen gem § 56 Abs 1 LMG mit Freiheitsstrafe bis zu einem Jahr bzw. Geldstrafe bis zu 360 Tagessätzen zu ahnden.

VII. Einführung eines Anti-Doping-Gesetzes?

1. Allgemeines

Nachdem nun jene Tatbestände des StGB und des Nebenstrafrechts dargestellt worden sind, die als mögliche Bestrafungsgrundlagen im Falle einer Verabreichung von Dopingsubstanzen in Betracht kommen, soll in diesem Kapitel der Frage nachgegangen werden, ob ein eigenständiges Anti-Doping-Gesetz sinnvoll in die österreichische Strafrechtsordnung integriert werden kann oder man mit

773 Siehe zu dieser Bestimmung näher *Feil*, Österr. Lebensmittelrecht, 113 ff.

774 Abgestellt wird also auf die abstrakte Eignung der Gesundheitsbeeinträchtigung der genannten Stoffe, näher dazu *Barfuß/Smolka/Onder*, Österr. Lebensmittelrecht, Teil I, I A Komm zu § 8, 3 ff.

775 Vertretbar ist es auch Dopingpräparate als Lebensmittel oder – wohl eher noch – als Zusatzstoffe iSd §§ 2 u. 4 LMG zu definieren.

den bestehenden Gesetzen das Auslangen findet. Derartige Anti-Doping-Gesetze existieren in Belgien und Frankreich bereits seit 1965. Das französische Anti-Doping-Gesetz[776] verbietet jedem, also auch Ausländern, ein Dopingmittel, vor oder während eines Wettkampfes anzuwenden. Weiters sieht dieses Gesetz einerseits vor, dass sich an einem Wettkampf teilnehmende Sportler jederzeit einer auch unangekündigten Dopingkontrolluntersuchung zu unterziehen haben, andererseits verpflichtet es die Manager, Trainer und Ärzte bei der Aufdeckung von Dopingmissbräuchen mitzuhelfen.[777] Die Einführung eines Anti-Doping-Gesetzes würde bedeuten, dass Sportlern bei gerichtlicher Strafe verboten wird, ihrem Körper Dopingsubstanzen zuzuführen. Bereits erwähnt wurde, dass der österr. Gesetzgeber mit der Einfügung des § 5 a in das Arzneimittelgesetz dieses Ziel nicht verfolgen wollte – der selbstverantwortliche Umgang des einzelnen Sportlers mit seinem Körper sollte nicht beschränkt werden.[778]

2. *Verfassungsrechtliche Probleme*[779]

Das Hauptproblem, das im Zuge einer Einführung eines Anti-Doping-Gesetzes auftreten würde, wäre wohl das Entstehen sachlich nicht gerechtfertigter Ungleichbehandlungen, wenn Sportlern verboten wird, bestimmte[780] Medikamente einzunehmen, jeder andere jedoch nicht dem Anwendungsbereich dieses Gesetzes unterfallen würde.[781] Das verfassungsgesetzlich gewährleistete Recht auf Gleichbehandlung, das in Österreich vor allem in Form von Art 7 B-VG, Art 2

---

776 Vgl dazu näher *Schneider-Grohe*, Doping, 157 f und *Ahlers*, Doping und strafrechtliche Verantwortlichkeit, 211 f.

777 *Kohlhaas*, Gesetzliche Grundlagen für ein Verbot des „Doping"?, Sportarzt und Sportmedizin, 64 (73).

778 Dazu oben 163.

779 Die verfassungsrechtlichen Probleme (vor allem jenes des Gleichheitssatzes) sollen im Rahmen dieser Arbeit bewusst nicht vollständig angeführt und auch keiner Lösung zugeführt werden. Dem Bearbeiter geht es vorwiegend darum, die verfassungsrechtlichen Schwierigkeiten, die mit der Einführung eines Anti-Doping-Gesetzes verbunden sind, aufzuzeigen.

780 Ungeklärt wäre auch, welche Substanzen verboten sein sollten bzw. welche (noch) eingesetzt werden dürften. Im Hinblick auf eine möglichst weitgehende Harmonisierung der weltweiten Dopingverfolgung, sollte die jeweils aktuelle Dopingliste des Olympic Movement Anti-Doping-Code übernommen werden.

781 So schreibt *Kohlhaas*, Das Doping aus rechtlicher Sicht, 53, in: *Schroeder/Kaufmann* (Hrsg.), Sport und Recht, dass die Strafbarkeit der Dopingmittelverwendung „ein klarer Verstoß gegen die Gleichheit vor dem Gesetz, der ein Sondergesetz gegen den Sportler schafft, dem das bei Kriminalstrafe untersagt wird, was jeder andere tun kann, nämlich Tabletten zu schlucken, Rauschgift zu sich zu nehmen, Kaffee und Wein in ungesunden Mengen zu trinken und anderes mehr" wäre.

StGG über die allgemeinen Rechte der Staatsbürger und Art 14 EMRK ausgestaltet ist, verbietet es dem Gesetzgeber, andere als sachlich begründbare Differenzierungen zu schaffen.[782] Nur dann, wenn gesetzliche Differenzierungen aus entsprechenden Unterschieden im Tatsächlichen ableitbar sind, entspricht das Gesetz dem verfassungsrechtlichen Gleichheitssatz.[783] Während nach der älteren Judikatur[784] des VfGH nur Differenzierungen nach Geburt, Stand, Klasse oder Bekenntnis[785] als gleichheitswidrig angesehen wurden, gilt dies heutzutage für jede Differenzierung, falls sie nicht durch Unterschiede im Tatsächlichen begründet ist. Wie soeben erwähnt, geht es bei der Prüfung eines Sachverhalts auf dessen Vereinbarkeit mit dem Gleichheitssatz um die Frage, ob „eine rechtliche Differenzierung mit tatsächlichen Unterschieden in einer Weise korrespondiert, die sachlich gerechtfertigt werden kann".[786] Die somit aufgeworfene Frage lautet also, ob es sachlich gerechtfertigt erscheint, Wettkämpfern das Einnehmen von Medikamenten zu untersagen, während jedem anderen die Anwendung dieser Medikamente erlaubt ist. Im Zuge der abschließenden Beantwortung dieser Frage zum jetzigen Zeitpunkt stellt sich das Problem, dass noch keinerlei Entwürfe oder ähnliches vorliegen, die zumindest eine ungefähre Ausgestaltung dieses Gesetzes aufzeigen würden. Nach Ansicht des Verfassers würde es einen gravierenden Unterschied machen, wenn der Gesetzgeber die Einnahme von Dopingpräparaten (lediglich) Profisportlern verbieten oder darüber hinaus auch jeder Hobbysportler in die Regelung einbezogen werden würde. Es wäre sachlich nicht zu rechtfertigen, würde man bezüglich der Erlaubtheit von Dopingmitteln zwischen Profi- und Hobbysportlern[787] differenzieren, da in beiden Fällen der Schutz der Gesundheit des einzelnen Menschen im Vordergrund steht. Doch auch die Zulässigkeit eines Anti-Doping-Gesetzes unter dem Gesichtspunkt des Gesundheitsschutzes der Sportler ist höchst zweifelhaft. Nach der in Österreich geltenden Rechtslage sind weder die vorsätzliche noch fahrlässige Selbstverletzung bzw. Gesundheitsgefährdung, ja selbst die (versuchte) Selbsttötung strafbar. Dies zeigt sich auch daran, dass selbst das SMG den „Eigenverbrauch" nicht unter gerichtliche Strafe gestellt hat. Die gesundheitlichen Folgen, die mit der Einnahme von Dopingmitteln, insbesondere Anabolika verbunden

782 VfSlg 8169/1977 uva; siehe auch *Walter/Mayer* Grundriß des österreichischen Bundesverfassungsrechts, Rz 1347.
783 Statt vieler VfSlg 4392/1963.
784 VfSlg 2286/1952.
785 Vgl Art 7 Abs 1 2. Satz B-VG.
786 *Öhlinger*, Verfassungsrecht, Rz 762.
787 Hierbei würde sich außerdem das Problem der Abgrenzung von Profi- und Hobbysportlern stellen; eine Möglichkeit wäre, darauf abzustellen, wodurch eine Person ihr Haupteinkommen erzielt.

sind, können nicht als gravierender bezeichnet werden, als jene, die aus der Einnahme von (harten) Suchtmitteln (zB Heroin) resultieren.[788] Allein schon deshalb besteht aus gesundheitspolitischer Sicht kein Grund für eine Ungleichbehandlung der eigenverantwortlichen Einnahme von Dopingpräparaten in Form einer Ahndung durch die Gerichte.[789] Schließlich wird eine derartige Ungleichbehandlung auch zum Schutz der Sportethik überwiegend abgelehnt.[790]

Ein weiteres Problem aus Sicht des Verfassungsrechts im Hinblick auf die Einführung eines Anti-Doping-Gesetzes könnte sich daraus ergeben, dass dieses Gesetz mit Art 8 EMRK (Recht auf Achtung des Privat- und Familienlebens) in Konflikt gerät. Dieses Recht soll nach der EMRK dem einzelnen einen privaten Bereich sichern, in dem er seine Persönlichkeit frei entwickeln und entfalten kann.[791] Gedacht ist dabei vor allem an den Schutz des einzelnen vor willkürlichen Eingriffen staatlicher Stellen.[792] Nach Meinung des VfGH schützt Art 8 EMRK vorwiegend die Privatheit des Lebens gegen unnötige Kenntnisnahme durch den Staat, so dass eine Registrierung von Vorgängen des Privatlebens für Zwecke der öffentlichen Verwaltung in dieses Grundrecht eingreift.[793] In der soeben zitierten Entscheidung führte der VfGH aus: „In einer von der Achtung der Freiheit geprägten Gesellschaft ... braucht der Bürger ohne triftigen Grund niemandem Einblick zu gewähren, welchem Zeitvertreib er nachgeht, welche Bücher er kauft, welche Zeitungen er abonniert, was *er ißt und trinkt*[794] und wo er die Nacht verbringt.". Viele der auf dem Markt befindlichen und verbotenen Dopingmittel sind in Nahrungsmitteln vorhanden. Würde somit der Gesetzgeber vorschreiben, dass das Essen und Trinken dieser Stoffe bei gerichtlicher Strafe verboten sei, so würde er sich wohl „zu weit aus dem Fenster lehnen" und eine Regelung schaffen, die der von Art 8 EMRK gewährten Freiheit widerspricht. Dies vor allem deswegen, da kein triftiger Grund, wie es das Höchstgericht formulierte, ersichtlich ist, der einen so weiten Eingriff in das Recht des Art 8 EMRK, rechtfertigen würde. Anders sieht die Situation bei Suchtmitteln aus; hier besteht ein gesundheitspolitisches Interesse an einem Verbot dieser Stoffe. Dopingmittel sind, falls sie unter den Anwendungsbereich des SMG bzw.

788 So auch *Ahlers*, Doping und strafrechtliche Verantwortlichkeit, 214.

789 So auch *Turner*, Ist ein Anti-Doping-Gesetz erforderlich?, ZRP 1992, 121 ff.

790 So explizit *Kohlhaas*, Das Doping aus rechtlicher Sicht, 55, in: *Schroeder/Kaufmann* (Hrsg.), Sport und Recht; *ders* Doping aus rechtlicher Sicht, 57, in: *Acker* (Hrsg.), Rekorde aus der Retorte; *Schneider-Grohe*, Doping, 168 sowie *Steiner*, Verfassungsfragen des Sports, NJW 1991, 2729 ff, 2733 ff.

791 EMRK, Fall Brüggemann und Scheuten, EuGRZ 1978, 199; vgl auch *Mayer* B-VG, Art 8 II. 1.

792 EGMR, EuGRZ 1979, 626 (629).

793 Vgl dazu VfSlg 12689/1991.

794 Hervorhebung durch den Verfasser.

AMG fallen und daher einen ähnlichen Unrechtsgehalt wie Suchtmittel und Arzneimittel aufweisen, wie aufgezeigt, ebenfalls verboten.[795]

Auch der österr. Gesetzgeber wollte durch die Änderungen des AMG kein umfangreiches und eigenständiges Dopingrecht schaffen, das auch die Bestrafung des einzelnen Anwenders regelt. Diese Aufgabe, wie etwa der Ausschluss eines Dopingsünders von Wettkämpfen, sollte auch weiterhin den Sportverbänden überlassen werden.[796]

Nicht nur die Einführung, auch die Vollziehung eines Anti-Doping-Gesetzes könnte mit Schwierigkeiten verbunden sein. Welches Organ sollte zur Feststellung des Dopingmissbrauchs zuständig sein (Bezirksgericht)? Soll es gegen die Entscheidung der erstinstanzlichen Stelle eine Berufung, zB an das Landesgericht, geben? Wer soll die Abnahme von Urinproben organisieren? All diese Fragen sind derzeit noch völlig ungeklärt und werden wohl auch in naher Zukunft nicht beantwortet werden.

Gegen die Einführung eines Anti-Doping-Gesetzes spricht daher nach Ansicht des Verfassers auch der große behördliche Aufwand, der für die Vollziehung eines derartigen Gesetzes notwendig wäre.[797]

Abschließend ist festzuhalten, dass die Einführung eines Gesetzes, dass das zu sich Nehmen von Dopingpräparaten unter gerichtliche Strafe stellen würde, nicht nur in Österreich, mit einer Reihe von verfassungsrechtlichen Problemen verbunden wäre und die Beschlussfassung eines derartigen Gesetzes abzulehnen ist.

3. Effektive Vollziehung der bestehenden Gesetze

Ein eigenständiges Anti-Doping-Gesetz kann auch mit dem Hinweis abgelehnt werden, dass es ausreichend Gesetze gibt, die die Weitergabe bestimmter gesundheitsgefährdender Stoffe, unter gerichtliche Strafe stellen.[798] Anstelle eines „neuen" Gesetzes zur Dopingverfolgung sollten bereits bestehende Gesetze erweitert,[799] vor allem aber, effektiv vollzogen werden.

---

795 Siehe zu Art 8 EMRK abschließend *Walter/Mayer*, Grundriß des österreichischen Bundesverfassungsrechts, Rz 1414 ff.

796 EBRV 777 BlgNR XXI. GP 14. Diese Auffassung ist ausdrücklich zu begrüßen.

797 Weitere Bedenken äußert *Ahlers*, Doping und strafrechtliche Verantwortlichkeit, 213 f und zwar hinsichtlich der Beschneidung der Autonomie des Sports, die als Folge der Einführung eines Anti-Doping-Gesetzes zu befürchten ist.

798 Vgl für Österreich vor allem das Suchtmittelgesetz und das Arzneimittelgesetz, oben 159 ff.

799 Wie erwähnt, ist durch die Änderung des Arzneimittelgesetzes zum 01.03.2002 ein wichtiger Schritt zur Dopingbekämpfung gesetzt worden.

4. Zusammenfassung

Abschließend ist festzuhalten, dass die Einführung eines eigenständigen Anti-Doping-Gesetzes, vor dem Hintergrund der bisher angestellten Überlegungen, nicht erforderlich und mit erheblichen verfassungsrechtlichen Problemen verbunden ist. Im geltenden österreichischen Strafrecht findet man eine ausreichende rechtliche Grundlage zur Bekämpfung des Dopingmissbrauchs, soweit den damit verbundenen Folgen ein krimineller Unrechtsgehalt beizumessen ist. Vor allem die Strafbarkeit der Delikte gegen Leib und Leben (§§ 75 ff StGB) in Kombination mit den Tatbeständen des Nebenstrafrechts (SMG, AMG und LMG) ist als ausreichende Grundlage, um dem Dopingproblem auf nationaler Ebene zu begegnen, anzusehen. Die Einführung eines Anti-Doping-Gesetzes sollte ausschließlich als ultima-ratio-Maßnahme diskutiert werden. Der Zeitpunkt, zu dem an ultima-ratio-Maßnahmen zu denken ist, ist aber noch nicht erreicht. Wie erwähnt, sollten bestehende Gesetze möglichst effektiv vollzogen werden. Daneben, besser gesagt, bevor die entsprechenden Tatbestände des Strafrechts zur Anwendung gelangen, ist eine – in regelmäßigen Abständen stattfindende – umfassende Aufklärungskampagne bezüglich der möglichen Gefahren des Dopings, vor allem im Bereich des Jugendsports, zu fordern.

VIII. Vorschläge zur Bekämpfung des Dopings auf internationaler Ebene

Trotz der Tatsache, dass sich diese Arbeit vorwiegend mit den Auswirkungen des Dopings aus Sicht des österreichischen Schadenersatz- und Strafrechts auseinander setzt, ist es ein Anliegen des Bearbeiters, Vorschläge zu machen, wie die in den letzten Jahren stark zugenommene Problematik der Medikamenteinnahme zur Leistungssteigerung im Sport, einer Lösung zugeführt werden könnte. Das Faktum, dass eine nachhaltige Lösung des Dopingmissbrauchs im Sport nur durch eine internationale Regelung herbeigeführt werden kann, dürfte heute außer Streit stehen. Nur durch eine Regelung auf internationaler Ebene wird es möglich sein, die notwendigen Koordinierungsmaßnahmen durchzuführen.[800] Eine internationale Regelung, deren Regelungszweck es ist, Dopingmissbräuche einzuschränken bzw. möglichst gänzlich zu verhindern, müsste folgende Punkte enthalten:[801]

1. Auflistung der jedenfalls verbotenen Substanzen und Methoden
2. Exakt beschriebene Analyseverfahren und Nachweismethoden

---

800 IdS auch *Hagn*, Die rechtliche Beurteilung des Dopings, ÖJZ 1993, 411.
801 In teilweiser Anlehnung an *Hagn*, aaO.

3. Errichtung eines unabhängigen Entscheidungsträgers samt Berufungsmöglichkeit (Internationales Sportschiedsgericht in Lausanne [CAS[802]])
4. Verhängung angemessener Sanktionen (notwendig waren vor allem die zum 1.1.2000 eingeführten Geldstrafen)

Nur wenn unter anderem diese vier genannten Punkte in eine internationale Regelung zur Bekämpfung des Dopings einfließen können, ist davon auszugehen, dass das Doping nachhaltig bekämpft werden kann. Vor allem mit dem am 1. Jänner 2000 in Kraft getretenen Anti-Doping-Code der Olympischen Bewegung erfolgte ein entscheidender Schritt in die richtige Richtung. Erstmals findet sich in diesem Dokument einerseits die Möglichkeit der Verhängung von Geldstrafen, andererseits wurde das Internationale Sportschiedsgericht in Lausanne als einzige Berufungsbehörde eingerichtet. Nur auf diese Weise wird es möglich sein, eine einigermaßen beständige und vor allem vorhersehbare Rechtsprechung der Berufungsinstanz zu gewährleisten. Hätte jeder internationale Sportverband eine eigene Berufungsbehörde, wie dies bislang häufig der Fall war, wäre es auch weiterhin nicht möglich, Doping einheitlich zu verfolgen und Missbräuche zu ahnden.

IX. Ergebnis und Zusammenfassung

1. Haftungsrechtlicher Teil

Wie im zweiten Teil[803] dieser Untersuchung aufgezeigt, kann das Verabreichen von Dopingmitteln eine Vielzahl schadenersatzrechtlicher Ansprüche zur Folge haben; vor allem durch ihre gesundheitsschädigende Wirkung können Ansprüche auf Leistung der Heilungskosten,[804] des Verdienstentganges[805] und eines angemessenen Schmerzengeldes[806] resultieren. Aber nicht nur die Sportler sind vom Doping betroffen. Auch die Sponsoren[807] können durch das Dopingphänomen Schädigungen (überwiegend Imageschäden) davontragen. Gerade heutzutage ist es für bestimmte Firmen besonders wichtig „in" zu sein, um vor allem bei jugendlichen Kunden Käuferschichten zu erschließen. Ein Imageverlust ist

802 Vgl dazu ausführlich *Netzle*, Das Internationale Sport-Schiedsgericht in Lausanne, 9 ff, in: *Röhricht* (Hrsg.) Sportgerichtsbarkeit; *ders*, Wie hält es das Internationale Sportschiedsgericht mit dem Doping?, 197 ff, in: *Vieweg* (Hrsg.), Doping – Realität und Recht.

803 Dazu oben 59 ff.

804 Oben 62 ff.

805 Oben 64 ff.

806 Oben 69.

807 Oben 104 f.

für eine Firma von erheblicher Tragweite und kann auch deren Ruin bedeuten. Daher war die Untersuchung dieses Anspruchs vorrangig für die Praxis von besonderer Relevanz. Auch die Untersuchung der zivilrechtlichen Ansprüche der Veranstalter gegen gedopte Sportler,[808] der Zuschauer gegen die Veranstalter[809] sowie des Konkurrenten gegen einen gedopten Athleten[810] dürften in der Praxis von Interesse sein.

Zur Reformbedürftigkeit des österreichischen Zivilrechts im Hinblick auf die Durchsetzung zivilrechtlicher Dopingansprüche ist wiederholend festzuhalten, dass das geltende Schadenersatzrecht als ausreichend anzusehen ist. Die Einführung einer allgemeinen Sportunfallversicherung[811] (unter anderem zur Befriedigung der aus Dopingmissbräuchen resultierenden Schadenersatzansprüche) erscheint jedoch überlegenswert.

2. *Strafrechtlicher Teil*

Hierzu ist zu sagen, dass in Österreich strikt zwischen sportlichen Disziplinarmaßnahmen und gerichtlichen Strafen zu unterscheiden ist. Nur dann, wenn ein Verhalten den Unrechtsgehalt eines gerichtlich strafbaren Tatbestandes erfüllt und die entsprechende Gesetzesstelle daher anzuwenden ist, kommt eine Bestrafung aufgrund der strafrechtlichen Delikte (vor allem der Delikte gegen Leib und Leben) in Frage.

Überwiegend waren es die Körperverletzungsdelikte,[812] die durch das Verabreichen von Dopingmitteln sowohl hinsichtlich des objektiven als auch hinsichtlich des subjektiven Tatbestandes als erfüllt anzusehen waren. Entscheidend für eine Strafbarkeit nach diesen Delikten war, dass nach der in dieser Untersuchung vertretenen Meinung eine Einwilligung[813] in eine Dopingmaßnahme grundsätzlich möglich und nicht von vornherein aufgrund der Sittenwidrigkeit des Dopings gänzlich abzulehnen ist. Zu erwähnen ist, dass in praxi die Fälle der fahrlässigen Körperverletzung bei weitem jene der vorsätzlichen überwiegen werden.[814]

---

808 Oben 90 ff.
809 Oben 94 ff.
810 Oben 106 ff.
811 Dazu im Detail oben 114.
812 Oben 134 ff.
813 Oben 79 f.
814 Vgl allerdings die Verurteilungen der deutschen Gerichte in Zusammenhang mit dem DDR-Staatsdoping (oben 137 ff), in denen das Gericht regelmäßig zur Auffassung gelangte, dass Dopingmittel dolu eventuali verabreicht worden sind. Wie bereits erwähnt, gibt es in Österreich noch keinerlei gerichtliche Entscheidung bezüglich Doping in Zusammenhang mit der Verwirklichung von Straftatbeständen.

Wie aufgezeigt wurde, sind neben den Körperverletzungsdelikten auch bestimmte Delikte der strafbaren Handlungen gegen die Ehre[815] und des Vermögensstrafrechts[816] als mögliche Strafnormen innerhalb der Dopingproblematik anzusehen. Vor allem der Tatbestand des Betruges ist es, der die juristischen Geister scheidet. So lehnen manche eine Strafbarkeit strikt ab, während andere sowohl den objektiven als auch den subjektiven Tatbestand als erfüllt ansehen. Die Wahrheit dürfte in der Mitte liegen. Wie ausgeführt, ist besonders beim Betrug auf den jeweiligen Einzelfall abzustellen und generelle Aussagen hinsichtlich der Verwirklichung dieses Tatbestandes kaum sinnvoll.[817]

Auch die Novellierung des Nebenstrafrechts, namentlich vor allem des Arzneimittelgesetzes, das jetzt in Bezug auf die Dopingbekämpfung dem deutschen Modell entspricht, trägt dem immer größer werdenden Dopingphänomen – vor allem im Breitensport – Rechnung. Wie beschrieben, hat der Gesetzgeber das Verabreichen bzw. Anwenden von Dopingmitteln[818] bei anderen verboten und unter bestimmten Voraussetzungen (Verwendung zu Zwecken des Dopings im Sport) unter Strafe gestellt. Da viele Dopingsubstanzen als Arzneimittel angesehen werden können, ist eine ausreichende Strafbarkeit gegeben.

Zusammenfassend ist zu bemerken, dass die österreichische Rechtsordnung, sowohl das zivilrechtliche Haftungsrecht als auch das Strafrecht, bei der Lösung des Dopingproblems einerseits nur Hilfestellungen leisten kann, andererseits ausreichend Möglichkeiten bietet, die aus der Dopingthematik resultierenden Probleme einer vernünftigen Lösung zuzuführen. Es besteht somit kein Anlass für den österreichischen Gesetzgeber, die derzeit geltenden relevanten Bestimmungen – weder des ABGB noch des StGB (samt seinen Nebengesetzen) – einer (weiteren) Novellierung zu unterziehen.

---

815 Vgl dazu oben 147 ff.

816 Siehe zur Kreditschädigung oben 151 ff.

817 Vgl zum Betrug ausführlich oben 153 ff.

818 Falls es sich dabei um Arzneimittel handelt.

4. Abschnitt: Das Dopingphänomen aus Sicht des deutschen Rechts

I. Vorbemerkung

Wie in der Einleitung erwähnt, soll in diesem Abschnitt die Dopingverfolgung in der Bundesrepublik Deutschland dargestellt werden. Allein schon aus Gründen des Umfangs bzw. der Tatsache, dass das deutsche Recht weitgehend dem österreichischen entspricht, beschränkt sich die Darstellung in diesem Kapitel vor allem auf einen rechtsvergleichenden Überblick.

Der systematische Aufbau folgt im wesentlichen der Darstellung der österreichischen Rechtslage; zuerst sollen die zivilrechtlichen Schadenersatzansprüche nach dem BGB[819] erläutert werden, daran anschließend werden die entsprechenden Delikte des dStGB einer Betrachtung unterzogen.

II. Haftungsrechtliche Ansprüche[820] nach dem BGB[821]

1. Vorbemerkung

Bezüglich der einzelnen Schadenersatzansprüche ist zu Beginn ihrer Darstellung anzumerken, dass es sich regelmäßig auch im deutschen Recht um jene Ansprüche handelt, die bereits im Zusammenhang mit der Darstellung der Schadenersatzansprüche in Österreich behandelt wurden;[822] die einzelnen Sachverhaltsvarianten (Anspruch Sportler gegen Dritten, Verein gegen Sportler, Zuseher gegen Veranstalter etc.) sind identisch. Auch im deutschen Recht gibt es beispielsweise einen Schadenersatzanspruch bei Verletzung des Körpers bzw. Schädigung der Gesundheit (§ 823), wobei in weiterer Folge auch ein Schmerzengeld zusteht (§ 847).

---

819 Zu den Schadenersatzansprüchen ehemaliger DDR-Athleten nach dem ZGB der DDR vgl *Lehner/Freibüchler*, Doping im DDR-Sportsystem – Schadensersatzansprüche der Opfer?, SpuRt, 1995, 2 ff.

820 Auf allgemeine Informationen hinsichtlich der Voraussetzungen eines Schadenersatzanspruchs nach deutschem Recht kann an dieser Stelle verzichtet werden, da sie der österreichischen Rechtslage entsprechen; vgl zu den notwendigen Voraussetzungen der Schadenszurechnung *Soergel/Mertens* Vor § 249 Rz 116 ff.

821 Paragraphen innerhalb von Punkt II. sind solche des BGB.

822 Vgl dazu oben 59 ff.

2. Anspruch des Athleten gegen dopenden Dritten (Mannschaftsarzt)

Da, wie im Rahmen dieser Arbeit bereits mehrfach dargelegt wurde, das Verabreichen von Dopingsubstanzen zu Schädigungen des Körpers führen kann, soll zuerst der betreffende zivilrechtliche Anspruch dargestellt werden. Die einschlägige Norm im deutschen bürgerlichen Recht ist § 823 Abs 1. Darin heißt es ua, dass für vorsätzliche oder fahrlässige widerrechtliche Verletzung des Körpers oder der Gesundheit der daraus entstehende Schaden zu ersetzen ist. Verletzung des Körpers wird dabei definiert als jeder äußere Eingriff in die körperliche Unversehrtheit eines anderen;[823] eine Verletzung der Gesundheit liegt in einem Krankmachen.[824] Ein Beispiel für eine Gesundheitsverletzung ist in der Infizierung mit dem tödlichen HIV-Virus, wobei schon vor Ausbruch der Krankheit eine Schädigung der Gesundheit vorliegt, zu sehen.[825] Durch die zahlreichen negativen Wirkungen der heute eingesetzten Dopingsubstanzen, kann jedenfalls eine Körperverletzung bzw. Gesundheitsschädigung vorliegen. Eine exakte Abgrenzung zwischen Körperverletzung und Gesundheitsschädigung ist mitunter nicht möglich, aber auch nicht notwendig, da das BGB für beide Schadensarten dieselben Konsequenzen vorsieht.[826] Liegt eine Schädigung vor, so steht dem Verletzten auch nach deutschem Recht der Ersatz der Heilungskosten,[827] der Aufwendungen für eine Vermehrung der Bedürfnisse[828] sowie des Erwerbsausfalles,[829] der durch Zahlung einer Geldrente auszugleichen ist, zu. Schließlich

823 Vgl BGH NJW 1980, 1452 f und *Soergel/Zeuner* § 823 Rz 16.

824 *Medicus* BT Rz 780.

825 BGHZ 114, 284.

826 *Medicus* BT Rz 779.

827 *Deutsch*, Haftungsrecht I Rz 813.

828 *Erman/Schiemann* § 843 Rz 11.

829 Zur Frage, ob ein Athlet, der ohne sein Wissen gedopt wurde und deshalb von Wettkämpfen ausgeschlossen worden ist, einen Anspruch auf Ersatz der entgangenen Siegesprämien hat, vgl (grundsätzlich verneinend) *Turner*, Doping im Zivilrecht, NJW 1992, 721. Die regelmäßig zu verneinende Antwort ergibt sich für *Turner* aus § 252 (entgangener Gewinn). Nach dieser Vorschrift gilt als entgangen jener Gewinn, welcher nach dem gewöhnlichen Lauf der Dinge oder nach den besonderen Umständen, insbesondere nach den getroffenen Anstalten und Vorkehrungen, mit Wahrscheinlichkeit erwartet werden kann. Entgangene Siegesprämien wären nach dieser Definition zB dann zu ersetzen, wenn ein Wettkämpfer gesperrt worden ist, der vor und nach der Sperre sämtliche Veranstaltungen gewonnen hat, und gleichzeitig an den betroffenen Wettkämpfen nur Sportler teilgenommen haben, die deutlich schwächer waren, als der gesperrte Athlet. Da dies regelmäßig nicht der Fall sein wird bzw. schwer beweisbar erscheint, steht zumeist kein Anspruch auf entgangene Siegesprämien zu. Zu beachten ist, dass im Unterschied zum österreichischen ABGB nach dem BGB der entgangene Gewinn nicht nur bei grobem Verschulden

kann der Verletzte für immaterielle Schäden (Schmerzen etc.) auch im deutschen Recht einen Anspruch auf Schmerzengeld[830] geltend machen.

Daneben kann der verletzte Athlet seine Ansprüche auch nach § 823 Abs 2 geltend machen. Diese Norm trägt dem Schädiger eine Ersatzpflicht für den Fall auf, dass er gegen ein Schutzgesetz verstößt. Da das Verabreichen von Dopingsubstanzen, wie noch auszuführen sein wird, gegen das dStGB verstößt und dessen Bestimmungen als Schutzgesetze iSd § 823 Abs 2 angesehen werden, kann auch nach § 823 Abs 2 Ersatz begehrt werden.[831]

Schließlich ergibt sich eine weitere Anspruchsgrundlage des Sportlers gegen seinen Mannschaftsarzt aus der Bestimmung des § 611 (Dienstvertrag). Nach hM[832] besteht zwischen einem Arzt und dem von ihm behandelten Sportler ein Dienst- bzw. Behandlungsvertrag. Verabreicht der Mannschaftsarzt einem Athleten ohne dessen Wissen Dopingsubstanzen, hat er hiedurch seine aus dem Behandlungsvertrag resultierenden Pflichten verletzt. Danach schuldet der Arzt eine Behandlung nach den Regeln der medizinischen Wissenschaft.[833] Er ist somit verpflichtet, eine Behandlung durchzuführen, welche die physische und psychische Situation des Wettkämpfers nicht verschlechtern darf – im Gegenteil er muss alles tun, um die Gesundheit des Athleten aufrechtzuerhalten. Liegt ein derart vertrags- und somit rechtswidriges Verhalten seitens des Arztes vor, kann der Sportler die zuvor genannten Ansprüche (Heilungskosten usw.) auch aufgrund der Verletzung einer vertraglichen Pflicht begehren.

3. Anspruch des Vereins gegen dopenden Sportler

Auch im deutschen Recht stellt sich die Frage, ob einem Verein, dessen Athleten ohne Wissen des Vereins Dopingpräparate einnehmen, ein Schadenersatzanspruch zusteht. Besteht zwischen Sportler einerseits und Verein andererseits eine vertragliche Beziehung (zB Angestelltenverhältnis in Form eines Dienstvertrages), ergibt sich ein Anspruch aus Verletzung der Pflichten des Arbeitsverhält-

---

(Vorsatz oder grobe Fahrlässigkeit), sondern auch bei leichter Fahrlässigkeit zu ersetzen ist, vgl zum entgangenen Gewinn nach deutschem Recht ausführlich *Soergel/Mertens* § 252.

830 Vgl zu den Haftungsvoraussetzungen eines Schmerzengeldanspruchs *Soergel/Zeuner* § 847 Rz 20 ff; zum Schmerzengeld im deutschen Recht siehe generell *Müller G.*, Zum Ausgleich des immateriellen Schadens nach § 847 BGB, VersR 1993, 909 ff.

831 Ebenso *Linck*, Doping aus juristischer Sicht, MedR 1993, 61.

832 *Söllner* in MünchKomm § 611 Rz 52.

833 *Medicus* BT Rz 350.

nisses. Dies allerdings nur dann, wenn dem betroffenen Wettkämpfer tatsächlich ein Vorwurf hinsichtlich der Einnahme der verbotenen Präparate gemacht werden kann. Der Schaden des Vereins kann, wie im österreichischen Recht, beispielsweise in einem Zuseherrückgang oder in einem Rückgang der Werbe- bzw. Sponsoreneinnahmen liegen.

4. Anspruch der Zuseher gegen den Veranstalter[834]

Da zwischen Zuseher und Veranstalter ein Vertrag[835] zustande kommt, kann eine Verletzung desselben eine Schadenersatzpflicht auslösen. Der geschuldete Erfolg des Veranstalters besteht auch im deutschen Recht in der Abwicklung eines den Regeln entsprechenden Wettbewerbs.[836] Wird eine Sportveranstaltung aufgrund eines Dopingvorfalls eines Athleten annulliert, hat der Veranstalter seine vertragliche Leistungspflicht nicht erfüllt. Trifft ihn an der Nichterfüllung kein Verschulden wird er nach § 275 (nicht zu vertretende Unmöglichkeit) von der Leistung befreit. Allerdings verliert er auch seinen Anspruch auf die Entgeltleistung durch die Zuseher.[837] Wird die Veranstaltung allerdings nicht annulliert, sondern eine das Doping des Athleten berücksichtigende Wertung (Disqualifikation etc.) vorgenommen, wird die werkvertragliche Pflicht des Veranstalters nicht in vollem Umfang erfüllt. In diesem Fall stellt sich die Frage, ob die geschuldete Leistung unmöglich nach § 323 (nicht zu vertretendes Unmöglichwerden) oder mangelhaft iSd § 634 (Gewährleistung) ist. Da die Eintrittsgelder bei Sportveranstaltungen regelmäßig im voraus zu entrichten sind[838] und somit die Fälligkeit des Werklohns nicht von der Annahme des Werkes abhängig ist, wird von einer mangelhaften Leistung auszugehen sein, die es dem Zuseher erlaubt, Wandlung oder Preisminderung zu begehren.[839]

---

834 Ein Anspruch aufgrund einer Verletzung eines Vertrages zwischen Zuseher und Wettkämpfer besteht nicht, da zwischen diesen beiden Rechtssubjekten keinerlei Vertragsbeziehungen bestehen. Auch ein Anspruch gem § 823 Abs 1 besteht nicht, da im Falle der Dopingeinnahme durch den Sportler keine Rechtsgutsverletzung des Zusehers vorliegt. Ein Ersatz des reinen Vermögensschadens ist mit Hilfe von § 823 Abs 1 nicht möglich.

835 Zur rechtlichen Qualifizierung dieses Vertrags vgl oben 97.

836 Vgl *Turner*, Doping im Zivilrecht, NJW 1992, 722.

837 *Schwab*, Zivilrechtliche Haftung beim Doping, 46, in: *Schild* (Hrsg.), Rechtliche Fragen des Dopings.

838 Vgl BGH, NJW 1984, 2406.

839 So auch *Turner*, Doping im Zivilrecht, NJW 1992, 722, der im übrigen auf den Einzelfall abstellt.

5. Anspruch des Sponsors gegen dopenden Wettkämpfer

Auch in der Bundesrepublik Deutschland ist das Sponsoring von Athleten heutzutage aus dem Bereich des Sports nicht mehr wegzudenken. Vor allem die großen Firmen sind es, die diese Art der Werbung in Anspruch nehmen (können). Daher erscheint die Klärung dieses Anspruchs dem Bearbeiter vor allem für die Praxis von großer Wichtigkeit zu sein. Die durch einen dopenden Athleten möglichen Schäden eines Sponsors, mit dem er einen Werbevertrag abgeschlossen hat, können wie in Österreich, in einer verminderten Werbewirkung liegen. Das verkaufsfördernde Image des Sportlers, das den Absatz der Produkte steigern soll, verkehrt sich ins Gegenteil. Der Athlet ist durch die Einnahme der Dopingmittel nicht mehr in der Lage, seine vertragliche Leistungspflicht zu erfüllen; er handelt somit rechtswidrig. Führt er die Schädigungen seines Werbepartners darüber hinaus vorsätzlich oder fahrlässig (dies wird wohl zutreffen) herbei, haftet er diesem für den daraus entstehenden Schaden.

6. Anspruch des Sponsors gegen den Veranstalter

Ein Anspruch, der im übrigen genauso für das österreichische Recht bestehen kann, ist in einer Verletzung des zwischen dem Sponsor und dem Veranstalter abgeschlossenen Werkvertrages, in dem sich der Veranstalter verpflichtet, Werbung durch Werbeplakate, zumeist in Form der sogenannten Bandenwerbung, für eine gewisse Zeit durchzuführen, zu sehen. Sportveranstaltungen sind heutzutage übersät mit Werbung jeglicher Art. Die Höhe des zu leistenden Entgelts für derartige Werbemaßnahmen bestimmt sich idR nach der Wichtigkeit und Bedeutung der Veranstaltung. So ist das Entgelt höher, wenn es sich zB im Bereich des Fußballs um ein Bundesligaspiel anstatt eines Spiels aus der Regionalliga handelt. Der Veranstalter schuldet die Organisation werbewirksamer Maßnahmen. Ist die Sportveranstaltung durch Doping einzelner oder eines Wettkämpfers skandalbehaftet und hat dies Auswirkungen auf die Werbewirksamkeit der Bandenwerbung etc., so hat der Veranstalter seine vertragliche Pflicht nicht erfüllt. Der Sponsor kann wiederum Minderung oder Wandlung nach § 634 Abs 1 verlangen. Zu beachten ist allerdings, dass den Veranstalter nach allgemeinen Regeln nur dann eine Pflicht zur Leistung eines Schadenersatzes trifft, wenn ihn ein Verschulden trifft. Weiß er nichts vom Doping der Athleten und musste er dies auch aus den konkreten Umständen des Einzelfalles nicht wissen, besteht gegenüber seiner Person keinerlei Schadenersatzanspruch. Zu beachten ist weiter, dass gerade durch Dopingskandale die Werbewirkung auch verstärkt werden kann; in diesem Zusammenhang wird es häufig schwierig sein, festzustellen, ob überhaupt ein Schaden (gegebenenfalls in welcher Höhe?) eingetreten ist.

7. Anspruch der Hinterbliebenen eines getöteten Sportlers

Eine dem österreichischen Recht (§ 1327 ABGB) entsprechende Bestimmung findet sich in § 844. Nach Abs 2 der genannten Norm hat der Schädiger den nach dem Gesetz[840] gegenüber dem getöteten Wettkämpfer unterhaltsberechtigten Personen den gesetzlichen Unterhalt zu leisten. Dieser Anspruch ist seiner Natur nach kein Unterhalts- sondern ein Schadenersatzanspruch.[841] Der Schädiger hat Schadenersatz in dem Umfang zu leisten, in dem der Getötete verpflichtet gewesen ist, dem Berechtigten Unterhalt zu gewähren.[842, 843] Der Vorwurf von Vorsatz bzw. Fahrlässigkeit hinsichtlich der Herbeiführung des Todes durch den Schädiger, ist für die Anwendung des § 844 nicht Voraussetzung.[844] § 844 kommt daher auch dann zur Anwendung, wenn dem Schädiger ein Verschulden nur bezüglich einer für den Tod adäquat ursächlichen Körper- oder Gesundheitsverletzung vorgeworfen werden kann.[845] Zusammenfassend ist festzuhalten, dass den hinterbliebenen Unterhaltsberechtigten bei Tötung eines Athleten ein Schadenersatzanspruch zusteht.[846, 847]

8. Zusammenfassung

Wie sich bei der Darstellung der zivilrechtlichen Ansprüche nach deutschem Recht gezeigt hat, bestehen durch die Einnahme von Dopingsubstanzen in der

---

840 Auf vertragliche Unterhaltsansprüche bezieht sich diese Regelung nicht, vgl BGH, NJW 1984, 977 f.

841 BGH, NJW 1974, 1373.

842 *Soergel/Zeuner* § 844 Rz 8.

843 Eine Übersicht der nach dem BGB gesetzlichen Unterhaltsberechtigten bieten *Soergel/Zeuner* § 844 Rz 11.

844 Siehe RGZ 66, 251, 69, 340, 344.

845 Siehe *U. Stein* in MünchKomm § 844 Rz 11.

846 Vgl zu diesem Schadenersatzanspruch abschließend *Friedrich*, Doping und zivilrechtliche Haftung, SpuRt 1995, 9.

847 Da hinsichtlich des Schadenersatzanspruchs eines nicht gedopten Athleten gegenüber einem Athleten, der Dopingmittel eingenommen hat, im wesentlichen dieselben Voraussetzungen wie im österr. Recht gelten, wird auf die entsprechenden Ausführungen oben 106 ff, verwiesen.

BRD in der Regel jene schadenersatzrechtlichen Ansprüche, die auch für das österreichische ABGB Geltung besitzen. Wie auch in Österreich ist hinsichtlich der Anspruchsgrundlagen zwischen Delikts- und Vertragsrecht zu unterscheiden, wobei letzterem, vor allem im Bereich der Vermögensschädigungen (Sponsor, Veranstalter, Vereine) größere Bedeutung als dem Deliktsrecht zukommt. Im nun Folgenden sollen die im Zusammenhang mit dem Verabreichen von Dopingsubstanzen einschlägigen strafrechtlichen Delikte des dStGB in geraffter Form erläutert werden.

III. Strafrechtliche Delikte[848] nach dem dStGB[849]

1. Mord nach § 211

Grundlegend ist zu Beginn festzuhalten, dass jener Tatbestand, der dem österreichischen Begriff des Mordes in § 75 StGB entspricht, nicht auch für das deutsche Recht gilt. In Österreich gilt eine Person als Mörder, wenn sie einen anderen Menschen vorsätzlich tötet.[850] Im Bereich des deutschen Strafrechts ist Mörder, wer aus Mordlust, zur Befriedigung des Geschlechtstriebs, aus Habgier oder sonst aus niedrigen Beweggründen, heimtückisch oder grausam oder mit gemeingefährlichen Mitteln oder um eine andere Straftat zu ermöglichen oder zu verdecken, einen Menschen tötet. Neben der vorsätzlichen Tötung eines anderen müssen also noch besonders verwerfliche Beweggründe (Mordlust, Habgier etc.) vorliegen.

Es stellt sich die Frage, ob aufgrund dieser „Erweiterung des Tatbestandes" gegenüber dem österreichischen Delikt, ein Mord iSv § 211 durch das Verabreichen von Dopingmitteln begangen werden kann. Richtig geht *Ahlers*[851] davon aus, dass „Überlegungen, ob dem täterschaftlichen Verursacher des Dopingtodes eines Sportlers der Mordvorwurf gemacht werden kann, wohl rein akademischen Charakter behalten dürften".[852] In der Tat ist wohl davon auszugehen, dass selbst eine vorsätzliche Verursachung des Todes durch Dopingsubstanzen in der Praxis

848 Der dogmatische Aufbau eines strafrechtlichen Delikts im Bereich des dStGB ist dem österreichischen Recht ähnlich. Eine Tat muss ebenfalls tatbestandsmäßig, rechtswidrig und schuldhaft begangen worden sein, vgl dazu *Maurach/Zipf* AT 1 § 14 Rz 15 ff.

849 Paragraphen innerhalb von Punkt III. sind solche des dStGB.

850 Dazu oben 128 f.

851 Doping und strafrechtliche Verantwortlichkeit, 182.

852 Für eine mögliche Bestrafung des Täters wegen Mordes im Zusammenhang mit Dopingmitteln *Linck*, Doping aus juristischer Sicht, MedR 1993, 57.

kaum jemals aus den in § 211 genannten verwerflichen Gründen begangen wird. In der Theorie dürfte wohl am ehesten der Mordtatbestand der Tötung aus niedrigen Beweggründen bzw. aus Habgier in Frage kommen. Die in der BRD hM stellt bezüglich dieses Merkmals auf die „soziale Rücksichtslosigkeit der Interessenverwirklichung, bei welcher der Rechtswert Leben absolut degradiert wird",[853] ab, wobei entscheidend ist, „ob zwischen dem jeweiligen Tatmotiv ... und der davon motivierten Tat ein besonders krasses Mißverhältnis besteht".[854] Die soeben dargelegten Grundsätze gelten auch für Habgier. Um von Mord aus Habgier sprechen zu können, ist somit notwendig, dass der Täter eine Tötung in Kauf nimmt, sich mit ihr abfindet und darüber hinaus handelt, um finanzielle Vorteile zu lukrieren. Zu denken ist zB an eine Beteiligung[855] des Täters an den Einnahmen durch den Sportler oder an ein Bezahlen-Lassen[856] für die Verabreichung bzw. das Verschaffen von verbotenen Dopingpräparaten. In diesen Fällen besteht ein krasses Missverhältnis zwischen dem Streben nach Gewinn (Erzielen von Einnahmen) und dem eingesetzten Mittel (Verabreichen bzw. Verschaffen uU tödlicher Dopingmittel).

Rechtsvergleichend und zusammenfassend ist festzuhalten, dass der Tatbestand des Mordes iSd dStGB durch das Verabreichen von Dopingmitteln, abgesehen von den auch in der österreichischen Rechtsordnung bestehenden Beweisschwierigkeiten hinsichtlich des Vorsatzes, aufgrund seines gegenüber dem österreichischen Recht an strengere Voraussetzungen geknüpften Tatbestands, wohl relativ seltener zur Anwendung kommen wird.

2. *Totschlag nach § 212*

Der Totschlag entspricht im wesentlichen dem österreichischen Tatbestand des Mordes. Tatbildlich ist die vorsätzliche Tötung eines anderen Menschen, ohne das Vorliegen weiterer qualifizierender Merkmale, wie sie im Rahmen des Mordes nach § 211 vorgesehen sind. So spricht § 212 davon, dass als Totschläger bestraft wird, wer einen Menschen tötet, ohne Mörder zu sein.

---

853 *Sch/Sch/Eser* § 211 Rz 18.

854 *Horn*, SK § 211 Rz 8.

855 Mord aus Habgier nehmen hier *Linck*, Doping und staatliches Recht, NJW 1987, 2548 und *Turner*, Rechtsprobleme beim Doping im Sport, MdR 1991, 572, an.

856 Zur Habgier im Parallelfall des Drogendealers vgl *Schäfer*, Sind Dealer Mörder? Kriminalstrategische und dogmatische Anmerkungen, in: *Middendorff*-FS, 243.

Werden einem Athleten Dopingmittel verabreicht, die dessen Tod bewirken und hält der Täter diesen zumindest ernstlich für möglich bzw. findet er sich damit ab, so ist davon auszugehen, dass § 212 erfüllt ist.[857]

3. Fahrlässige Tötung nach § 222

Wie auch im österreichischen Recht dürfte die Herbeiführung des Todes eines Wettkämpfers durch seinen Trainer, Mannschaftsarzt etc. auch im deutschen Strafrecht in praxi „nur“ nach dem entsprechenden Fahrlässigkeitsdelikt strafbar sein. In Frage kommt § 222, der die fahrlässige Tötung mit Freiheitsstrafe bis zu fünf Jahren[858] oder mit Geldstrafe bedroht. Eine Bestrafung nach dieser Bestimmung darf nur erfolgen, wenn der Täter fahrlässig gehandelt hat. Auch ein Teil der deutschen Lehre definiert die Fahrlässigkeit in einem Außerachtlassen der gebotenen Sorgfalt;[859] Voraussetzung ist, dass der Tod vorhersehbar war. Die hM stellt bezüglich des Maßstabs der Vorhersehbarkeit auf objektive Kriterien, auf Durchschnittsanforderungen ab. Verlangt wird jene Sorgfalt, die ein einsichtiger Mensch in der Lage des Täters imstande ist, einzuhalten.[860] Wie auch im österreichischen Recht ist das Maß der Sorgfalt davon abhängig, welchem Berufsstand der Täter angehört, welches Sonderwissen er somit hat. Handelt es sich um einen Arzt, sind andere (strengere) Anforderungen an die Sorgfalt zu stellen, als beispielsweise bei einem medizinischen Laien. Kommt ein Gericht zur Auffassung, dass der Täter gegen eine ihn treffende Sorgfaltspflicht verstoßen hat und hat diese Sorgfaltsverletzung den Tod des Sportlers objektiv voraussehbar zur Folge, kommt eine Bestrafung nach dem Delikt der fahrlässigen Tötung in Betracht.

Zusammenfassend ist festzuhalten, dass die Verwirklichung des Delikts der fahrlässigen Tötung durch das Verabreichen von Dopingpräparaten, wie auch im österreichischen Recht, in praxi durchaus möglich erscheint. Im Gegensatz zum

857 So auch *Otto*, Zur Strafbarkeit des Doping – Sportler als Täter und Opfer, SpuRt 1994, 11.

858 Vgl den deutlich höheren Strafrahmen der fahrlässigen Tötung im deutschen Recht gegenüber der österreichischen Variante, die die fahrlässige Tötung „lediglich“ mit einjähriger Freiheitsstrafe bedroht; siehe dazu kritisch *Kienapfel* BT I § 80 Rz 2, der die Strafdrohung des § 80 für „bei weitem zu niedrig“ hält und für eine Erhöhung des Strafrahmens auf drei Jahre eintritt.

859 Vgl *Sch/Sch/Cramer/Sternberg-Lieben* § 15 Rz 121 ff; *Jähnke/Weigend* AT 564 ff. Zur Grundstruktur der Fahrlässigkeit im deutschen Strafrecht vgl *Haft* AT 160 ff.

860 Siehe *Sch/Sch/Cramer/Sternberg-Lieben* § 15 Rz 133.

österreichischen StGB, ist jedoch, wie bereits erwähnt, ein wesentlich höherer Strafrahmen vorgesehen.[861]

4. Körperverletzung nach § 223

§ 223 bestraft denjenigen, der eine andere Person körperlich misshandelt oder an der Gesundheit schädigt. Körperliche Misshandlung wird definiert als ein übles, unangemessenes Behandeln, das entweder das körperliche Wohlbefinden oder die körperliche Unversehrtheit nicht nur unerheblich beeinträchtigt.[862] Gesundheitsschädigung ist die Herbeiführung oder Steigerung eines vom Normalzustand der körperlichen oder seelischen (str)[863] Funktionen nachteilig abweichenden, krankhaften Zustandes, unabhängig von dessen Dauer.[864] Wie bereits oben[865] dargelegt, schädigen viele Dopingmittel in mannigfacher Weise den Körper eines Athleten. Von einer körperlichen Misshandlung bzw. Gesundheitsschädigung kann somit ausgegangen werden.[866] Bei entsprechendem Vorsatz und dessen Beweisbarkeit kommt eine Bestrafung nach dem Tatbestand der vorsätzlichen Körperverletzung in Frage.[867]

5. Einwilligung

Im Rahmen der Körperverletzung stellt sich auch im deutschen Recht die Frage nach der Wirksamkeit einer möglichen Einwilligung. Bezüglich der Einwilli-

---

861 Eine Einwilligung in die bisher behandelten Delikte ist auch im deutschen Recht mangels Disponibilität des Rechtsgutes Leben unwirksam, vgl *Schneider-Grohe*, Doping, 134.

862 *Sch/Sch/Eser* § 223 Rz 3 f; *Wessels/Hettinger* BT 1 Rz 255; für zahlreiche Beispiele aus der deutschen Judikatur vgl *Tröndle/Fischer* § 223 Rz 3 ff. Der Begriff der körperlichen Misshandlung im deutschen Strafrecht umfasst nach hM auch jene Substanzverletzungen, die das körperliche Wohlbefinden nicht beeinträchtigen und nicht als Gesundheitsschädigung anzusehen sind (zB Abschneiden der Haare oder Rasieren des Bartes), vgl *Küper* BT 199. Wie erwähnt, sind derartige Sachverhalte im österreichischen Recht, wenn überhaupt, als Beleidigung iSv § 115 öStGB strafbar.

863 Für die Einbeziehung einer psychischen pathologischen Störung in den Begriff der Gesundheitsschädigung *Sch/Sch/Eser* § 223 Rz 6.

864 *Küper* BT 148.

865 39 ff.

866 So auch *Linck*, Doping und staatliches Recht, NJW 1987, 2549 mwN; *ders*, Doping aus juristischer Sicht, MedR 1993, 59; vgl zu § 223 und Doping abschließend insgesamt *Müller A.*, Doping im Sport als strafbare Gesundheitsbeschädigung (§ 223 Abs 1, 230 StGB)?.

867 Zu den bisherigen Verurteilungen wegen Körperverletzung hinsichtlich des Dopingphänomens in der DDR vgl die Ausführungen oben 137 ff.

gung spricht § 228 (§ 226 a aF) davon, dass eine unter Einwilligung vorgenommene Körperverletzung der verletzten Person nur dann rechtswidrig ist, wenn die Tat (Körperverletzung) trotz der Einwilligung gegen die guten Sitten verstößt. Aus dem Gesetzestext ergibt sich somit, dass eine wirksame Einwilligung der Tat die Rechtswidrigkeit nimmt.[868] An die rechtliche Beachtlichkeit einer Einwilligung sind grundsätzlich dieselben Voraussetzungen wie nach österreichischem Recht geknüpft. Einerseits muss eine gültige Einwilligung[869] vorliegen, andererseits darf die Tat nicht gegen die guten Sitten verstoßen. Eine gültige Einwilligung in eine Dopingmaßnahme bedarf auch im dStGB eine hinreichende Aufklärung über mögliche gesundheitliche Risiken des Verabreichens von Dopingpräparaten. Wie auch im Geltungsbereich des österreichischen Strafrechts, muss der Dopingmittel verabreichende Dritte vor der Anwendung der Medikamente über sämtliche möglichen Risiken der Einnahme der Substanzen aufklären.[870] Weiters darf die Tat auch unter der Herrschaft des dStGB nicht gegen die guten Sitten verstoßen. Die Tat muss somit mit dem Anstandsgefühl aller billig und gerecht Denkenden vereinbar sein.[871] Auch im deutschen Rechtsbereich werden die Beweggründe und Ziele des Eingriffs in die Beurteilung der Sittenwidrigkeit einer Tat miteinbezogen. Da die dogmatischen Grundlagen der Einwilligung im deutschen Recht nach Gesetzeswortlaut und Auslegung durch Lehre und Rsp der österreichischen Rechtsordnung entsprechen, kann generell auf die bereits gemachten Ausführungen zur Einwilligung in Österreich verwiesen werden.[872]

Zusammenfassend ist daher nach Ansicht des Verfassers eine Einwilligung in eine Dopingmaßnahme im deutschen Strafrecht ebenfalls dann nicht wirksam, wenn sie zu erheblichen Gesundheitsschädigungen führen kann.

868 Für Tatbestandsausschluss entgegen dem ausdrücklichen Gesetzestext hingegen ua *Horn*, SK § 228 Rz 2.

869 Auch an dieser Stelle werden allgemeine Voraussetzungen einer rechtfertigenden Einwilligung nicht dargestellt. So ist zB erste Voraussetzung einer Einwilligung das Vorhandensein einer natürlichen Einsichts- und Urteilsfähigkeit, so dass der Verletzte das Wesen und die Bedeutung des körperlichen Eingriffs in vollem Umfang erfassen kann, vgl *Haas/Prokop C.*, Sind Staatsanwälte verpflichtet, gegen Doping-Ärzte Ermittlungsverfahren einzuleiten?, SpuRt 1997, 58; aus der Rsp siehe beispielsweise BGHSt 23, 1 = NJW 1969, 1582.

870 Siehe dazu oben 79 sowie *Linck*, Doping aus juristischer Sicht, MedR 1993, 59.

871 Vgl BGHSt 4, 24 (32) = NJW 1953, 473 und die Angaben oben 55 (FN 137).

872 Siehe ausführlich oben 78 ff.

6. Gefährliche Körperverletzung nach § 224

Eine Tatbestandsvariante dieses Deliktes, das es mit dieser speziellen Formulierung im österreichischen Recht nicht gibt, bietet sich für eine Strafbarkeit im Rahmen des Verabreichens von Dopingsubstanzen geradezu an. Es handelt sich dabei um die Z 1 des ersten Absatzes dieser Bestimmung. Danach wird bestraft, wer eine Körperverletzung durch Beibringung von Gift oder anderen gesundheitsschädlichen Stoffen begeht. Der Begriff des Giftes umfasst sämtliche Stoffe (organische wie anorganische), die unter bestimmten Bedingungen (Einatmen, Verschlucken, Aufnahme auf der Haut) durch chemische oder chemisch-physikalische Wirkungen gesundheitsschädlich iSd § 223 sind.[873] Die Gesundheitsschädigung kann sich aus der Art der Anwendung oder ihrer Zuführung des Stoffes, seiner Menge oder Konzentration, aber auch aus dem Alter oder der Beschaffenheit des Verletzten oder dem Ort der Einwirkung (Schleimhaut, Blut) ergeben.[874] Primär ist somit zu prüfen, ob Dopingmittel als Gifte im soeben dargelegten Sinn verstanden werden können. Es liegt auf der Hand, dass es sich bei Dopingpräparaten um organische oder anorganische Stoffe handelt. Auch kommt es durch Dopingsubstanzen zu chemischen oder chemisch-physikalischen Wirkungen im menschlichen Körper; wie unter Punkt 4. ausgeführt, kann das Verabreichen von Dopingmitteln zu massiven Beeinträchtigungen der Gesundheit iSd § 223 führen, sodass chemische oder chemisch-physikalische Wirkungen im menschlichen Körper hervorgerufen werden können.[875]

Um unter die Qualifikation der gefährlichen Körperverletzung zu fallen, müssen die gesundheitsschädigenden Stoffe in Form des Beibringens verabreicht werden. Darunter versteht man ein solches Einführen der Stoffe in oder ein Auftragen der Stoffe auf den Körper eines andern, dass sie in der Lage sind, ihre schädigende Eigenschaft zu entfalten.[876] Beispiele für Beibringen sind etwa Verschlucken, Einatmenlassen, Auftragen auf die Haut und Einspritzen. Mittels dieser Beispiele werden Tätigkeiten genannt, durch welche auch Dopingsubstanzen häufig einem Sportler verabreicht werden. Da Dopingmittel einerseits eine gesundheitsschädigende Wirkung haben können, andererseits auch das Tatbestandsmerkmal des Beibringens zu bejahen sein kann, liegt bei entsprechendem Vorsatz eine gefährliche Körperverletzung vor.

---

873 *Tröndle/Fischer* § 224 Rz 3.

874 *Tröndle/Fischer* § 224 Rz 5.

875 Die zweite Alternative von § 224 (Körperverletzung durch andere gesundheitsschädliche Stoffe) ist in Bezug auf das Verabreichen von Dopingmitteln nicht einschlägig, da nach hM (vgl nur *Sch/Sch/Stree* § 224 Rz 2 c) darunter ausschließlich Stoffe zu verstehen sind, die mechanisch oder thermisch wirken, zB gehacktes Blei, zerhacktes Glas, kochendes Wasser usw.

876 *Tröndle/Fischer* § 224 Rz 6.

7. Schwere Körperverletzung nach § 226

Die schwere Körperverletzung des deutschen Strafrechts entspricht im wesentlichen der Körperverletzung mit schweren Dauerfolgen (§ 85)[877] des österreichischen Rechts. Auch das deutsche Recht nennt bestimmte schwere Folgen, deren fahrlässige Herbeiführung ausreichend ist.[878] Die in Bezug auf Dopingmittel wohl am ehesten in Frage kommende schwere Folge ist (wiederum) der Verlust der Fortpflanzungsfähigkeit. Darunter versteht das deutsche Recht sowohl die Zeugungsfähigkeit als auch die Empfängnisfähigkeit. Wie in dieser Arbeit bereits dargelegt wurde,[879] kann vor allem die über Jahre vorgenommene Verabreichung von Anabolika zu einem gänzlichen Verlust der Zeugungsfähigkeit führen.

Neben dem Verlust der Fortpflanzungsfähigkeit kann auch die Qualifikation des Verlustes eines wichtigen Körperteils in Betracht kommen. Ein Glied ist nach der deutschen Rsp ein Körperteil, der eine „in sich abgeschlossene Existenz mit besonderer Funktion im Gesamtorganismus" hat.[880] Hält man sich diese Definition des Gliedes vor Augen, ist es gerechtfertigt, von einem Verlust eines wichtigen Gliedes zu sprechen, wenn beispielsweise ein inneres Organ (Leber) aufgrund eines durch Dopingsubstanzen hervorgerufenen Schadens operativ entfernt werden müßte. Der BGH[881] hat jedoch im Falle einer operativen Nierenentfernung gegenteilig entschieden. Der Gerichtshof führte aus, dass die Grenzen der zulässigen Wortlautinterpretation mit der Einbeziehung innerer Organe in den Begriff des Gliedes überschritten werden würden. Nach dieser höchstrichterlichen Rsp kommt somit eine Verurteilung nach § 226 Abs 1 Z 2 bei Verlust eines inneren Organs durch das Verabreichen von Dopingpräparaten nicht in Betracht.[882, 883]

---

877 Dazu oben 141 ff.

878 Dogmatisch handelt es sich bei dieser Bestimmung um ein erfolgsqualifiziertes Delikt, vgl dazu *Sch/Sch/Stree* § 226 Rz 1 a. Zu den erfolgsqualifizierten Delikten im dStGB vgl generell *Roxin* AT I § 10 Rz 112 ff.

879 Dazu oben 142.

880 OLG Neustadt, NJW 1961, 2076 f.

881 BGHSt 28, 100.

882 Ein Teil der deutschen Lehre geht von einem noch engeren Begriff des Gliedes aus. Nach *Hirsch*, LK[11] § 226 Rz 14 ist von einem Glied nur dann zu sprechen, wenn es sich dabei um einen Körperteil handelt, der mit einem anderen durch Gelenke verbunden ist. Diese Definition erfasst also innere Organe von vornherein nicht und deckt sich somit im Ergebnis mit jener des BGH.

883 Hinsichtlich der weiteren Erfolgsqualifikationen der dauernden Entstellung bzw. des Siechtums (§ 226 Abs 1 Z 3) wird auf *Ahlers*, Doping und strafrechtliche Verantwortlichkeit, 189 f, verwiesen.

8. Körperverletzung mit Todesfolge nach § 227

§ 227 entspricht dem österreichischen Tatbestand der Körperverletzung mit tödlichem Ausgang nach § 86 öStGB. Sowohl im deutschen als auch im österreichischen Recht ist Voraussetzung, dass eine vorsätzlich zugefügte Körperverletzung den Tod in fahrlässiger Weise herbeigeführt hat. Einigkeit besteht heute insoweit, dass auch in der BRD der bloße Kausalzusammenhang zwischen der vorsätzlichen Körperverletzung und dem Tod nicht ausreichen kann. Neben dem Kausalzusammenhang ist notwendig, dass sich in der (Todes-) Folge die der Verwirklichung des Grundtatbestandes eigentümliche Gefahr niedergeschlagen hat; nur in diesem Fall liegt der besondere Unrechtsgehalt des § 227 vor.[884]

9. Fahrlässige Körperverletzung nach § 229

Werden einem Athleten Dopingpräparate verabreicht und kommt es in der Folge zu Körperverletzungen wird wohl in der Praxis – wie im österreichischen Recht – regelmäßig das Delikt der fahrlässigen Körperverletzung als mögliche Bestrafungsnorm in Betracht kommen. Bezüglich der objektiven Tatbestandsmerkmale, die jenen des § 223 entsprechen, kann auf die dort gemachten Ausführungen verwiesen werden.[885] Im Rahmen der fahrlässigen Körperverletzung muss dem Täter ein sorgfaltswidriges Verhalten vorgeworfen werden können. Wiederum sind all jene Sachverhaltskonstellationen denkbar, die bereits fahrlässiges Handeln im österreichischen Recht begründet haben. Beispielsweise seien noch einmal das Verabreichen einer zu hohen Dosis von Medikamenten und das Verabreichen von Substanzen genannt, deren Verabreichen im Kreise der medizinischen Wissenschaft generell als fahrlässig bezeichnet werden kann (etwa Dopingpräparate, die nach allgemein anerkanntem Wissensstand innerhalb der Medizin gesundheitsschädigende Nebenwirkungen aufweisen können).

10. Betrug nach § 263

Innerhalb der Vermögensdelikte soll auch im deutschen Recht der Betrug im Vordergrund der Untersuchung stehen. Dogmatisch ist zu bemerken, dass der Aufbau des Betrugstatbestandes des deutschen Rechts dem österreichischen

---

884 Vgl BGHSt 31, 96 (98); BGH, NJW 1971, 153. Siehe zum (parallelen) österreichischen Standpunkt, der vom Erfordernis einer erfolgsspezifischen Sorgfaltswidrigkeit ausgeht, oben 133.

885 Dazu oben 186.

Recht in allen relevanten Punkten ähnlich ist. Der Täter muss ebenfalls über Tatsachen täuschen, dadurch einen Irrtum hervorrufen, dadurch über sein Vermögen oder das eines Dritten verfügen und dadurch einen Schaden herbeiführen.[886] Da der Betrug, wie eingangs erwähnt und soeben dargelegt, in allen systemrelevanten Punkten dem österreichischen Recht entspricht, erscheint es nicht notwendig, (noch einmal) die strafrechtliche Beurteilung des Dopings hinsichtlich des Betrugstatbestands zu erörtern.[887]

11. Zusammenfassung

Nach der gerafften und rechtsvergleichenden Darstellung des deutschen Strafrechts lässt sich abschließend festhalten, dass das Verabreichen von Dopingsubstanzen im deutschen Recht in der Regel (ebenfalls) jene Delikte erfüllt, die auch im österreichischen StGB einschlägig sind. Dies gilt sowohl für die Delikte gegen Leib und Leben als auch für die Vermögensdelikte. Konsequent ist es, kommt man zu diesem Ergebnis, die Reformbedürftigkeit des deutschen Strafrechts (inklusive der Einführung eines eigenständigen Anti-Doping-Gesetzes),[888] wie auch im Bereich des österreichischen Rechts, zu verneinen.[889]

---

886 Vgl zu den Tatbestandsmerkmalen des Betruges ausführlich *Tröndle/Fischer* § 263 Rz 2 ff.

887 Vgl zum Betrug im österreichischen Recht ausführlich oben 153 ff. Zur Lösung eines konkreten Falles, vor allem in Bezug auf Betrug nach dem dStGB durch Verabreichen eines Dopingmittels an ein Rennpferd vgl *Wittig*, Der praktische Fall: Dianas zweifelhafter Sieg – Rennwette und Doping, SpuRt 1994, 134 ff.

888 Für Deutschland gelten im wesentlichen jene Gründe, die auch gegen die Einführung eines Anti-Doping-Gesetzes in Österreich sprechen, vgl dazu ausführlich oben 167 ff und (ebenfalls ablehnend) *Mestwerdt*, Notwendigkeit und verfassungsrechtliche Grundlagen eines staatlichen Dopingverbots, SpuRt, 1997, 124 sowie *Wagner*, Negative Wirkungen eines Anti-Doping-Gesetzes, ZRP 1992, 369 ff.

889 Für eine Strafbarkeit nach dem Betäubungs- und Arzneimittelgesetz vgl *Ahlers*, Doping und strafrechtliche Verantwortlichkeit, 198 ff; *Otto*, Zur Strafbarkeit des Doping – Sportler als Täter und Opfer, SpuRt 1994, 15; *Linck*, Doping aus juristischer Sicht, MedR 1993, 61 sowie *Heger*, Die Strafbarkeit von Doping nach dem Arzneimittelgesetz, SpuRt 2001, 92 ff.

5. Abschnitt: Doping und Europarecht

I. Vorbemerkung

In diesem letzten Abschnitt soll geklärt werden, welche Maßnahmen das europäische Recht zur Verfügung stellt, um die stetig zunehmende Dopingproblematik zu entschärfen. Dabei soll einerseits aufgezeigt werden, welche konkreten Schritte zur Dopingbekämpfung bereits unternommen worden sind, andererseits auf welcher rechtlichen Stufe (Richtlinie, Verordnung, Empfehlung etc.) diese beschlossen wurden, d.h., welche Auswirkungen (vor allem iSv rechtlicher Verbindlichkeit) die Rechtsakte auf die Mitgliedsstaaten bzw. Bürger der Europäischen Gemeinschaften haben.

II. Maßnahmen zur Dopingbekämpfung

Gleich vorweg ist zu sagen, dass konkrete Maßnahmen zur Dopingbekämpfung im europäischen Gemeinschaftsrecht noch „dünn gesät" sind. Die zwei wichtigsten Erscheinungsformen von Rechtssetzungsakten (Verordnung bzw. Richtlinie) wurden bislang von den entsprechenden Rechtssetzungsorganen nicht herangezogen, um Maßnahmen zur Dopingbekämpfung zu beschließen. Fraglich könnte in diesem Zusammenhang sein, ob den Gemeinschaftsorganen dazu überhaupt eine Kompetenz zukommt. Denkbar wäre ein Rückgriff auf das Gesundheitswesen (Art 152 EGV), die Kulturpolitik (Art 151 EGV), den Verbraucherschutz (Art 153 EGV), die Bildungs- und Jugendpolitik (Art 149 f EGV), die Forschungsförderung (Art 163 ff EGV) sowie die Rechtsangleichung (Art 40, 47, 52 u. 94 ff EGV).[890]

890 Siehe *Röthel*, Kompetenzen der Europäischen Union zur Dopingbekämpfung, 112, in: *Röhricht/Vieweg* (Hrsg.), Doping-Forum – Aktuelle rechtliche und medizinische Aspekte. Zur Frage, inwieweit die Europäische Union aufgrund der genannten Kompetenzbestimmungen ermächtigt ist, Dopingvorschriften zu erlassen vgl ebenfalls *Röthel*, Kompetenzen der Europäischen Union zur Dopingbekämpfung, 113 ff, in: *Röhricht/Vieweg* (Hrsg.), Doping-Forum – Aktuelle rechtliche und medizinische Aspekte. Die Autorin unterscheidet zwischen Handlungs- und Harmonisierungskompetenzen. Erstere (Gesundheitspolitik, Bildungs- und Jugendpolitik, Kulturpolitik, Verbraucherschutz und Forschungsförderung) ermächtigen die entsprechenden

Obwohl noch keine Bestimmungen in Bezug auf Doping in Form von Verordnungen oder Richtlinien existieren und daher eine unmittelbare[891] oder mittelbare[892] Verbindlichkeit in den Mitgliedsstaaten diesbezüglich fehlt, haben es die verschiedenen Gemeinschaftsorgane nicht verabsäumt, sich mit dem Thema Doping auseinander zusetzen. Die wichtigsten Stellungnahmen bzw. Dokumente sollen im Folgenden aufgezeigt werden:

Organe im Bereich der Dopingbekämpfung zu präventivem und präzeptoralem Handeln durch Informationen, Warnungen, Mahnungen und Empfehlungen. Was die Harmonisierungskompetenzen betrifft (ist die Gemeinschaft berechtigt, den Bereich des Dopings im Wege der Rechtsangleichung zu vereinheitlichen und auf diese Weise zu regeln?) kommt die Autorin zum Ergebnis, dass eine derartige Vereinheitlichung jedenfalls im Bereich des Amateursports unzulässig ist. In Bezug auf den Berufssport (Profis bzw. Halbprofis) ist zwischen nichtwirtschaftlichen und wirtschaftlichen Regelungen zu unterscheiden. Dopingverbote und Sanktionen fallen nach Ansicht *Röthels* unter nichtwirtschaftliche Regelungen (sie seien sportlich motiviert und wollen einen chancengleichen und fairen Wettbewerb im Sport fördern), was zur Folge hat, dass der Gemeinschaft die Kompetenz zur Vereinheitlichung auf den ersten Blick fehlt. Anders soll sich die Situation bei sog produktbezogenen Dopingregeln, die primär in den wirtschaftlichen Markt für Dopingsubstanzen und -produkte eingreifen, darstellen. Der Handel mit derartigen Substanzen und Produkten könnte durch strafrechtlich bewährte Einfuhrverbote harmonisiert und zugleich beschränkt werden – eine Regelungskompetenz der Gemeinschaft hinsichtlich des Handels mit Dopingsubstanzen liegt also vor. Weiter führt die Autorin aus, dass eine Vereinheitlichung der Regelungen in Bezug auf Dopingverbote und -sanktionen möglicherweise vor dem Hintergrund der Art 137 ff EGV (Arbeitsbedingungen der Sportler) denkbar ist. Dopingregelungen sollen Teil des Arbeits- und Berufsrechts der Athleten sein; in diesen Bereichen ist die Gemeinschaft ausdrücklich zu Regelungsinitiativen „zum Schutz der Gesundheit der Arbeitnehmer" (Art 137 Abs 1 Sp 1 EGV) und ganz allgemein im Bereich der „Arbeitsbedingungen" (Art 137 Abs 1 Sp 2 EGV) ermächtigt. *Röthel* gelangt zum Ergebnis, dass Art 137 ff EGV prädestiniert erscheinen, „das rechtliche Dach für die schrittweise Erarbeitung gemeinschaftlicher Mindeststandards für Dopingregeln abzugeben", bemerkt aber gleichzeitig, dass „hier sicherlich noch viele Fragen offen", sind. Dem ist zu folgen; ein einheitliches Anti-Doping-Recht auf Ebene der europäischen Gemeinschaften wird wohl noch viel Mühe und Zeit in Anspruch nehmen.

891 Gem Art 249 EGV gelten Verordnungen unmittelbar in jedem Mitgliedsstaat und können daher Rechte und Pflichten von Einzelpersonen festlegen, vgl zu den Verordnungen grundlegend *Thun-Hohenstein/Cede*, Europarecht, 186 f.

892 Adressaten von Richtlinien sind nach Art 249 EGV die Mitgliedsstaaten. Sie sind für diese „hinsichtlich des zu erreichenden Zieles verbindlich, überlassen jedoch den innerstaatlichen Stellen die Wahl der Form und Mittel (ihrer Durchführung)", vgl zu den Richtlinien generell *Schweitzer/Hummer*, Europarecht, Rz 356 ff. Eine aktuelle Textausgabe des EG-Vertrages, in dem diese Bestimmungen nachgelesen werden können, bietet zB *Glaesner*, Europarecht.

1. Entschließung[893] *zu den erforderlichen Sofortmaßnahmen gegen Doping im Sport*

In diesem Rechtsakt, der im Amtsblatt Nr. C 098 vom 09.04.1999, 291[894] abgedruckt ist, nimmt das Europäische Parlament zur Dopingproblematik Stellung. Aus der Überschrift dieses Dokuments könnte man ableiten, dass Inhalt dieses Rechtsaktes konkrete Maßnahmen sind, die das Dopingphänomen effektiv bekämpfen sollen. Tatsächlich findet sich im gesamten Dokument, das übrigens (nur) zwei Seiten umfasst, keine einzige konkrete Maßnahme, die dem Doping in irgendeiner Weise Einhalt gebieten könnte. Zu Beginn des Dokuments wird festgehalten, was ohnehin klar ist. So heißt es zB in Punkt B:

In der Erwägung, dass das Phänomen des Dopings im Sport, wie die jüngsten Ereignisse zeigen, in allen Sportbereichen und auf allen Wettbewerbsebenen, sogar bei Amateuren, überaus beunruhigende Ausmaße angenommen hat; in der Erwägung, dass Doping die Gesundheit der Sportler gefährdet, Wettkampfergebnisse verzerrt und dem Image des Sports vor allem bei der Jugend schadet und die ethische Dimension des Sports untergräbt.

In Punkt C heißt es weiters:

In der Erwägung, dass diese Verschlimmerung der Situation durch eine ungenügende Koordinierung der Antidoping-Politik der verschiedenen Mitgliedstaaten der internationalen Sportgemeinschaft, insbesondere der Europäischen Union, begünstigt wird.

In diesen beiden Punkten werden zwei wesentliche Problembereiche des Dopings genannt: Einerseits die Gesundheitsrisiken der Athleten, andererseits die notwendige Koordinierung von Anti-Doping-Maßnahmen zwischen den verschiedenen Institutionen. Umso mehr erstaunt es, dass die konkreten Sofortmaßnahmen lediglich in einem Fordern seitens des EU-Parlaments bestehen. So wird beispielsweise die Kommission aufgefordert, Vorschläge vorzulegen, die auf eine im Bereich der Bekämpfung des Dopings harmonisierte Gesundheitspolitik abzielen und eine Kooperation auf der Ebene von Forschung, Prävention und Information ebenso vorsehen, wie die medizinische Überwachung der Sportler, die Kontrolle des Vertriebs und des Umlaufs von Dopingmitteln sowie Sanktionen gegen Betriebe, die verbotene Dopingmittel herstellen und vertreiben.

893 Entschließungen sind Rechtshandlungen sui generis und haben vor allem im internen Bereich Bedeutung.

894 Dieses Amtsblatt kann auch im Internet unter der Adresse http://europa.eu.int/smartapi/cgi/sga_doc?smartapi!celexapi!prod!CELEXnumdoc&lg=DE&numdoc= 51998 IP1086&model=guichett abgerufen werden.

Die Überwachung von Sportlern (zB in Form regelmäßiger Gesundheitskontrollen) könnte durchaus als konkrete Maßnahme gegen den Dopingmissbrauch angesehen werden. Indem das Parlament die Kommission auffordert, derartige Vorschläge zu machen, kann jedoch nicht von einer Sofortmaßnahme gesprochen werden. Dass die Kommission in Rechtssetzungsakten das sogenannte Initiativmonopol für Rechtsakte des Rates besitzt, ist eine andere Problematik und ändert nichts daran, dass es sich bei den in diesem Dokument genannten Vorschlägen um keine Sofortmaßnahmen handelt. In ähnlich unverbindlicher Weise geht es weiter. So unterstützt das Parlament den Vorschlag des IOC eine unabhängige internationale Anti-Doping-Agentur einzurichten. Weiters fordert das Parlament das IOC auf, die Liste der verbotenen Substanzen und Methoden regelmäßig zu aktualisieren und Vorschriften auf dem Gebiet der Dopingbekämpfung zu formulieren, wobei diese von allen internationalen Sportverbänden billigen zu lassen sind. Schließlich werden die Instanzen der EU aufgefordert, eng mit der Justiz, der Polizei, den Zollbehörden und anderen einschlägigen Behörden zusammenzuarbeiten, um den Zugang zu verbotenen Dopingmitteln in Sportlerkreisen zu kontrollieren und zu reduzieren.

Insgesamt ist zu bemerken, dass diese Entschließung zu den erforderlichen Sofortmaßnahmen gegen Doping im Sport nur unverbindliche Aufforderungen und Vorschläge zur Dopingbekämpfung beinhaltet, von konkreten Sofortmaßnahmen aber nicht die Rede sein kann. Dies hängt wohl auch damit zusammen, dass dem Europäischen Parlament im Rahmen der Rechtssetzung der Europäischen Gemeinschaftsorgane nur sehr eingeschränkte Kompetenzen zukommen.

Daneben hat auch der Ausschuss der Regionen eine Stellungnahme zum „Europäischen Sportmodell“[895] abgegeben, welche dem Doping ein Kapitel widmet. Der Ausschuss der Regionen betont, dass „die Koordinierung und Harmonisierung nationaler Maßnahmen Voraussetzung ist“, und unterstützt die Aufforderung des Europäischen Parlaments „an die Kommission, Vorschläge zur Umsetzung einer harmonisierten Gesundheitspolitik zur Bekämpfung des Dopings zu machen“.[896]

---

895 Stellungnahme des Ausschusses der Regionen 37/99 endg. vom 16.09.1999.

896 Siehe dazu *Andreu*, Plan für den Beitrag der Gemeinschaft zur Dopingbekämpfung, 100, in: *Röhricht/Vieweg* (Hrsg.), Doping-Forum – Aktuelle rechtliche und medizinische Aspekte.

2. *Mitteilung der Kommission an den Ministerrat, das Europäische Parlament, den Wirtschafts- und Sozialausschuss sowie den Ausschuss der Regionen – Plan für den Beitrag der Gemeinschaft zur Dopingbekämpfung*[897]

Mit der vorliegenden Mitteilung sollen die von der Kommission durchgeführten und geplanten Maßnahmen dargestellt werden, durch die sie den Aufforderungen der anderen Gemeinschaftsinstitutionen[898] im Bereich der Dopingbekämpfung nachkommen will. Das Konzept der Kommission zur Bekämpfung des Dopings auf europäischer Ebene orientiert sich an drei Schwerpunkten:

- Einholung von Sachverständigenmeinungen über die ethische, rechtliche und wissenschaftliche Tragweite des Dopings; zu diesem Zweck hat die Kommission die Europäische Gruppe für Ethik (EGE)[899] um Stellungnahme ersucht
- Beitrag zur Veranstaltung der Weltdopingkonferenz und Zusammenarbeit mit der Olympischen Bewegung bei der Einrichtung der Anti-Doping-Agentur
- Mobilisierung der Gemeinschaftsinstrumente mit dem Ziel, die bereits von den Mitgliedstaaten durchgeführten Maßnahmen zu ergänzen und ihnen eine gemeinschaftliche Dimension zu verleihen. Dabei sollen die wachsende Mobilität im europäischen Sport und die von der Dopingbekämpfung betroffenen Zuständigkeitsbereiche der Gemeinschaft berücksichtigt werden

Im Rahmen dieser Mitteilung bzw. der einzelnen Punkte wird ebenfalls betont, dass das Dopingphänomen in den letzten Jahren überhand genommen hat und bekämpft werden muss. ME kann auch diesem Dokument insgesamt keine entscheidende Bedeutung zur Bekämpfung des Dopings in Europa zukommen, obwohl es Ansätze gibt, die in die richtige Richtung gehen. So war die Zusammenarbeit mit der Olympischen Bewegung bei der Einrichtung der Anti-Doping-Agentur zweifelsfrei ein Schritt, der die Bekämpfung des Dopings koordinieren

---

897 Im Internet abrufbar unter http://europa.eu.int/eur-lex/de/com/cnc/1999/com1999_0643de01.pdf.

898 Siehe ua die soeben erläuterte Entschließung des Europäischen Parlaments und die Stellungnahme des Ausschusses der Regionen unter Punkt 1. Auch der Europäische Rat zeigte sich auf einer Tagung in Wien, die im Dezember 1998 stattfand, besorgt über das Ausmaß und die Schwere der Dopingfälle im Sport und forderte ein Vorgehen auf Ebene der Europäischen Union, siehe *Andreu*, Plan für den Beitrag der Gemeinschaft zur Dopingbekämpfung, 99, in: *Röhricht/Vieweg* (Hrsg.), Doping-Forum – Aktuelle rechtliche und medizinische Aspekte.

899 Die EGE wurde 1991 auf Initiative von Präsident *Delors* offiziell eingerichtet; sie besteht aus Sachverständigen aus verschiedenen Fachbereichen, deren Aufgabe es ist, für die Kommission Stellungnahmen abzugeben, vgl *Andreu*, Plan für den Beitrag der Gemeinschaft zur Dopingbekämpfung, 102 (FN 5), in: *Röhricht/Vieweg* (Hrsg.), Doping-Forum – Aktuelle rechtliche und medizinische Aspekte.

kann. Auch der weitere Vorschlag, die Erforschung von Dopingsubstanzen und deren Wirkungen zu fördern, erscheint geeignet, um die Athleten vielleicht vor noch größeren Gefahren zu schützen. Insgesamt ist allerdings auch dieses Dokument, das ja nur eine Mitteilung darstellt und rechtlich für die Mitgliedstaaten unverbindlich ist, nicht geeignet, das Dopingphänomen in Europa entscheidend zu bekämpfen.

3. *Entschließung des Rates und der im Rat vereinigten Vertreter der Regierungen der Mitgliedstaaten vom 3. Dezember 1990 über eine Gemeinschaftsmaßnahme zur Bekämpfung von Doping (einschließlich Arzneimittelmißbrauch) im Sport*[900]

Dieses Dokument, das in Form einer Entschließung ausgestaltet ist, ist zur effektiven Bekämpfung des Dopings im europäischen Bereich ähnlich unwirksam wie die zuvor genannten Rechtsakte. Wiederum wird zu anfangs erwähnt, dass Doping ein immer größer werdendes Problem darstellt und vor allem die jugendlichen Wettkämpfer vor den negativen Einflüssen geschützt werden müssen. Dabei wird angemerkt, dass ein erzieherischer und präventiver Ansatz bezüglich der Nichteinnahme von Dopingmitteln von Vorteil wäre. Folgende zwei Punkte dieses Dokuments sind besonders hervorzuheben:

Zum einen wird die Kommission ersucht, einen Verhaltenskodex[901] in Bezug auf die Dopingbekämpfung auszuarbeiten, der nach Ansicht des Rates ein wichtiges Informations- und Erziehungsinstrument bei der Dopingbekämpfung darstellen soll. Dieser Kodex soll Doping als den Bestimmungen des Gesundheitsschutzes und in jedem Fall der Ethik des Sports zuwiderlaufende Handlung definieren.

Zum anderen wird die Kommission ersucht, dem Rat auf Grundlage der in Anhang 2 dieses Dokuments angeführten Leitlinien, Vorschläge in Bezug auf Maßnahmen von Gemeinschaftsinteresse im Hinblick auf die Bekämpfung des Dopings zu unterbreiten. An den bei der Ausarbeitung der Vorschläge zu beachtenden Leitlinien nennt das Dokument vor allem verstärkte Initiativen zur Dopingbekämpfung, Erhebung über die beim Doping derzeit am häufigsten angewendeten Praktiken und Untersuchung der Auswirkungen des Dopings auf die Gesundheit der Athleten.

---

900 Amtsblatt C 329 vom 31.12.1990; im Internet abrufbar unter http://www.europa.eu.int/eur-lex/de/lif/dat/ 1990/de_490Y1231_02.html.

901 Siehe zu dem entsprechenden Dokument sofort unten 199.

Aufgrund der soeben dargestellten Maßnahmen (Erstellung eines Verhaltenskodexes sowie Ausarbeitung von Maßnahmen von Gemeinschaftsinteresse) kann abschließend bemerkt werden, dass auch diese Entschließung nicht in der Lage war, das Dopingphänomen zurückzudrängen.

4. Entschließung des Rates und der im Rat vereinigten Vertreter der Regierungen der Mitgliedstaaten über einen Antidoping-Verhaltenskodex im Sport[902]

Wiederholend muss festgestellt werden, dass es auch dieser Initiative nicht gelungen ist, die Verbreitung des Dopings nachhaltig zu verhindern. Der im Anhang 1 enthaltene Antidoping-Verhaltenskodex wird zu Beginn des Dokuments vom Rat gebilligt. Weiters werden sowohl die Kommission als auch die Mitgliedstaaten ersucht, für eine weite Verbreitung desselben zu sorgen. Im Kodex selbst finden sich lediglich Sollensanordnungen, die von den betroffenen Gruppen Beachtung finden sollen; sie sind also als rechtlich unverbindlich anzusehen. So heißt es beispielsweise in Punkt 1 dieses Dokuments, dass Jugendliche ermutigt werden sollen, eine Vorreiterfunktion beim Streben nach dopingfreier sportlicher Betätigung zu übernehmen. Weiters sollen die Eltern ihren Kindern gegenüber die Grundwerte des Sports (ua keine Einnahme von Dopingmitteln) vor Augen führen. Sportverbände sollen bei der Dopingbekämpfung zusammenarbeiten. Schließlich werden ua noch die Medien angesprochen; diese sollen das Bewusstsein der Öffentlichkeit hinsichtlich der Gefahren, die von Dopingmitteln ausgehen, stärken.

All diese „Wünsche" des Rates sind löblich, helfen aber in der Praxis nicht, die Dopingproblematik zu entschärfen. Die ergriffenen Maßnahmen sind dafür nicht exakt genug und vor allem nicht verbindlich. Als zusammenfassendes Ergebnis ist (wiederum) festzuhalten, dass dieses Dokument nicht geeignet ist, die Einnahme von Dopingpräparaten zu verhindern.

---

902 Amtsblatt C 044 vom 19.02.1992; im World Wide Web unter http://www.europa.eu.int/eur-lex/de/lif/dat/ 1992/de_492Y0219_01.html zu erreichen.

5. *Erklärung des Rates und der im Rat vereinigten Minister für das Gesundheitswesen der Mitgliedstaaten vom 4. Juni 1991 über die Bekämpfung des Dopings (einschließlich des Arzneimittelmißbrauchs) im Sport*[903]

In dieser Erklärung bringt der Rat erneut seine Besorgnis über das Doping im Sport zum Ausdruck und warnt noch einmal vor den ernsten Folgen für die Gesundheit der Sportler und den negativen Auswirkungen, die das Doping auf die Bevölkerung und insbesondere die Jugend, hat.

Weiters wird an alle Sportler, die an nationalen und internationalen Wettbewerben (vor allem Olympischen Spielen) teilnehmen, appelliert, allen übrigen Sportlern, vorwiegend den jugendlichen Wettkämpfern, ein Beispiel zu sein und sich im Einklang mit der Olympischen Charta zu verpflichten, während der Vorbereitung und des Ablaufs der Wettkämpfe kein Doping – auch nicht in Form von Arzneimittelmissbrauch – zu praktizieren.

Dieses Dokument erscheint zur Dopingbekämpfung schlichtweg unbrauchbar.

6. *Richtlinie 2001/83/EG des Europäischen Parlaments und des Rates vom 6. November 2001 zur Schaffung eines Gemeinschaftskodexes für Humanarzneimittel*[904]

Als weitere Rechtsgrundlage zur Dopingbekämpfung, die jedoch im Gegensatz zu den bisher behandelten nicht als dopingspezifisch zu bezeichnen ist, konnte bis 17.12.2001 die Richtlinie 65/65/EWG[905] zur Angleichung der Rechts- und Verwaltungsvorschriften über Arzneispezialitäten, bezeichnet werden. Ziel dieser Richtlinie war es, alle Rechts- und Verwaltungsvorschriften auf dem Gebiet der Herstellung und des Vertriebs von Arzneispezialitäten so zu gestalten, dass sie dem Schutz der öffentlichen Gesundheit dienen.

Durch Art 128 der Richtlinie 2001/83/EG wurde die Richtlinie 65/65/EWG nach über 35 Jahren aufgehoben, wobei an ihre Stelle die Richtlinie 2001/83/EG trat. Ziel der neuen RL, die mehrere Richtlinien in sich vereint, ist die Erhöhung der Übersicht bzw. Klarheit von Rechtsvorschriften (so stammte zB die schon erwähnte RL 65/65/EWG aus dem Jahr 1965 – allein durch die Änderungen dieser Richtlinie erschien es mitunter schwierig, den gültigen Text zu eruieren).

---

903 Amtsblatt C 170 vom 29.06.1991; im Internet abrufbar unter http://europa.eu.int/smartapi/cgi/sga_doc?smartapi!celexapi!prod!CELEXnumdoc&lg=DE&numdoc=41990Y1231(02)&model=guichett.

904 Abrufbar im Internet unter http://europa.eu.int/smartapi/cgi/sga_doc?smartapi!celexapi!prod!CELEX numdoc&lg=DE&numdoc=32001L0083&model=guichett.

905 Im Internet abrufbar unter http://europa.eu.int/smartapi/cgi/sga_doc?smartapi!celexapi!prod!CELEX numdoc&lg=DE&numdoc=31965L0065&model=guichett.

In Art 1 Abs 2 der RL 2001/83/EG[906] werden Arzneimittel ua definiert als Stoffe oder Stoffzusammensetzungen, die dazu bestimmt sind, im oder am menschlichen Körper zur Erstellung einer ärztlichen Diagnose oder zur Wiederherstellung, Besserung oder Beeinflussung der menschlichen physiologischen Funktionen angewandt zu werden. In Abs 1 leg cit werden Arzneispezialitäten als Arzneimittel, die im voraus hergestellt und unter einer besonderen Bezeichnung in einer besonderen Aufmachung in den Verkehr gebracht werden, definiert.

Art 6 sieht für das Inverkehrbringen derartiger Arzneispezialitäten ein eigenes Genehmigungsverfahren vor. Danach darf ein Arzneimittel in einem Mitgliedstaat erst dann in Verkehr gebracht werden, wenn von der zuständigen Behörde des Mitgliedstaats nach dieser Richtlinie eine entsprechende Genehmigung oder eine Genehmigung nach der Verordnung (EWG) Nr. 2309/93 des Rates vom 22. Juli 1993 zur Festlegung von Gemeinschaftsverfahren für die Genehmigung und Überwachung von Human- und Tierarzneimitteln und zur Schaffung einer Europäischen Agentur für die Beurteilung von Arzneimitteln, erteilt wurde.

Diese Richtlinie enthält also Regelungen über die Zulassung von Arzneimitteln. Auf diese Weise greift sie indirekt auf das Angebot der zur Verfügung stehenden Arznei- und somit häufig auch Dopingmittel ein – eine Bekämpfung des Dopings wurde jedoch mit dieser Richtlinie nicht beabsichtigt. Neben dieser Richtlinie gibt es noch weitere Rechtssetzungsakte der Europäischen Gemeinschaften, die sich ebenfalls auf Stoffe beziehen, die uU als Dopingmittel zum Einsatz kommen.[907]

7. Zusammenfassung

Abschließend ist zu bemerken, dass das Europäische Recht im Hinblick auf eine effektive und nachhaltige Dopingbekämpfung noch in den Anfängen steht. Die Europäische Gemeinschaft ist zwar mit den Gefahren, die vom gesundheitsschä-

906 Auch das Ziel dieser RL ist die Gewährleistung eines wirksamen Schutzes der öffentlichen Gesundheit in Bezug auf die Herstellung, den Vertrieb oder die Verwendung von Arzneimitteln, vgl Punkt 2 der Präambel der RL.

907 So regelt beispielsweise die Verordnung (EWG) Nr. 3677/90 des Rates vom 13. Dezember 1990 über Maßnahmen gegen die Abzweigung bestimmter Stoffe zur unerlaubten Herstellung von Suchtstoffen und psychotropen Substanzen den Handel zwischen der Gemeinschaft und Drittländern hinsichtlich solcher Stoffe, die häufig für die unerlaubte Herstellung von Suchtstoffen und psychotropen Stoffen verwendet werden, um zu verhindern, dass derartige Stoffe abgezweigt werden. Wiederum handelt es sich um kein Dokument, das speziell für die Bekämpfung des Dopings erlassen wurde. In gleicher Weise gibt es eine Richtlinie (RL 92/109/EWG des Rates vom 14. Dezember 1992), deren Durchführung eine innergemeinschaftliche Überwachung derartiger Substanzen garantieren soll.

digenden Doping ausgehen, vertraut, hat es aber bisher nicht geschafft, konkrete Regelungen zu erlassen, um dem Doping auf europäischer Ebene Einhalt zu gebieten.[908] Abgesehen von bestimmten nicht dopingspezifischen Rechtsnormen gibt es bisher nur unverbindliche Empfehlungen bzw. Vorschläge. Nach Ansicht des Bearbeiters dürfte die Erlassung von konkreten Verboten in Bezug auf die Einnahme von Dopingsubstanzen – etwa von Strafen bei Nichtbeachtung – mit in etwa den gleichen rechtlichen Schwierigkeiten (Gleichheitssatz etc.) verbunden sein, wie sie für das staatliche Recht bestehen. Darüber hinaus ist im Rahmen der Europäischen Gemeinschaften – wie bereits erwähnt – erst zu klären, inwieweit sie zur Erlassung von Dopingvorschriften ermächtigt sind.

908 Wie erwähnt, dazu oben 193 f, ist genau zu prüfen, ob den Europäischen Gemeinschaften eine Kompetenz zur aktiven Dopingbekämpfung zukommt.

Schlussbemerkung

Als Endergebnis dieser Untersuchung kann festgehalten werden, dass sowohl das österreichische als auch das deutsche Haftungs- und Strafrecht ausreichend Anspruchsgrundlagen bzw. Delikte zur Verfügung stellen, um die mit dem Dopingproblem zusammenhängenden Fragen in befriedigender Weise einer Lösung zuzuführen. Wie ausgeführt, sind sich die Europäischen Gemeinschaften der zunehmenden Probleme rund um das Doping bewusst, stellen aber bislang keine zufriedenstellenden Lösungsansätze zur Verfügung.

Dem Sport als Gesamtheit bleibt abschließend zu wünschen, dass er nicht noch mehr von seiner Glaubwürdigkeit verliert, als dies ohnehin schon geschehen ist. Der Sport insgesamt (vor allem die Sportverbände sind hier auf den Plan gerufen, um vorwiegend bei jugendlichen Athleten von Beginn ihrer sportlichen Karriere ein bezüglich Doping sensibilisiertes Bewusstsein zu entwickeln) ist es, der das Dopingproblem von Grund auf nachhaltig zu entschärfen bzw. zu lösen hat.[909]

909 Wie gesagt, führt an einer internationalen Regelung über kurz oder lang kein Weg vorbei, vgl dazu oben 172 f.

Literaturverzeichnis

Acker: Im Soge der Chemie, 7 ff, in: Acker (Hrsg.), Rekorde aus der Retorte, Leistungssteigerung im modernen Hochleistungssport (1972).

Ahlers: Doping und strafrechtliche Verantwortlichkeit² (1998).

Andreu: Plan für den Beitrag der Gemeinschaft zur Dopingbekämpfung, 99 ff, in: Röhricht/Vieweg (Hrsg.), Doping-Forum – Aktuelle rechtliche und medizinische Aspekte (2000).

Apathy: Aufwendungen zur Schadensbeseitigung (1979).

—: Schadenersatz wegen entgangenen Unterhalts und Wiederverheiratung, JBl 1983, 397 ff.

Ariens: General and pharmacological aspects of Doping, 27 ff, in: Proceedings of an International Seminar organized at the Universities of Ghent and Brussles, May 1964, by the Research Committee of the International Council of Sport and Physical Education. Edited by Schaepdryver and Hebbelinck (1965).

Arzt: Die Ansicht aller billig und gerecht Denkenden (Diss. 1962).

Baare-Schmidt: Der Status des Internationalen Olympischen Komitees im Völkerrecht (Diss. 1983).

Barfuß/Smolka/Onder: Österreichisches Lebensmittelrecht² (1992, Grundwerk mit 6. Lieferung – ausgegeben November 2001).

Berger: Einführung in das österreichische Arbeits- und Sozialrecht⁵ (1993).

Bergermann: Doping und Zivilrecht – Rechtmäßigkeit von Doping-Sanktionen sowie durch Doping begründete Schadenersatzansprüche (2002); wird zitiert: Bergermann, Doping und Zivilrecht.

Berka: Aktuelle Probleme des Persönlichkeitsschutzes im Medienbereich, JRP 1996, 232 ff.

Bertel/Schwaighofer: Österreichisches Strafrecht, Besonderer Teil I⁶ (2000); wird zitiert: Bertel/Schwaighofer BT I.

Bischof/Soyer: Suchtmittelgesetz – Kommentar (2001).

Blei: Strafrecht, Allgemeiner Teil – Prüfe dein Wissen¹¹ (1992); wird zitiert: Blei AT¹¹.

—: Strafrecht I, Allgemeiner Teil⁸ (1983); wird zitiert: Blei AT⁸.

Brandstetter/Zahrl: Die strafrechtliche Haftung des Arztes, RdM 1994, 17 ff.

Brunner: Die Zurechnung der Schadenersatzpflicht bei Verletzung eines „Schutzgesetzes“ gemäß § 1311 ABGB, ÖJZ 1972, 113 ff.

Brüggemann: Mögliche Langzeiteffekte des Dopings aus biomechanischer Sicht, 67 ff, in: Vieweg (Hrsg.), Doping – Realität und Recht (1998).
Burgstaller: Das Fahrlässigkeitsdelikt im Strafrecht (1974).
—: Spezielle Fragen der Erfolgszurechnung und der objektiven Sorgfaltswidrigkeit, 39 ff, in: Pallin-FS (1989).
Bydlinski F.: Der Ersatz ideellen Schadens als sachliches und methodisches Problem, JBl 1965, 173 ff.
—: Probleme der Schadensverursachung nach deutschem und österreichischem Recht (1964).
—: Vergleichsverhandlungen und Verjährung; Anlageschäden und überholende Kausalität, JBl 1967, 130 ff.
—: Vertragliche Sorgfaltspflichten zugunsten Dritter, JBl 1960, 359 ff.
—: Zum gegenwärtigen Stand der Kausalitätstheorie im Schadenersatzrecht, JBl 1958, 1 ff.
Bydlinski M.: Schadenersatz bei „verpatztem" Urlaub, ZVR 1987, 354 ff.
Clasing: Doping, Der Internist (1986).
Danzl: Die (psychische) Gesundheit als geschütztes Rechtsgut des § 1325 ABGB, ZVR 1990, 1 ff.
Danzl/Gutiérrez-Lobos/Müller: Das Schmerzengeld in medizinischer und juristischer Sicht[7] (1998).
Derleder/Deppe: Die Verantwortung des Sportarztes gegenüber Doping, JZ 1992, 116 ff.
Deutsch: Allgemeines Haftungsrecht[2] (1996); wird zitiert: Deutsch, Haftungsrecht I.
Digl: Doping als Verbandsproblem, 131 ff, in: Bette (Hrsg.), Doping im Leistungssport (1994).
Dirix: Dopingklassen und Kontrollmethoden, 535 ff, in: Olympia-Buch der Sportmedizin (1988).
Dittrich/Tades: Das Allgemeine bürgerliche Gesetzbuch samt den einschlägigen Gesetzen und Verordnungen, verweisenden und erläuternden Anmerkungen, Literaturangaben und einer Übersicht über die Rechtsprechung der Gerichte, insbesondere des Obersten Gerichtshofes[35] (1999); wird zitiert: Dittrich/Tades E.
Donike: Doping, in: Studienbrief der Trainerakademie Köln des Deutschen Sportbundes (Studienbrief 10, 1989).
—: Doping oder das Pharmakon im Sport, 352 ff, in: Hollmann (Hrsg.), Zentrale Themen der Sportmedizin (1977).
—: Stichwort „Doping", in: Eberspächer (Hrsg.), Handlexikon Sportwissenschaft (1992).

—/Bärwald/Klostermann/Schänzer/Zimmermann: in: Heck/Hollmann/Liesen/Rost (Hrsg.), Sport: Leistung und Gesundheit (1983).
—/Kaiser: Dopingkontrollen (1984).
—/Rauth: Dopingkontrollen[2] (1996).
Dury: Haftung des Trainers, Straf- und zivilrechtliche Verantwortlichkeit, 9 ff, in: Dury (Hrsg.), Der Trainer und das Recht (1997).
Edlbacher: Körperliche, besonders ärztliche, Eingriffe an Minderjährigen aus zivilrechtlicher Sicht, ÖJZ 1982, 365 ff.
Ehrenzweig: System des österreichischen allgemeinen Privatrechts, Band II/1: Das Recht der Schuldverhältnisse (1928); wird zitiert: Ehrenzweig II/1.
Ekblom: Blutwechsel steigert die Leistung, 43 ff, in: Acker (Hrsg.), Rekorde aus der Retorte, Leistungssteigerung im modernen Hochleistungssport (1972).
Engljähringer: Ärztliche Aufklärungspflicht vor medizinischen Eingriffen (1996).
Erman (Hrsg.): Handkommentar zum Bürgerlichen Gesetzbuch, Band I[10] (2000); wird zitiert: Erman/Bearbeiter.
Esser/Schmidt: Schuldrecht, Allgemeiner Teil: Band I/2[8] (2000); wird zitiert: Esser/Schmidt I/2.
Faber: Doping als unlauterer Wettbewerb und Spielbetrug (Diss. 1974).
Fasching: Kommentar zu den Zivilprozeßgesetzen (1966); wird zitiert: Fasching, Kommentar.
—: Lehrbuch des österreichischen Zivilprozeßrechts[2] (1990); wird zitiert: Fasching, Lehrbuch.
Feil: Österreichisches Lebensmittelrecht 1. Band[4] (1995); wird zitiert: Feil, Österr. Lebensmittelrecht.
Fitz/Gamerith: Handelsrecht: Wettbewerbsrecht – Unlauterer Wettbewerb und Kartelle[3] (2000); wird zitiert: Fitz/Gamerith, Wettbewerbsrecht.
Floretta/Spielbüchler/Strasser: Arbeitsrecht I[4] (1998); wird zitiert: Bearbeiter in Floretta/Spielbüchler/Strasser.
Foregger: Ehrenbeleidigungen und Ehrenkränkungen (1957).
—/Fabrizy: Strafgesetzbuch[7] (1999).
—/Nowakowski (Hrsg.): Wiener Kommentar zum Strafgesetzbuch, erscheint in Einzellieferungen seit 1979; wird zitiert: Bearbeiter WK.
Friedrich: Doping und zivilrechtliche Haftung, SpuRt 1995, 8 ff.
Fritzweiler: Gesetzliche Bestimmungen zur Ahndung von Doping, 155 ff, in: Fritzweiler (Hrsg.), Doping – Sanktionen, Beweise, Ansprüche (2000).
Fuchs: Österreichisches Strafrecht, Allgemeiner Teil I[4] (2000); wird zitiert: Fuchs AT I.
—: Probleme der Notwehr, StPdG VIII, 1 ff.

Gernhuber: Drittwirkungen im Schuldverhältnis kraft Leistungsnähe, 249 ff, in: Nikitsch-FS (1958).

Glaesner: Europarecht[12] (2000).

Graf/Gruber: Bürgerliches Recht: Gesetzliche Schuldverhältnisse[4] (2001); wird zitiert: Graf/Gruber, Gesetzliche Schuldverhältnisse.

dies.: Bürgerliches Recht: Schuldrecht Allgemeiner Teil[4] (2001); wird zitiert: Graf/Gruber, Schuldrecht, AT.

Grillberger: Österreichisches Sozialrecht[5] (2001).

Gschnitzer/Faistenberger/Barta/Eccher: Österreichisches Schuldrecht, Allgemeiner Teil[2] (1986), Besonderer Teil und Schadenersatz[2] (1988); wird zitiert: Gschnitzer, Schuldrecht AT., BT.

Gutheil: Doping – Die haftungsrechtliche und sportrechtliche Verantwortung von Sportler, Trainer, Arzt und Sportverband (1995); wird zitiert: Gutheil, Doping.

Haas/Prokop C.: Aktuelle Entwicklungen in der Dopingbekämpfung, SpuRt 2000, 5 ff.

—/—: Sind Staatsanwälte verpflichtet, gegen Doping-Ärzte Ermittlungsverfahren einzuleiten?, SpuRt 1997, 56 ff.

—/Reimann: Erwerbschance und Erwerbsschaden bei Individualsportlern, SpuRt 2000, 49 ff.

Haberstumpf: Die Formel vom Anstandsgefühl aller billig und gerecht Denkenden in der Rechtsprechung des BGH (1976).

Haft: Strafrecht, Allgemeiner Teil[8] (1998); wird zitiert: Haft AT.

Hagn: Die rechtliche Beurteilung des Dopings, ÖJZ 1993, 402 ff.

Harrer: Reformerfordernisse im österreichischen Schadenersatzrecht, JBl 1996, 19 ff.

—: Schadenersatzrecht (1999).

Hasslacher: Sanktionen und Dopingverfahren in Österreich, 103 ff, in: Fritzweiler (Hrsg.), Doping – Sanktionen, Beweise, Ansprüche (2000).

Heger: Die Strafbarkeit von Doping nach dem Arzneimittelgesetz, SpuRt 2001, 92 ff.

Hollmann: Zum Doping aus sportmedizinischer Sicht, 37 ff, in: Vieweg (Hrsg.), Doping – Realität und Recht (1998).

Holzer/Fritzweiler: Auswirkungen von Dopingverstössen auf Arbeits-, Lizenz- und Sponsorenverträge, 57 ff, in: Fritzweiler (Hrsg.) Doping – Sanktionen, Beweise, Ansprüche (2000).

Holzhammer: Österreichisches Zivilprozeßrecht[2] (1976).

—/Roth: Einführung in das Bürgerliche Recht mit IPR[5] (2000).

Honsell: Schweizerisches Haftpflichtrecht[3] (2000); wird zitiert: Honsell, Haftpflichtrecht.

—: Die Reform der Gefährdungshaftung, ZSR 1997, 1. Halbband, 297 ff.
Horning/Geyer/Machanik/Schänzer/Hilkert/Oeßelmann: in: Schänzer/Geyer/Gotzmann/Mareck-Engelke (Hrsg.), Proceedings of the 13th Cologne Work-shop in Dope Analysis (1995).
Höpfel/Ratz (Hrsg.): Wiener Kommentar zum Strafgesetzbuch², erscheint in Einzellieferungen seit 1999; wird zitiert: Bearbeiter WK².
Hörburger: Zum Begriff der Fahrlässigkeit des § 6 StGB, ÖJZ 1974, 562 ff.
Iro: Zurechnung von Gehilfen im Recht der Willensmängel, JBl 1982, 470 ff.
Jähnke/Laufhütte/Odersky (Hrsg.): Leipziger Kommentar¹¹, Strafgesetzbuch (Großkommentar); wird zitiert: Bearbeiter LK¹¹.
—/Weigend: Lehrbuch des Strafrechts, Allgemeiner Teil⁵ (1996); wird zitiert: Jähnke/Weigend AT.
Jennings: Das Olympia-Kartell (1996).
Jescheck/Ruß/Willms (Hrsg.): Leipziger Kommentar¹⁰, Strafgesetzbuch (Großkommentar, 1992 ff); wird zitiert: Bearbeiter LK¹⁰.
Jung: Der praktische Fall – Strafrecht: Der listige Sportler, JuS 1992, 131 ff.
Kadecka: Drei alte Fragen der Strafrechtsdogmatik in neuem Licht, ÖJZ 1952, 393 ff.
Karner: Verpatzter Urlaub und der EuGH, RdW 2002/194.
Karollus: Funktion und Dogmatik der Haftung aus Schutzgesetzverletzung (1992).
Kidane (Hrsg.): International Olympic Committee: The Olympic Movement and the Mass Media (1996).
Kienapfel: Arzthaftung und Aufklärungspflicht im österreichischen Strafrecht, 29 ff, in: Gramberg-Danielsen (Hrsg.), Rechtsophthalmologie (1985).
—: Der rechtfertigende Notstand, ÖJZ 1975, 421 ff.
—: Grundriß des österreichischen Strafrechts, Besonderer Teil, Band I: Delikte gegen Personenwerte⁴ (1997), Band II: Delikte gegen Vermögenswerte³ (1993); wird zitiert: Kienapfel BT (Bd).
—: Zur Auslegung des § 81 Z 1 StGB, ÖJZ 1977, 655 ff.
—: Zur Gleichwertigkeit von Tun und Unterlassen, ÖJZ 1976, 197 ff.
—/Höpfel: Grundriß des österreichischen Strafrechts, Allgemeiner Teil⁹ (2001); wird zitiert: Kienapfel/Höpfel AT.
Klang (Hrsg.): Kommentar zum Allgemeinen bürgerlichen Gesetzbuch², Band I – VI (1950 - 1978); wird zitiert: Bearbeiter in Klang (Bd).
Knöpfle: Zur Problematik der Beurteilung einer Norm als Schutzgesetz im Sinne des § 823 Abs 2 BGB, NJW 1967, 697 ff.
Koch: Straf- und arzneimittelrechtliche Probleme aus rechtsvergleichender Sicht, 53 ff, in: Röhricht/Vieweg (Hrsg.), Doping-Forum – Aktuelle rechtliche und medizinische Aspekte (2000).

Kohlhaas: Das Doping aus rechtlicher Sicht, 48 ff, in: Schroeder/Kaufmann (Hrsg.), Sport und Recht (1972).

—: Doping aus rechtlicher Sicht, 53 ff, in: Acker (Hrsg.), Rekorde aus der Retorte, Leistungssteigerung im modernen Hochleistungssport (1972).

—: Gesetzliche Grundlagen für ein Verbot des „Dopings"?, Sportarzt und Sportmedizin 1966, 64 ff.

—: Zur Anwendung aufputschender Mittel im Sport, NJW 1970, 1958 ff.

Koppensteiner: Österreichisches und europäisches Wettbewerbsrecht – Wettbewerbsbeschränkungen, Unlauterer Wettbewerb, Marken[3] (1997); wird zitiert: Koppensteiner, Wettbewerbsrecht.

Koziol: Österreichisches Haftpflichtrecht, Band I: Allgemeiner Teil[3] (1997), Band II: Besonderer Teil[2] (1984); wird zitiert: Koziol, Haftpflichtrecht (Bd).

Koziol/Welser: Grundriss des bürgerlichen Rechts[12], Band I: Allgemeiner Teil, Sachenrecht und Familienrecht (2002), Band II: Schuldrecht Allgemeiner Teil, Schuldrecht Besonderer Teil und Erbrecht (2001); wird zitiert: Koziol/Welser (Bd).

Köck: Entwicklung und Stand des Drogenstrafrechts in Österreich, ÖJZ 1998, 94 ff.

Körner: Betäubungsmittelgesetz, Arzneimittelgesetz[5] (2001).

—: Doping, Drogenmißbrauch im Sport und im Stall, ZRP 1989, 418 ff.

—: Straffreiheit für Arzneimittelhändler? Hilflose Staatsanwälte, ZRP 1986, 170 ff.

Kunst: § 431 StG und die sogenannte konkrete Gefährdung, ÖJZ 1960, 622 ff.

Kurz/Mester: Doping im Sport (1997).

Küper: Strafrecht, Besonderer Teil, Definitionen mit Erläuterungen[2], 1998; wird zitiert: Küper BT.

Lackner/Kühl: Strafgesetzbuch mit Erläuterungen[24] (2001).

Lange: Schadenersatz[2] (1990).

Larenz: Lehrbuch des Schuldrechts, Band I[14]: Allgemeiner Teil (1987), Band II/1[13]: Besonderer Teil (1986); wird zitiert: Larenz (Bd).

Lehner/Freibüchler: Doping im DDR-System – Schadensersatzansprüche der Opfer?, SpuRt 1995, 2 ff.

Leukauf/Steininger: Kommentar zum Strafgesetzbuch[3] (1992).

Lewisch: Mitverschulden im Fahrlässigkeitsstrafrecht, ÖJZ 1995, 296 ff.

—: Strafrecht, Besonderer Teil I[2] (1999); wird zitiert: Lewisch BT I.

Linck: Doping aus juristischer Sicht, MedR 1993, 55 ff.

—: Doping und staatliches Recht, NJW 1987, 2545 ff.

Loebenstein: Die strafrechtliche Haftung des Arztes bei operativen Eingriffen, ÖJZ 1978, 309 ff.

Lohe: Der Rechtsbegriff der groben Fahrlässigkeit, VersR 1968, 323 ff.

Lünsch: Doping im Sport (1991).
Mader: Bürgerliches Recht: Allgemeiner Teil[4] (2001); wird zitiert: Mader AT.
Maurach/Schroeder/Maiwald: Strafrecht, Besonderer Teil, Teilband 1[8] (1995); wird zitiert: Maurach/Schroeder/Maiwald BT 1.
—/Zipf: Strafrecht, Allgemeiner Teil, Teilband 1[8] (1992); wird zitiert: Maurach/Zipf AT 1.
Mayer: Das österreichische Bundes-Verfassungsrecht[3], Kurzkommentar, (2002); wird zitiert: Mayer B-VG.
Mayerhofer/Rieder: Das österreichische Strafrecht, Erster Teil, Strafgesetzbuch[5] (2000).
Mayer-Maly: Schädigung durch Unterlassung, insbesondere durch unterlassene Hilfeleistung bei Verkehrsunfällen, ZVR 1977, 97 ff.
—: Wiederkehr der culpa levissima, AcP 163, 114 ff.
Mayrhofer: Schuldrecht Allgemeiner Teil (1986), (3. Auflage des Systems des österreichischen allgemeinen Privatrechts von Ehrenzweig); wird zitiert: Mayrhofer, Schuldrecht I.
Medicus: Schuldrecht II, Besonderer Teil[10] (2000); wird zitiert: Medicus BT.
Mestwerdt: Doping – Sittenwidrigkeit und staatliches Sanktionsbedürfnis (1997).
—: Notwendigkeit und verfassungsrechtliche Grundlagen eines staatlichen Dopingverbots, SpuRt 1997, 119 ff.
Microsoft©: Encarta®-Enzyklopädie (1997).
Müller A.: Doping im Sport als strafbare Gesundheitsbeschädigung (§§ 223 Abs 1, 230 StGB)? (Diss. 1993).
Müller G.: Zum Ausgleich des immateriellen Schadens nach § 847 BGB, VersR 1993, 909 ff.
Münzberg: Verhalten und Erfolg als Grundlagen der Rechtswidrigkeit und Haftung (1966).
Netzle: Das Internationale Sport-Schiedsgericht in Lausanne, 9 ff, in: Röhricht (Hrsg.), Sportgerichtsbarkeit (1997).
—: Doping als rechtliche Herausforderung, 263 ff, in: Gamper/Mühlethaler/Reidhaar (Hrsg.), Doping – Spitzensport als gesellschaftliches Problem (2000).
—: Wie hält es das Internationale Sportschiedsgericht mit dem Doping, 197 ff, in: Vieweg (Hrsg.), Doping – Realität und Recht (1998).
Nowakowski: Das österreichische Strafrecht in seinen Grundzügen (1955).
Otto: Zur Strafbarkeit des Doping – Sportler als Täter und Opfer, SpuRt 1994, 10 ff.
Öhlinger: Verfassungsrecht[4] (1999).
Pelchen: Arzneimittelgesetz, in: Erbs/Kohlhaas, Strafrechtliche Nebengesetze, 144. Ergänzungslieferung (Stand: 12/2001).
Peterson/Renström: Verletzungen im Sport[2] (1987).

Petschek/Stagel: Der österreichische Zivilprozeß (1963).

Pfister: Das „Krabbe“-Urteil – Urteilsanmerkung 1. Teil: Deutsche Sportverbände als Niederlassungen der internationalen Verbände i.S.v. § 21 ZPO?, SpuRt 1995, 201 ff.

—: Das „Krabbe“-Urteil – Urteilsanmerkung 2. Teil: Kollisions- und materiellrechtliche Probleme, SpuRt 1995, 250 ff.

—: Schutzzweck von Sportregeln, 731 ff, in: Heinze/Schmitt (Hrsg.), Gitter-FS (1995).

Piegler: Die „abstrakte Rente“ im österreichischen Schadenersatzrecht, VersR 1965, 103 ff.

—: Die Bemessung des Schmerzengeldes, ÖJZ 1954, 502 ff.

—: Die Familie im Schadenersatzrecht, NZ 1970, 162 ff.

Pilz: Dopingsünder – Die Avantgarde eines neuen sportlichen Identitätstyps?, 49 ff, in: Bette (Hrsg.), Doping im Leistungssport (1994).

Prokop C.: Die Grenzen der Dopingverbote (2000).

Prokop L.: Einführung in die Sportmedizin (1983).

Puhle: Vertrag mit Schutzwirkungen zugunsten Dritter und Drittschadensliquidation (1982).

Rabel: Zur Lehre von der Unmöglichkeit der Leistung nach österreichischem Recht, 821 ff, in: FS zur Jahrhundertfeier des ABGB II (1911).

Rain: Die Einwilligung des Sportlers beim Doping (1998).

Rebmann/Säcker (Hrsg.): Münchener Kommentar zum Bürgerlichen Gesetzbuch³ (1992 ff); wird zitiert: Bearbeiter in MünchKomm.

Rechberger/Simotta: Grundriß des österreichischen Zivilprozeßrechts⁵ (2000).

Reschke (Hrsg.): Handbuch des Sportrechts, (1986), Stand: Jänner 1996.

Rittler: Lehrbuch des österreichischen Strafrechts, II. Band: Besonderer Teil² (1962); wird zitiert: Rittler II.

Roeder: Der Schutz der Intimsphäre de lege ferenda, ÖRZ 1972, 57 ff.

Rosenberg: Die Beweislast⁵ (1965).

Roxin: Strafrecht, Allgemeiner Teil, Band I³ (1997); wird zitiert: Roxin AT I.

Röthel: Kompetenzen der Europäischen Union zur Dopingbekämpfung, 109 ff, in: Röhricht/Vieweg (Hrsg.), Doping-Forum – Aktuelle rechtliche und medizinische Aspekte (2000).

Rudolphi/Horn/Günther/Samson/Hoyer (Hrsg.): Systematischer Kommentar zum Strafgesetzbuch, Allgemeiner Teil⁷, Stand: März 2000, Besonderer Teil⁶, Stand: September 1998; wird zitiert: Bearbeiter, SK.

Rummel (Hrsg.): Kommentar zum Allgemeinen bürgerlichen Gesetzbuch I³ (2000), II² (1992); wird zitiert: Bearbeiter in Rummel.

—: Anmerkungen zum gemeinsamen Irrtum und zur Geschäftsgrundlage, JBl 1981, 1 ff.

Schäfer: Sind Dealer Mörder? Kriminalstrategische und dogmatische Anmerkungen, 221 ff, in: Middendorff-FS (1986).
Schänzer: Dopinganalytik und Grenzwertproblematik, 17 ff, in: Röhricht/Vieweg (Hrsg.), Doping-Forum – Aktuelle rechtliche und medizinische Aspekte (2000).
Schick: Problemaspekte des Verkehrsstrafrechts, ZVR 1974, 353 ff.
Schilcher: Theorie der sozialen Schadensverteilung (1977).
Schild: Doping in strafrechtlicher Sicht, 13 ff, in: Schild (Hrsg.), Rechtliche Fragen des Dopings (1986).
Schlechtriem: Schuldrecht, Allgemeiner Teil[4] (2000); wird zitiert: Schlechtriem AT.
Schmiedel: Deliktsobligationen nach deutschem Kartellrecht (1974); wird zitiert: Schmiedel, Deliktsobligationen.
Schmoller: Fremdes Fehlverhalten im Kausalverlauf, StPdG XXII, 25 ff.
Schneider-Grohe: Doping – Eine kriminologische und kriminalistische Untersuchung zur Problematik der künstlichen Leistungssteigerung im Sport und zur rechtlichen Handhabung dieser Fälle (1979); wird zitiert: Schneider-Grohe, Doping.
Schönherr: Kreditschädigende Tatsachenbehauptungen, ÖBl 1975, 77 ff.
Schönholzer: Aspects psychologiques du doping, 85 ff, in: Proceedings of an International Seminar organized at the Universities of Ghent and Brussles, May 1964, by the Research Committee of the International Council of Sport and Physical Education. Edited by Schaepdryver and Hebbelinck (1965).
Schönke/Schröder (Hrsg.): Strafgesetzbuch, Kommentar[26] (2001); wird zitiert: Sch/Sch/Bearbeiter.
Schroeder: Symbolik der Olympischen Bewegung. Grundlagen und Möglichkeiten eines rechtlichen Schutzes (Diss. 1976).
Schröder/Bedau: Doping: Zivilrechtliche Ansprüche des Konkurrenten gegen den gedopten Sportler, NJW 1999, 3361 ff.
Schuhmacher: Die Beeinträchtigung der Erwerbsfähigkeit als Problem des Schadensbegriffs, ZAS 1977, 43 ff.
Schultz: Überlegungen zur ökonomischen Analyse des Haftungsrechts, VersR 1984, 608 ff.
Schwab: Zivilrechtliche Haftung beim Doping, 35 ff, in: Schild (Hrsg.), Rechtliche Fragen des Dopings (1986).
Schwaighofer: Das neue Suchtmittelrecht (1997).
Schwarz/Löschnigg: Arbeitsrecht[9] (2001).
Schweitzer/Hummer: Europarecht[5] (1996).
Schwimann (Hrsg.): Praxiskommentar zum ABGB samt Nebengesetzen[2] (1997 ff); wird zitiert: Schwimann/Bearbeiter.

Sehling/Pollert/Hackfort: Doping im Sport – Medizinische, sozialwissenschaftliche und juristische Aspekte (1989); wird zitiert: Sehling/Pollert/Hackfort, Doping im Sport.

Soergel (Hrsg.): Kommentar zum Bürgerlichen Gesetzbuch[12], Band I (1990), Band IV/2 (1998); wird zitiert: Soergel/Bearbeiter.

Soyez: Die Verhältnismäßigkeit des Dopingkontrollsystems (2002).

Steiner: Doping aus verfassungsrechtlicher Sicht, 125 ff, in: Röhricht/Vieweg (Hrsg.), Doping-Forum – Aktuelle rechtliche und medizinische Aspekte (2000).

—: Verfassungsfragen des Sports, NJW 1991, 2729 ff.

Steininger H.: „Besonders gefährliche Verhältnisse" (§ 81 Z 1 StGB) und „fahrlässige Gemeingefährdung" (§177 StGB), 435 ff, in: Pallin-FS (1989).

—: Die moderne Strafrechtsdogmatik und ihr Einfluß auf die Rechtsprechung, ÖJZ 1981, 365 ff.

—: Zur Auslegung des Begriffs „schweres Verschulden" im § 431 Abs 2 StG nF, ZVR 1972, 65 ff.

Steininger V.: Minderung der Erwerbsfähigkeit ohne Verdienstentgang?, ÖJZ 1965, 461 ff.

Stoll: Empfiehlt sich eine Neuregelung der Verpflichtung zum Geldersatz für immaterielle Schäden?, Gutachten für den 45. Deutschen Juristentag (1964).

Strasser: Der immaterielle Schaden im österreichischen Recht (1964).

Summerer: Ordnungs- und Strafgewalt der Vereine/Verbände, 71 ff, in: Fritzweiler/Pfister/Summerer, Praxishandbuch Sportrecht (1998).

Tercier: La réforme du droit de la responsabilité civile, ZSR 1997, 1. Halbband, 257 ff.

Thun-Hohenstein/Cede: Europarecht[3] (1999).

Tomandl: Rechtsprobleme des Akkord- und Prämienlohns, ÖJZ 1960, 477 ff.

—/Schrammel: Die Rechtsstellung von Vertrags- und Lizenzfußballern, JBl 1972, 234 ff.

Triffterer: Österreichisches Strafrecht, Allgemeiner Teil[2] (1994); wird zitiert: Triffterer AT.

— (Hrsg.): StGB-Kommentar – System und Praxis, 5. Lieferung (1997); wird zitiert: Bearbeiter in Triffterer StGB-Komm.

—: Zu den verfassungs- und strafrechtlichen Grenzen einer Sexualerziehung in den Schulen, JBl 1990, 409 ff.

Tröndle/Fischer: Strafgesetzbuch und Nebengesetze[50] (2001).

Turner: Die Einwilligung des Sportlers beim Doping, NJW 1991, 2943 ff.

—: Doping im Zivilrecht, NJW 1992, 720 ff.

—: Ist ein Anti-Doping-Gesetz erforderlich?, ZRP 1992, 121 ff.

—: Rechtsprobleme beim Doping im Sport, MdR 1991, 569 ff.

Vedder: The International Olympic Committee: An advanced Non-Governmental Organization and the International Law, 233 ff, in: German Yearbook of International Law, vol. 27 (1984).

Vieweg: Grundinformationen zur Dopingproblematik, 21 ff, in: Vieweg (Hrsg.), Doping – Realität und Recht (1998).

Von Caemmerer: Das Problem der überholenden Kausalität im Schadensersatzrecht (1962); wird zitiert: Von Caemmerer, Überholende Kausalität.

—: Gesammelte Schriften I (1968); wird zitiert: Von Caemmerer I.

Von Hippel: Haftungsersetzung durch Volksunfallversicherung? – Das neuseeländische Beispiel, ZRP 1976, 252 ff.

—: Schadensausgleich bei Verkehrsunfällen, Haftungsersetzung durch Versicherungsschutz (1968).

Vrba/Lampelmayer/Gegenbaur: Schadenersatz in der Praxis[2] (1995), 1. – 7. Lieferung, Stand: August 2001.

Wagner: Eine einfache Möglichkeit zur anreizgesteuerten Dopingbekämpfung im Hochleistungssport – Theoriegeleiteter Vorschlag und empirische Evidenz, 391 ff, in: Vieweg (Hrsg.), Doping – Realität und Recht (1998).

—: Negative Wirkungen eines Anti-Doping-Gesetzes, ZRP 1992, 369 ff.

—: Wie können die Doping-Zwickmühlen überwunden werden?, 101 ff, in: Bette (Hrsg.), Doping im Leistungssport (1994).

Walter/Mayer: Grundriß des österreichischen Bundesverfassungsrechts[9] (2000).

Weber: Objektive Grenzen der strafbefreienden Einwilligung in Lebens- und Gesundheitsgefährdungen, 43 ff, in: Baumann-FS (1992).

Weiss: Der Pauschalreisevertrag nach schweizerischem und österreichischem Recht, ÖJZ 1987, 738 ff.

Welser: Der OGH und der Rechtswidrigkeitszusammenhang, ÖJZ 1975, 1 ff.

—: Schutzgesetzverletzung, Verschulden und Beweislast, ZVR 1976, 1 ff.

—: Vertretung ohne Vollmacht (1970).

Welten: Die unabhängige Antidoping-Agentur des IOK, SpuRt 1999, 257 ff.

Wessels/Hettinger: Strafrecht, Besonderer Teil 1: Straftaten gegen Persönlichkeits- und Gemeinschaftswerte[25] (2001); wird zitiert: Wessels/Hettinger BT 1.

Wilburg: Die Elemente des Schadensrechts (1941).

Williams: Rekorde durch Doping? Wie Athleten legal und illegal ihre Leistung verbessern (1990).

Wittig: Der praktische Fall: Dianas zweifelhafter Sieg – Rennwette und Doping, SpuRt 1994, 134 ff.

Wolf: Zur Frage des Dopings – Die Problematik einer medikamentösen Leistungssteigerung im Sport (1974).

Zechner: Reisevertragsrecht (1989).

Zeiller: Commentar über das allgemeine bürgerliche Gesetzbuch, Band III (1812 f); wird zitiert: Zeiller III.
Zipf: Die strafrechtliche Haftung des Arztes, StPdG VI, 1 ff.
—: Einwilligung und Risikoübernahme im Strafrecht (1970).
Zittlau: Die Sache mit dem Doping ..., Suchtreport 5/1992, 26 ff.
—: Doping im Sport – Eine neue Form des Drogenmißbrauchs?, Drogenreport 2/1990, 3 f.
—: Doping – Leistung kann nicht Sünde sein, Suchtreport 6/1993, 7 ff.
Zuck: Doping, NJW 1999, 831 ff.

Sachverzeichnis

Die Zahlen verweisen auf die Seiten

Peter Lang · Europäischer Verlag der Wissenschaften

Michael Bergermann

Doping und Zivilrecht

Rechtmäßigkeit von Doping-Sanktionen sowie durch Doping begründete Schadensersatzansprüche

Frankfurt/M., Berlin, Bern, Bruxelles, New York, Oxford, Wien, 2002.
XXV, 360 S.
Europäische Hochschulschriften: Reihe 2, Rechtswissenschaft. Bd. 3422
ISBN 3-631-39441-1 · br. € 50.10*

Doping im Sport - ein Thema, welches aus zivilrechtlicher Sicht eine Vielzahl ungelöster Fragen aufweist. Die Untersuchung zeigt umfangreich die Voraussetzungen auf, die vorliegen müssen, damit ein Sportverband wirksam eine Sanktion gegen einen Athleten im Falle eines Doping-Verstoßes verhängen kann. Des Weiteren wird die Frage der gerichtlichen Geltendmachung, insbesondere der Ausschluss des Rechtsweges durch Schiedsabreden, beantwortet und die möglichen Schadensersatzansprüche der am Doping Beteiligten aufgezeigt. Ausführliche Behandlung erfährt ferner die Rechtsbeziehung des Sportlers zum internationalen Verband einschließlich der Frage der internationalen Zuständigkeit deutscher Gerichte sowie des jeweils anzuwendenden nationalen Rechts.

Aus dem Inhalt: Geschichte und Entwicklung des Dopings · Voraussetzungen für Sanktionen des Sportverbandes im Falle eines Doping-Verstoßes · Verbindlichkeit der Doping-Bestimmungen für den Sportler · Wirksamkeit der Doping-Bestimmungen und -Entscheidungen · Gerichtliche Geltendmachung · Zivilrechtliche Haftung beim Doping · Schadensersatzansprüche des (unrechtmäßig) wegen Dopings sanktionierten Sportlers · Ansprüche der beim tatsächlich erfolgten Doping Beteiligten · Rechtsbeziehung zum internationalen Sportverband · Klage gegen den internationalen Sportverband · Wirksamkeit der Doping-Entscheidungen und -Regelwerke des internationalen Verbandes · Einwirkung des internationalen Sportverbandes auf Entscheidungen und Regelwerke deutscher Sportverbände

FSC
www.fsc.org
MIX
Papier | Fördert gute Waldnutzung
FSC® C083411

Kolibri 360 GmbH
Ferdinand-Jühlke-Straße 7
99095 Erfurt, Deutschland
produktsicherheit@kolibri360.de

Druck:
CPI Druckdienstleistungen GmbH
im Auftrag der
Kolibri 360 GmbH
Ferdinand-Jühlke-Str. 7
99095 Erfurt